Pharao,
Sohn der Sonne

Marie-Ange Bonhême
Annie Forgeau

Pharao, Sohn der Sonne

Die Symbolik des ägyptischen Herrschers

Artemis

Aus dem Französischen übertragen von Susanne Ris-Eberle

Die Originalausgabe erschien unter dem Titel «Pharaon.
Les secrets du pouvoir» im Verlag Armand Colin, Paris 1988

Printed in Germany
ISBN 3 7608 1017 9

Inhalt

I Die Rolle des Königs in der ägyptischen Geschichte

II Der göttliche Ursprung des Pharao

III Die kosmische Integration des Königtums

ZWEITER TEIL: DIE FUNKTIONEN DES KÖNIGS

IV Der König im Kult

V Das Charisma des Königs

DRITTER TEIL: DIE KULTHANDLUNGEN DES KÖNIGTUMS

Einleitung

Zur Geographie

Die natürliche Umwelt

Menschliche Spuren erscheinen in Nordostafrika erstmals in der Altsteinzeit, in einer vom Wüstenklima geprägten Trockenzone – einem Gebiet, das seither viele Wandlungen erlebt hat.

Der Fluß

Das Niltal formte sich inmitten eines Plateaus, das von Gewässern aus subtropischen Regionen durchflossen wurde. Das Gebiet besteht aus einem sehr alten Gesteinssockel, der von der Arabischen Halbinsel gegen Westen hin allmählich flacher wird, ohne sich vom Graben des in nordsüdlicher Richtung verlaufenden Roten Meeres und weiter nördlich des Toten Meeres unterbrechen zu lassen. Auf der Rückseite dieses Sockels bildete sich ein riesiges Bassin von Sedimentgestein, im Süden vorwiegend Sandstein, im Norden meist Kalkstein. Daß der Nil nicht immer in seinem jetzigen Bett floß, lebte in der Erinnerung der Menschen weiter; Aristoteles berichtet denn auch: «Es steht fest, daß der Nil nicht immer (hier) floß» (Meteora I,14,31). Tatsächlich verlief der Unterlauf des Nil ursprünglich weiter westlich, etwa in der Achse des Sedimentbassins. Noch heute läßt sich dieser ältere Flußlauf in den von enormen unterirdischen Wasserreserven gespiesenen Oasen in der libyschen Wüste erkennen. Erst im Tertiär zerbrach der nördlichste der Granitriegel bei Assuan und öffnete dem Fluß so einen direkteren Weg gegen Norden, der dann das Niltal bilden sollte. Die Speisung des Flusses ergab sich am Anfang des Quartärs, als sich der ägyptisch-nubische Nil mit den aus dem Sudan und Äthiopien kommenden Gewässern vereinigte. Der Mensch war Zeuge all dieser Veränderungen, und die Erinnerung daran hielt sich während Jahrtausenden. In ununterbrochener mündlicher Tradition wurde überliefert, wie einst das Wasser wie ein Meer bis an die Berge gereicht hatte, bis jeweils wieder die ersten Schlammhügel nach dem Abfließen des Wassers sichtbar wurden und die Sumpfgebiete des Niltals durch die Überschwemmungen des gebändigten Flusses fruchtbar gemacht wurden.

Der mit seinen 6700 km längste Strom der Erde, dessen griechischer Name «Neilos» in seiner Bedeutung unklar ist, entspringt in der Gegend der großen äquatorialen Seen und vereinigt sich mit den Gewässern aus Zentral- und Ostafrika, durchquert in seinem Lauf nach Norden Steppen und Wüstengebiete und windet sich durch die Katarakte. Diese sind aber nicht etwa Wasserfälle, wie man es sich von der klassischen Antike bis in die Neuzeit immer wieder vorstellte, sondern Verengungen des Flußbetts mit einem leicht verstärkten Gefälle, so daß hier der Nil etwas schneller durch ein Gebiet aus schwarzen Granitblöcken und kleinen Inselchen fließt. Der erste Katarakt liegt im Norden bei Assuan, der südlichste sechste auf der Höhe von Khartum. Das Land Ägypten liegt zwischen Assuan und dem Mittelmeer.

Hydrologie des Nils

Die Wasserregulierung des Nils ist durch zwei Extreme geprägt: die sich jedes Jahr wiederholende Nilüberschwemmung und die

Zeit des Niedrigwassers. Daß sich diese Überschwemmung selten so zerstörerisch auswirkt wie etwa diejenige von Euphrat und Tigris, hat mit dem Relief und der Meteorologie zu tun. Von den Quellen bis zur Mündung ist das Gefälle gering: von Khartum bis zum Mittelmeer fließt der Nil 3000 km weit und verliert doch nur 383 m an Höhe; nach Assuan sind es für die letzten 1200 km sogar nur noch 83 m Höhenunterschied. Dies entspricht einem mittleren Gefälle von 0,007 %. Deshalb und wegen der extrem großen Überschwemmungsfläche (2,9 Mio. km^2) breitet sich die Überschwemmung nur sehr langsam aus. Sie wird vorwiegend von den Gewässern aus Äthiopien gespeist. Der Hochwasserstand des Blauen Nils und des Atbara ergibt sich durch die Regenfälle in Äthiopien und erfolgt vor und nach dem Hochwasser des aus dem Sudan kommenden Weißen Nils. Die verschiedenen Zuflüsse liefern also ihre größten Wassermengen zu verschiedenen Zeitpunkten zwischen Mai und November. Das niedrige Gefälle des langsamen Flusses, das gestaffelte Eintreten des Hochwassers aus den verschiedenen Zuflüssen und die Tatsache, daß die Nilüberschwemmung im Mittelmeerraum in der dafür günstigsten Vegetationszeit eintrifft, machen den Nil so wertvoll für die Fruchtbarkeit des ganzen Landes. Allerdings verliert der Nil unterwegs rund ein Drittel seiner gesamten Wassermenge durch Verdunstung, Wasserentnahme für die Bewässerung und Abfließen ins Grundwasser. Genau dieses so entstehende Grundwasser ist für die Landwirtschaft die kostbarste Wasserreserve für die Zeit nach der Überschwemmung.

Was der Nil transportiert

Der Nil transportiert nur wenige im Wasser gelöste Stoffe; allerdings befinden sich darunter Natriumsalze, die bei trockenem Klima den Boden versalzen und ihn mit der Zeit für landwirtschaftliche Nutzung unbrauchbar machen.

Daneben führt der Fluß auch Sand, Schlamm und Tonteilchen mit sich, die von aufgelösten vulkanischen und metamorphen Gesteinen aus Abessinien stammen. Der Sand überwiegt im oberen Talabschnitt, wo er Sandbänke in den Nebenläufen und am Ufer bildet, während der Schlamm das Hauptflußbett bedeckt und die leichteren Tonteilchen bis ins Mündungsgebiet im Delta getragen werden, wo sie in einer Schicht von etwa 1 mm pro Jahr abgelagert werden, was einem Wachstum von 1 Meter in 1000 Jahren entspricht.

Das Tal

Sicher ist Ägypten – nach einer Aussage von Herodot – ein Geschenk des Nils, aber es ist auch das Werk menschlicher Anstrengung. Erst das System von Kanälen und Bewässerungsgräben, das Nivellieren des fruchtbaren Landes und die Anlage der Dörfer auf leicht höherem Niveau lassen die Nilüberschwemmung so segensreich und nicht zerstörerisch wirken. Der Umfang der jährlichen Überschwemmung konnte trotz Nilometern nie vorausgesagt werden, da die Gesamtwassermenge doch von Jahr zu Jahr beträchtlich variieren kann, und auch bis heute konnte der Zyklus von wasserreichen und wasserärmeren Jahren nicht genau erfaßt werden. Auch das biblische Bild von den sieben fetten und den sieben mageren Jahren verweist auf die Unregelmäßigkeit der Überschwemmung. Die Notwendigkeit, diese jährlichen Schwankungen mit Hilfe einer Vorratshaltung etwas auszugleichen, förderte natürlich eine politische und administrative Organisation der Bewohner des Niltals beträchtlich.

Die Zivilisation der Ägypter resultiert aus einer günstigen natürlichen Umwelt und disziplinierter, gezielter menschlicher Anstrengung. In einer von gewaltigen Wüstengebieten umgebenen trockenen Zone eine solch fruchtbare Oase zu schaffen war eine enorme Leistung und konnte nur durch die Bändigung des Nils zustande kommen. Seit der Steinzeit gab es hier nicht nur die Wechselwirkung von Fluß und Wüsteneinsamkeit, sondern auch von Fluß und Mensch.

Der kulturelle Rahmen

Immer wieder beziehen sich die alten Ägypter in ihrem Denken auf die Gesetze ihrer natürlichen Umwelt. Sie personifizierten und überhöhten gewisse Naturkräfte, so daß eine «bereinigte» und immer wieder überdachte Geographie die Basis sowohl der theologischen Erklärung des Universums wie der spezifisch ägyptischen Staatsform, des Pharaonentums, bildet.

Hapi, Nun und die Entstehung der Welt

Über seine topographische Realität hinaus, der er seinen Namen *jtrw*, «der Fluß», verdankt, wird der Nil auch als eine Macht namens «Hapi» aufgefaßt. Dieser Name bezeichnet aber nicht den vergöttlichten Fluß, sondern das Wesen des Nils, das sich im Anschwellen des Wassers, der Flut auf den Feldern, als die Kraft der Überschwemmung manifestiert. Als Genius des bewegten Wassers, das in sich die Fruchtbarkeit der feuchten Erde trägt, wird Hapi (Abb. 1) nackt dargestellt. Er trägt ein Stück Stoff um die Hüften und ist als zweigeschlechtliches Wesen mit dickem Bauch und hängenden Brüsten gestaltet. Sein Kopf ist mit einem Papyrusbüschel geschmückt, und auf seinen Armen trägt er eine Platte voller Wasserkannen und Garben. Die Ägypter äußerten sich auch über seine Zweigeschlechtlichkeit: «Dies ist das Bild des Nils, dessen eine Hälfte ein Mann, die andere aber eine Frau ist; (das Wasser ist der Mann), und das bewässerte Land ist die Frau.»

Hapi ist auch mit dem Urgewässer Nun verbunden und reflektiert deshalb einige Aspekte der Schöpfungsmythen. Allen Schöpfungsmythen gemeinsam ist die Existenz des «Nun», des noch ungeschaffenen und trägen Wassers, das allem Leben vorausgeht und aus dem heraus sich ein geheimnisvoller Schöpfer von Menschen und Göttern manifestiert. Dieses Bild erinnert natürlich an die alten Zeiten, als der Nil sein Bett noch nicht gegraben hatte und das Niltal in seiner ganzen Breite überflutete. Bis in die Spätzeit wurde diese Vorstellung, die den Nil und das Urgewässer vereinigte, literarisch immer wieder gestaltet. In einer Inschrift von Osorkon III. am Anfang des 1. Jahrtausends v. Chr. heißt es über eine außerordentlich starke Nilüberschwemmung: «Der Nun war über dem ganzen Land, und er erreichte die beiden Gebirge wie in der Urzeit. Das Land war ihm wie einem Meer ausgeliefert». Ganz ähnlich wird auch die Überschwemmung im 6. Regierungsjahr von Taharka im 7. Jh. v. Chr. geschildert: «Das Land war ein träger Nun, und man konnte die Sandbänke nicht vom Fluß unterscheiden.» Jahre mit einer nur geringen Überschwemmung werden deshalb auch als «Jahre der Sandbänke» beschrieben, und der Rückgang der Überschwemmung als der Zeitpunkt, an dem «das Land aus dem Wasser tritt» – diese Ausdrücke widerspiegeln die Vorstellung der Ägypter von der Schöpfung der Welt.

Geographischer und politischer Dualismus

Der überall sichtbare geographische Gegensatz ist ein für das ägyptische Denken wichtiger Aspekt. Der geordnete Raum wird zunächst durch die Achsen der Haupthimmelsrichtungen bestimmt. Die Nord-Süd-Achse entspricht dem Verlauf von Oberägypten, dessen fruchtbares Land mit seinen Dörfern wie auf einer Kette aufgereiht dem Nil folgt und das nur selten einmal breiter wird als 10 km. Dieses lange, schmale Gebilde reicht von

Assuan bis zur Südspitze des Deltas etwa beim heutigen Kairo und ist in 22 Gaue unterteilt. Ein Gau entsprach einer Verwaltungseinheit. Die Gaue wurden, ähnlich wie der Genius der Überschwemmung, personifiziert und vom Genius des Südens angeführt. Manchmal wurden diese Gaugottheiten auf den Darstellungen näher bezeichnet, so etwa mit einem Kanal *(mr)*, dem bebaubaren Land *(w)* oder den fischreichen Sumpfgebieten *(pḥw)*. Entsprechend war auch Unterägypten unter der Führung des Genius des Nordens in 20 Gaue eingeteilt. Das Delta erstreckt sich wie ein riesiges Dreieck von seiner Südspitze bei Kairo bis zum Mittelmeer. Das Land ist flach und breit, von vielen Kanälen durchzogen, und nur von seinem östlichen oder westlichen Rand aus lassen sich die begrenzenden Gebirge erahnen. Die Einteilung in 42 Gaue stammt aus der Spätzeit und unterscheidet sich zum Teil von den frühen Verwaltungseinheiten. Der Gegensatz zwischen dem flachen schwarzen Band der fruchtbaren Erde und der Wüste mit ihren rötlichen Felsen und Hügeln ist auffallend. Die Hieroglyphe der drei Hügel gibt diese weite, gebirgige und unfruchtbare Gegend wieder und dient als Ideogramm zur Bezeichnung der «Fremdländer» oder aber als Determinativ zu Begriffen wie «rotes Land», d.h. «Wüste». Im Gegensatz dazu verbindet sich das längliche schwarze Erdstück mit den Ausdrücken für das reiche, fruchtbare Schwemmland, eben das «schwarze Land».

Den Gegensatzpaaren der Landschaft entspricht auch ein politischer Dualismus. Dieser beginnt mit der Vereinigung des Südens mit dem Norden unter dem sagenhaften König Menes, der in der ägyptischen Tradition als Dynastiegründer galt. Der historischen Realität der Reichseinigung entspricht die politische Form der Doppelmonarchie. Sie manifestiert sich auf verschiedene Weise immer wieder. So trägt der Pharao unter anderen auch den Titel des Königs von Ober- und Unterägypten (wörtlich: «der zur Binse und zur Biene gehört»; Binse und Biene waren Wappenpflanze und Wappentier der beiden Landeshälften).

Ebenfalls war der König der Herrscher über «die beiden Herrinnen», nämlich die Geiergöttin Nechbet von Necheb und die Schlangengöttin Uto von Buto. Daneben gibt es auch die traditionellen Farbenpaare rot und schwarz für das fruchtbare Land und die Wüste oder rot und weiß für Ober- und Unterägypten, was den Opfergaben Wein und Milch entsprach. Auch die Pflanzenwelt hat teil an diesen Gegensatzpaaren. Im Motiv des *«Semataui»* (Abb. 2), der Vereinigung der beiden Länder, werden die Wappenpflanze des Südens, der weiße Lotus, und der Papyrus des Nordens von Horus und Seth mit dem zentralen Motiv *zmꜣ* «vereinigen» verbunden.

Die Himmelsrichtungen

Die primäre Orientierungsachse in Ägypten war entsprechend dem Nil die Nord-Süd-Achse. Das Verb *ḫntj* «vorwärts gehen» meint zugleich «stromaufwärts fahren»; *ḫdj* hingegen heißt «stromabwärts fahren». Diese Orientierung zeigt sich ebenfalls in den Ausdrücken *tp-rs* «Haupt des Südens» für die Gegend um Assuan und *pḥw* «die hinteren» für die Sumpfgebiete des Nordens. Auf dieser Grundlage wurden ganze Bilder entwickelt, etwa wenn Ägypten mit einem Rind verglichen wurde, das so orientiert war, daß die nördlichen Grenzen den «Hörnern der Erde» entsprachen. In Aufzählungen steht der Süden immer vor dem Norden an erster Stelle. Die Orientierung am Nil von Süden nach Norden bildet also die absolute Achse im Raum und unterteilt ihn zugleich in ost-westlicher Richtung. Wenn man sich den Quellen des Nil zuwendet, so entspricht Rechts dem Westen und Links dem Osten, wobei wiederum der Westen dem Osten vorangeht. So wichtig der Sonnenlauf auch für das ägyptische Denken war, so war doch der Nil für die Orientierung bestimmend.

Folgerungen

In Ägypten wurden die Wirklichkeit und die alltäglichen Erfahrungen immer auf einem theologischen Hintergrund und in einem ganz bestimmten Denksytem wahrgenommen. Dies gilt natürlich auch für die Geographie und andere Wissenszweige, etwa die Astronomie und die Geschichte. Die Wissenschaften sind in erster Linie theologisch begründet und bleiben dem Plan verpflichtet, den die Götter in der Urzeit entwarfen.

Die Überlegungen der Ägypter zum Ursprung der Nilüberschwemmung belegen dies. Die Frage nach den Quellen interessierte sie nicht besonders. Eine Ausnahme bildet hier König Psammetich (664–610), der einen Strick beim ersten Katarakt ins Wasser werfen ließ, um die Tiefe festzustellen, wie Herodot berichtet (II,28). Vielmehr aber war man an den Ursachen der Überschwemmung interessiert. Seit dem Beginn der 18. Dynastie waren die klimatischen Gründe für die Wasserspeisung des Nil bekannt. Dies belegt die Mitteilung in der Wanddekoration im Grab von Rechmire, Wesir unter Thutmosis III. (1490–1436) und Vizekönig von Nubien, daß nämlich die Regenfälle in Nubien für die Nilüberschwemmung verantwortlich seien. Diese Erklärung wurde auch viel später wieder aufgenommen, etwa in einem Text aus dem 6. Regierungsjahr von Taharka, wo erneut der Zusammenhang zwischen den Niederschlägen in Nubien und einer außerordentlichen Nilüberschwemmung bei Theben bestätigt wird. Aber noch lange Zeit dominierte doch die ältere Erklärung der Priester, daß die Überschwemmung ausgelöst werde, wenn Chnum das Wasser aus der Höhle des Hapi (Abb. 3) bei Philae befreie, indem er seine Ferse erhebe. Die Frage nach dem Wer, dem Täter, stellte sich für die Ägypter viel stärker als nach der Ursache oder dem Wie.

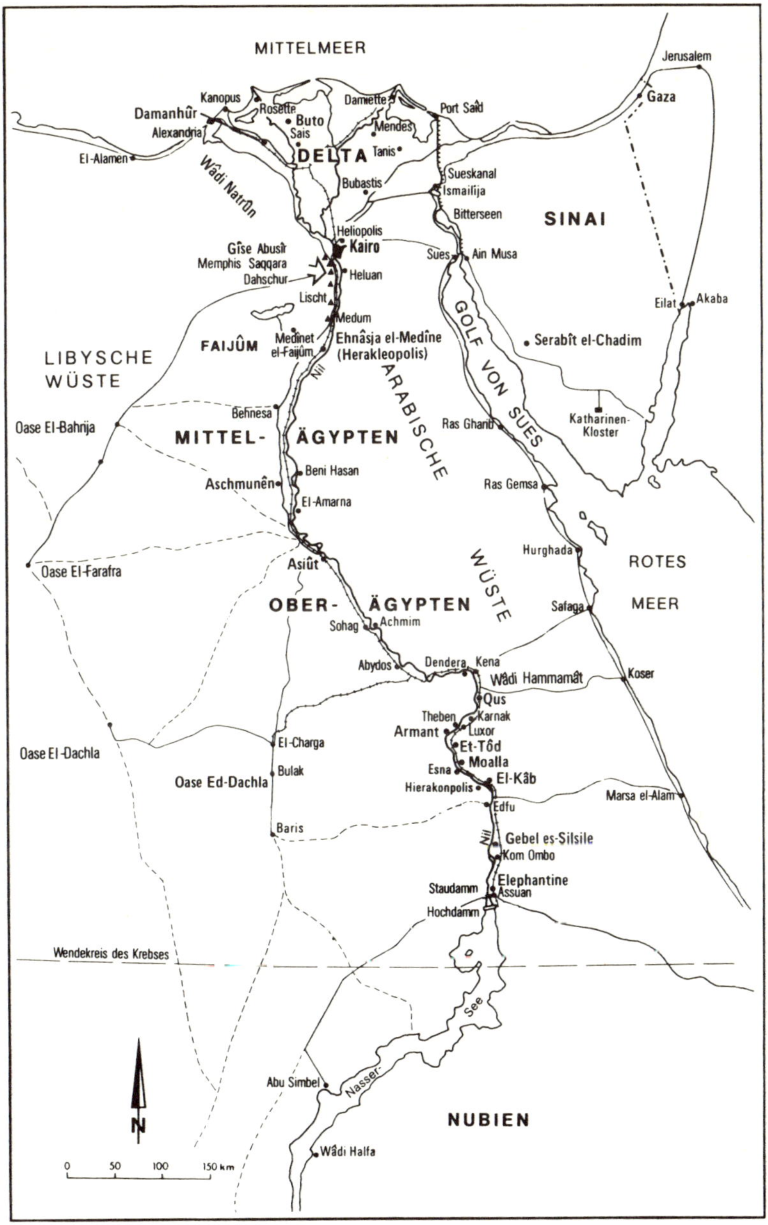
MITTELMEER
Jerusalem
Gaza
Kanopus
Damanhûr
Rosette
Buto
Damiette
Port Saîd
Alexandria
Sais
Mendes
DELTA
Tanis
El-Alamen
Wâdi Natrûn
Sueskanal
Bubastis
Ismailija
Bitterseen
SINAI
Heliopolis
Gîse Abusîr
Kairo
Memphis Saqqara
Sues
Ain Musa
Dahschur
Heluan
Lischt
Eilat
Akaba
Medum
GOLF VON SUES
Medînet el-Faijûm
Ehnâsja el-Medîne (Herakleopolis)
Serabît el-Chadim
FAIJÛM
LIBYSCHE WÜSTE
Nil
ARABISCHE
Behnesa
Katharinen-Kloster
Oase El-Bahrija
MITTEL-
ÄGYPTEN
Ras Gharib
Beni Hasan
Aschmunên
Ras Gemsa
El-Amarna
Hurghada
ROTES MEER
Oase El-Farafra
Asiût
WÜSTE
OBER-
ÄGYPTEN
Safaga
Sohag
Achmim
Abydos
Dendera
Kena
Wâdi Hammamât
Koser
Qus
Theben
Karnak
Armant
Luxor
Oase El-Dachla
El-Charga
Et-Tôd
Moalla
Esna
Bulak
El-Kâb
Oase Ed-Dachla
Hierakonpolis
Marsa el-Alam
Edfu
Baris
Gebel es-Silsile
Kom Ombo
Elephantine
Staudamm
Assuan
Hochdamm
Wendekreis des Krebses
See
Nasser-
Abu Simbel
N
NUBIEN
Wâdi Halfa
0
50
100
150 km

Abb. 1: Personifikation eines Gaues mit den Zügen von Hapi: der Gott Nil präsentiert die Früchte des Landes Abydos, 19. Dynastie (ca. 1290–1224 v. Chr.).

Abb. 2: Der Thron des Königs Mykerinos ist mit dem Sematauі-Motiv verziert: zwei Nilgottheiten verbinden die Wappenpflanze Oberägyptens mit dem Papyrus des Deltas um eine Arterie, die «vereinigen» bedeutet. Über dem Vereinigungsmotiv der beiden Länder steht rechts eine Kartusche mit dem Thronnamen und links eine Palastfassade mit dem Horusnamen. 4. Dynastie (ca. 2600 v. Chr). Kalkstein, Boston, Museum of Fine Arts.

Abb. 3: Der Genius des Nils, der die Fluten steigen läßt, geschützt in seiner durch eine Schlange gebildeten «Höhle». Philae, 1. Katarakt. Ptolemäisch.

Abb. 4: Statue von Chephren. Er trägt den Schendit-Schurz und das Nemes-Kopftuch. Der König wird geschützt durch den Königsfalken, der auf Nackenhöhe hinter ihm steht und die Flügel um seinen Kopf hält. 4. Dynastie (ca. 2600 v. Chr.). Diorit. Kairo, Ägyptisches Museum.

Abb. 5: Triade von Mykerinos. Der König mit der Weißen Krone steht zwischen der Personifikation des Hundegaus in Oberägypten und der Göttin Hathor. 4. Dynastie (ca. 2600 v. Chr.). Schist. Kairo, Ägyptisches Museum.

Abb. 6: Statue des Königs Djoser. 3. Dynastie (ca. 2660 v. Chr.). Kalkstein. Kairo, Ägyptisches Museum.

Abb. 7: Kopf von Amenemhat III. 12. Dynastie (ca. 1850–1800 v. Chr.). Obsidian. Washington, National Gallery of Art.

Abb. 8: Statue von Thutmosis III. in schreitender Haltung. Die Füße ruhen auf den neun auf den Sockel gravierten Bogen. 18. Dynastie (ca. 1490–1412 v. Chr.). Basalt. Kairo, Ägyptisches Museum.

Abb. 9: Fragment einer Osirisstatue des Königs Amenophis IV.-Echnaton. Die Hände sind über der Brust gekreuzt und halten Wedel und Krummstab, die Insignien des Osiris-Königtums. 18. Dynastie (ca. 1364 v. Chr.). Sandstein. Paris, Louvre.

Abb. 10: Der kniende König Taharka mit runden Opfervasen vor dem Falkengott Hemen. Er trägt den traditionellen Schendit-Schurz und einen Kupferhelm. Ein breites Band hält diesen und läuft in die zwei Uräen Ägyptens und des Sudans aus. 25. Dynastie (ca. 690–664 v. Chr.). Bronze (König) und Schist mit Gold (Falke). Paris, Louvre.

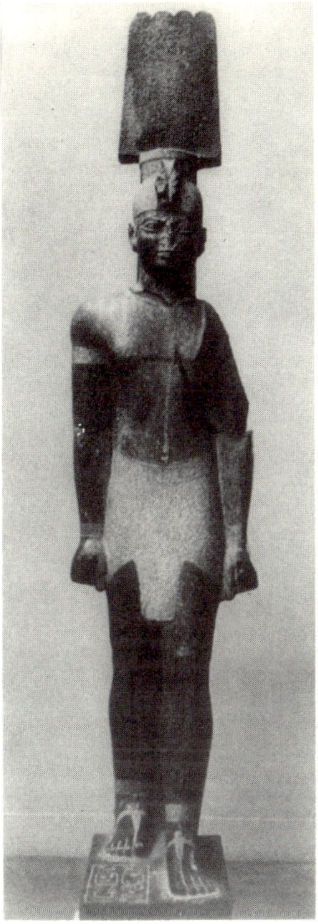

Abb. 11: Kolossalstatue des Königs Aspalta vom Gebel Barkal (4. Katarakt). 1. Dynastie von Napata (ca. 593–568 v. Chr.). Granit. Boston, Museum of Fine Arts.

Abb. 12: Kolossalstatue eines Herrschers der Ptolemäerzeit. Ptolemäisch. Aus Karnak. Granit. Kairo, Ägyptisches Museum.

Abb. 13: Weibliches Portrait der Königin Hatschepsut. 18. Dynastie (ca. 1490–1468 v. Chr.). Kalkstein. New York, Metropolitan Museum of Art.

Abb. 14: Portrait der Königin Hatschepsut in ihrer männlichen Rolle als König, der einer Gottheit Opfergaben darbringt. 18. Dynastie (ca. 1490–1468 v. Chr.). Granit. New York, Metropolitan Museum of Art.

Abb. 15: Die Darstellung der Königin Hatschepsut vereinigt als Sphinx die Kraft des Löwen mit der Verführungskraft ihres weiblichen Gesichts. 18. Dynastie (ca. 1490–1468 v. Chr.). Kalkstein. New York, Metropolitan Museum of Art.

Abb. 16: Statuengruppe des Königs Ramses II. und des Falkengottes Huron. Der König ist als Kind dargestellt: sitzend, mit an die Brust gezogenen Knien, nackt und mit dem Finger am Mund. Er ist mit der Sonnenscheibe gekrönt und hält eine Binse. Die Hieroglyphen seines Namens sind im Stein dargestellt. 19. Dynastie (ca. 1290–1224 v. Chr.). Granit. Kairo, Ägyptisches Museum.

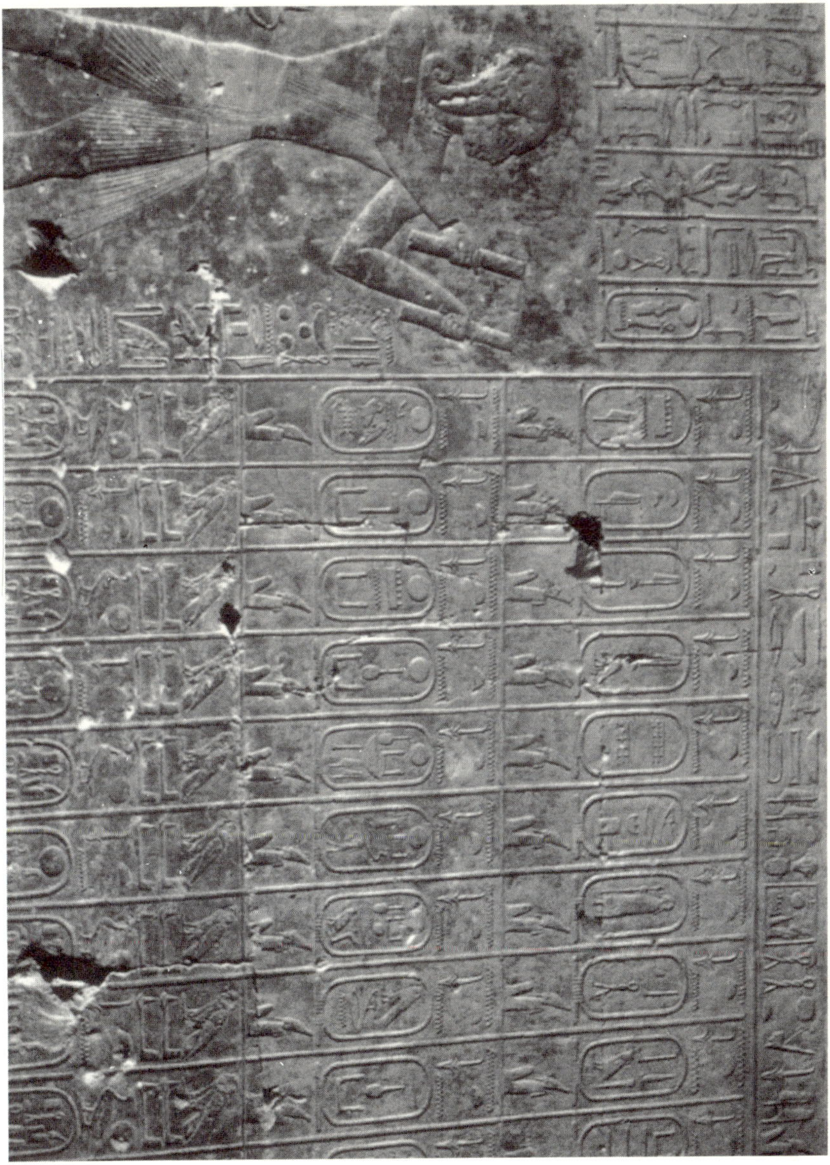

Abb. 17: Die Königsliste von Abydos: Ramses, der älteste Sohn von Sethos I., steht vor der Liste der 76 Vorgänger seines Vaters, die mit ihren Kartuschennamen aufgezählt sind. 19. Dynastie (ca. 1300 v. Chr.). Kalkstein. Abydos, Tempel Sethos' I.

Abb. 18: Narmerpalette, Rückseite: dargestellt ist der Sieg über einen Gau im Delta. 1. Dynastie (ca. 3000 v. Chr.). Schiefer. Kairo, Ägyptisches Museum.

Abb. 19: Narmerpalette, Vorderseite: Der König mit der Roten Krone Unterägyptens begeht hinter seinen Standartenträgern das eroberte Land (oberes Register). In der Mitte stellen zwei mit dem Hals ineinanderverschlungene Fabeltiere eine Variante des Motivs der Vereinigung der beiden Länder dar. Im untersten Register greift der König in Stiergestalt eine feindliche Festung an.

Abb. 20: Kompositstatue eines Königs, wohl Thutmosis III. (ca. 1490 v. Chr.), dessen Hinterkopf in den Körper eines Falken übergeht. Roter Jaspis. Paris, Louvre.

Abb. 21: Statuengruppe des Königs Nektanebos II. zwischen den Beinen des Horusfalken. 30. Dynastie (ca. 360 v. Chr.). Basalt. New York, Metropolitan Museum of Art.

Abb. 22: Triade des mumienförmigen Gottes Osiris zwischen einem König der Ramessidenzeit und dem Falkengott Horus. 20. Dynastie (ca. 1180 v. Chr.). Rosengranit. Paris, Louvre.

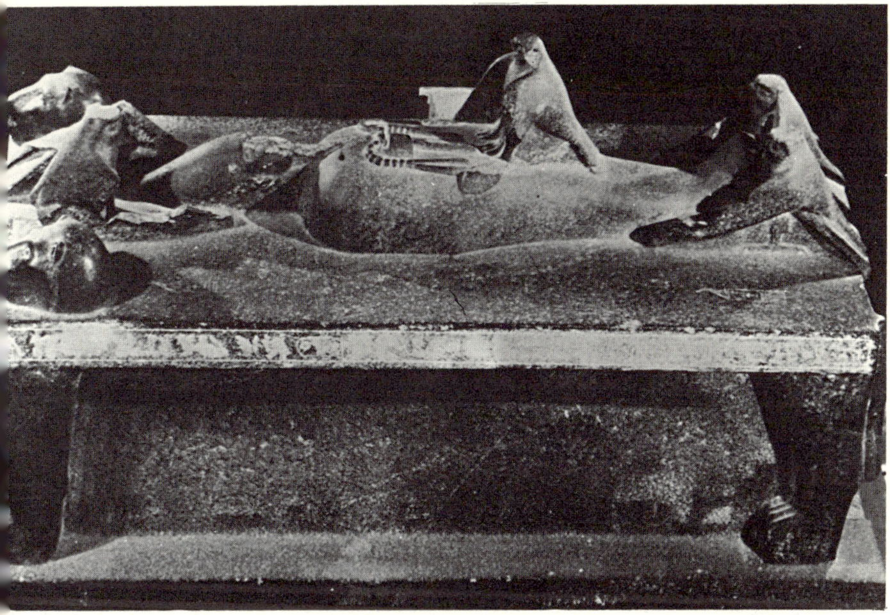

Abb. 23: Die postume Zeugung des jungen Horus: Isis läßt sich als Falkenweibchen auf dem liegenden mumienförmigen Horus nieder. 26. Dynastie (ca. 660 v. Chr.). Schwarzer Granit. Kairo, Ägyptisches Museum.

Abb. 24: Triade des Königs Tutanchamun zwischen der Göttin Maat (rechts) und dem Gott Amun (links); der König ist wie der Kindgott der thebanischen Triade dargestellt. 18. Dynastie (ca. 1340 v. Chr.). Kalkstein. Kairo, Ägyptisches Museum.

1

Die Natur des Königs

Das königliche «Portrait»

Der Reichtum altägyptischer Bilder läßt sich verschieden gruppieren, etwa nach Wiedergaben von Tieren, Landschaften oder Gebäuden. In unserer Sprache verfügen wir über einen speziellen Begriff für die Darstellung des Menschen: das Portrait. Allerdings werden wir diesen Begriff genau bedenken müssen, um nicht einer alten Kultur künstlerische Absichten zu unterstellen, die sie gar nie hatte.

Bei der Betrachtung von Portraits einer vergangenen Kultur sollten wir nicht allein auf die Art der Individualisierung und der Ähnlichkeit achten, denn es fehlt uns das Wissen um das reale Aussehen der abgebildeten Person. Die Menge und Qualität der überlieferten Bilder gewisser Könige Ägyptens dürfen uns also nicht vergessen lassen, daß es sich nicht um Portraits in unserem Sinne handelt, sondern vielmehr um die Wiedergabe der Idee, die sich die Ägypter vom Königtum machten. Im übrigen haben sich die strengen künstlerischen Normen bei Königsdarstellungen im Verlauf der Geschichte trotz perfektionierter Techniken nur sehr wenig verändert.

Der König als Teil der Institution

Die Erscheinung des Königs ist prachtvoll wie bei den Göttern. Normalerweise ist er hochgewachsen, die Arme sind hängend, der linke Fuß leicht vorgestellt, was den Eindruck des Schreitens hervorruft, und die Fersen flach auf dem Boden. Der Körper ist lang, schlank und meistens sportlich, aber ohne auffällige anatomische Details wiedergegeben. Im erhabenen Relief wird das Gesicht des Königs immer im Profil wiedergegeben (nie etwa im Halbprofil), die Schultern von vorne, das Becken wiederum im Profil – die Symmetrie der Darstellung siegt hier über die Anatomie. Die Steinstatuen wirken häufig massig mit ihrem Rückenpfeiler und den nur spärlichen Ausarbeitungen des Gesteins zwischen den Armen oder zwischen Beinen und Rückenpfeiler, sie strahlen aber eine fremdartige Würde aus.

Einen Teil ihrer Attribute teilen die Könige mit den Göttern. Wie diese trägt der König einen Tierschwanz an seinem Gürtel, einen falschen Bart, verschiedene Szepter und Kronen und schließlich eine Uräusschlange auf der Stirn. Der Tierschwanz, der am Gürtel des Königsschurzes – meist des Schendit-Schurzes – befestigt ist und hinten bis fast auf die Füße fällt (Abb. 4 und 5), ist ein Überbleibsel aus der Zeit, als der König der Anführer auf der Jagd war und sich ganz oder teilweise in den Balg des erlegten Tiers hüllte. Der falsche Bart wird am glattrasierten Kinn befestigt und ist trapezförmig, gerade und gewellt – im Gegensatz zum Götterbart, der schmaler, gezöpfelt und an seinem unteren Ende leicht aufgebogen ist. In seinen Händen hält der König verschiedene Szepter, eines mit dem Kopf des Sethtieres, das seine Macht und Gewalttätigkeit markiert, ein anderes in der Form eines Krummstabs, der häufig mit dem Flagellum oder Wedel kombiniert wird. Die beiden letzteren sind auch das Abzeichen des Osiris-Königtums.

Seine Kronen erhält der König aus der Hand der Götter. Die verschiedenen Kopfbedeckungen sind ein schwieriges Kapitel, fehlt doch bis heute ein Inventar der Kopfbedeckungen, das auch ihren symbolischen Wert berücksichtigt. Besonders die Interpretation der zusammengesetzten oder Kompositkronen ist heikel. Am häufigsten finden wir auf Statuen oder Reliefs das Nemes-Kopftuch, das mit gefälteltem Stoff das Gesicht einrahmt, vorne mit abgerundeten Ecken auf die Schultern fällt und hinten im Nacken zusammengedreht ist. Als König von Ober- und Unterägypten tragen die Könige die Doppelkrone (die Pschent; wörtlich: «die beiden Mächte»), die die rote Haube des Deltas mit der weißen oberägyptischen Mütze kombiniert. Von den Kronen ging eine gewaltige Macht aus; es wurden ihnen zu Ehren sogar Hymnen gesungen. Auf der Stirn trägt der König den Uräus. Die latinisierte Form des griechischen *ouraios* stammt von einem ägyptischen Ausdruck, der «die auf seinem Kopf ist» bedeutet. Der Uräus hat die Form einer sich auf der Stirn des Herrschers aufrichtenden Kobra mit geblähtem Hals, deren Körper sich hinten über den Kopf des Königs windet. Die Uräusschlange ist die Gestalt einer Gottheit mit vielen Namen, die den König beschützt, indem sie seine Feinde vernichtet. So verkündet die Schlangengöttin ihre Macht über die königlichen Feinde und ihre himmlische Herrschaft: «Ich erhebe mich auf ihrem Haupt, ich wachse auf ihrer Stirn, ich vereinige mich mit ihr (der Königin Hatschepsut), so wie ich auch meinen Vater (den Gott) ziere. Meine Jubelrufe als Uräus für sie sind groß (...) Ich überwinde die Nubier für sie, wenn ich mich auf ihrer Stirn aufrichte (...) Ich unterwerfe für sie alles, was die Sonnenscheibe umfaßt. Für sie feiere ich das Regierungsjubiläum im Südhimmel, und ich bewirke, daß ihr der Nordhimmel zujubelt.»

Der mit all diesen Attributen ausgezeichnete König kann in der Darstellung nicht mit seinen Zeitgenossen verwechselt werden. Privatleute tragen ihr eigenes Haar oder eine Perücke, haben manchmal einen Oberlippenbart, sind aber sonst glattrasiert. Sie sind elegant und sehr unterschiedlich gekleidet; der Schurz kann lang oder kurz, gefärbt und mit Mustern verziert sein. Der Körper ist meistens lang und schmal, kann aber auch spezifische Eigenheiten aufweisen wie etwa Zwergwuchs oder Fettsucht. Ihre Gesichtszüge unterscheiden sich recht deutlich voneinander. Das Portrait der Privatleute verfügt also über wesentlich mehr Freiheiten als das königliche Portrait.

Während der wechselhaften Geschichte veränderte sich auch die Rolle der Könige und der meist anonymen bildenden Künstler. Dies begünstigte eine große Bandbreite an Möglichkeiten für Originalschöpfungen und für Neuinterpretationen der altüberlieferten Modelle. Gelegentlich sticht auch ein Portrait heraus, das sich einem festen Kanon entzieht und mehr als nur die Körperproportionen oder die Kompositionsweise variiert.

Vor allem andern ist das königliche Portrait trotz seines absoluten Anspruchs im Zusammenhang mit den liturgischen Handlungen des Königs zu sehen. Als Rollenträger erfüllt der König ein Programm, ob er nun vor seiner Gottheit kniet, als Hohepriester den Kult ausübt oder als triumphierender Pharao seine Feinde vernichtet. Als Subjekt definiert sich seine Persönlichkeit in der Darstellung der göttlichen Zeugung und seiner Geburt (vgl. S. 70). Der Vielfalt von Funktionen und Definitionen des Königs entsprechen auf der andern Seite die verschiedenen Darstellungsmöglichkeiten bezüglich Haltung, Kronen und Attributen.

Mit der wachsenden Meisterschaft in der Steinbearbeitung lassen sich in den großen königlichen Plastiken immer wieder die charakteristischen Eigenheiten jeder Epoche erkennen. Die archaische Schwere der Statue des Königs Djoser (Abb. 6) wird schon bald von den kaltblütig wirkenden Figuren von Chephren und Mykerinos (Abb. 4 und 5) abgelöst und später von der Darstellung des alten Amenemhat (Abb. 7) und Sesostris, wo der König unter der Last seiner Jahre gebeugt erscheint. Im Neuen Reich unterscheiden sich das Lächeln und die Eleganz der Könige Amenophis und Thutmosis (Abb. 8) extrem von den ausdrucksstarken Bildnissen Echnatons (Abb. 9). Der Vorliebe für das Monumentale und Grandiose unter Ramses II. folgen die wieder gemäßigten, eher nüchternen Königsstatuen des 1. Jahrtausends, die sich stark an die klassischen Modelle der Vergangenheit anlehnen. Weiter folgen während den Zeiten der Fremdherrschaft Einflüsse der libyschen, «äthiopischen» (Abb. 10), persischen und mazedonischen Kultur auf die ägyptische Kunst. Und ganz am Ende der Pharaonenzeit entwickelte diese Kunst nochmals einen ganz neuen Ausdruck, indem sie in den Statuen von Meroe (Abb. 11) Anklänge an Schwarzafrika zeigt. Auf der andern Seite brachte der künstlerische Einfluß aus dem Mittelmeerrraum mehr Leichtigkeit, die sich im «alexandrinischen Lächeln» ausdrückt (Abb. 12).

Das eigentliche Portrait, nämlich die Darstellung der Gesichtszüge, ist von zwei gegensätzlichen Prinzipien bestimmt. Einerseits sind diese Züge fixiert und führen dazu, daß man Könige aus der gleichen Dynastie oft kaum voneinander unterscheiden kann, wenn ihre Namen nicht beigeschrieben sind. Anderseits wird in einer bestimmten Epoche das Königsportrait selbst wieder als Modell für Götter- oder Menschendarstellungen verwendet. Die Gesichter der Göttinnen, die Mykerinos in der Triade (Abb. 5) flankieren, sind genaue Kopien desjenigen des Königs. Auch die Menschendarstellungen der Amarnazeit sind meistens verallgemeinerte Kopien des Bildes von Echnaton (Abb. 9), dem Gatten Nofretetes, mit seinen dicken Oberschenkeln, dem vorstehenden Bauch, dem langen, geschwungenen Hals, dem vorstehenden Oberkiefer und dem länglichen Schädel. Die bildende Kunst bemühte sich nicht oder nur fast zufällig um die Individualisierung der dargestellten Person. Wie es mit der Übereinstimmung zwischen Bild und lebendem Modell steht, können wir nach so langer Zeit nicht mehr beurteilen. Natürlich kann man versuchen, in den Bildnissen die Eigenheiten der dargestellten Person zu erkennen; aber auch hier stellt manchmal das allzu verschiedenartige Material ein Hindernis dar. Ein solches Beispiel ist das der Königin Hatschepsut (ca. 1490–1468) der 18. Dynastie. In ihr treffen ihre weibliche Identität und ihre männliche Rolle als Pharao aufeinander. Wie soll sie nun dargestellt werden? Die Summe der überlieferten Darstellungsarten zeugt für die vielen Rollen, die sie innehatte. So wird sie gleichermaßen als Frau im langen, engen Trägerkleid (Abb. 13) und als Mann, der mit zwei runden Vasen vor seiner Gottheit kniet (Abb. 14), dargestellt. Die Männerrolle «König» überlagert Hatschepsuts Weiblichkeit: nur der beigeschriebene Name belegt ihre Identität. Daneben gibt es aber auch Bildnisse, auf denen Männliches und Weibliches sich harmonisch vereinigen, wie zum Beispiel in einem Sphinx in New York, wo ein wunderschönes Frauengesicht von einer gewaltigen Löwenmähne umrahmt wird (Abb. 15).

Die Normen der königlichen Darstellung sind stärker als die physiologischen Eigenheiten der abgebildeten Person; dies zeigen die Beispiele von Hatschepsut, deren weiblicher Körper sehr häufig männlich abgebildet wird, und auch von Sesostris III. (ca. 1877–1842), der auf demselben Türsturz einmal jugendlich und einmal als alter Mann erscheint. Jede gewählte Darstellung ist eine Auswahl aus der reichen Königs-Ikonographie, und nur der beigeschriebene Name stellt jeweils die Identität sicher. Es handelt sich bei den ägyptischen Königsportraits also nicht um Portraits im klassischen Sinn, die sich durch Individualität und Ähnlichkeit auszeichnen, also durch Übereinstimmung von realem Subjekt und sozialer Person. Trotzdem werden wir die Werke, die die Erscheinung des Königs verewigen, als Portraits bezeichnen, wobei wir uns bewußt sind, daß die Ähnlichkeit nicht immer die gleiche wichtige Rolle spielte. So betont auch L. Marin (1981, S. 251) in Bezug auf das Portrait von Ludwig XIV.: «Ist es möglich, den König anders als in seinem Bild zu beschreiben? (...) Ist der König etwas anderes als sein Bild?»

Als «magische Kunst», die ewig lebende Bilder hervorbringen sollte, ist die ägyptische Kunst nicht von einem ästhetischen Konzept geprägt, das sein Ziel in der Schönheit fand. Für sich allein genommen existierte die Kunst nie; kein verunsicherter Bildhauer fühlte sich über seinen künstlerischen Weg im Ungewissen. Diese einem Ziel außerhalb ihrer selbst untergeordnete

Kunst, deren Qualität in Zeiten politischer Stabilität immer besonders hoch war, verfügte über Modelle, die schon in ältester Zeit ausgewählt und durch die Jahrtausende vervollkommnet wurden.

Darum ist es unergiebig, nach Hinweisen auf das individuelle Aussehen, auf die psychologischen Eigenheiten oder gar Spuren eines Seelendramas in den königlichen Gesichtern zu suchen (Amenophis IV.-Echnaton bildet hier vielleicht eine Ausnahme). Der Künstler versuchte gar nicht, einen Mittelweg zwischen Realismus und Ideal zu finden, ganz im Gegenteil: das Portrait machte den König erst aus. Weil ja das königliche Portrait wie eine Wiederholung und eine Vergegenwärtigung funktioniert, ist auch jeder König ein Stück weit das Abbild aller Könige vor und nach ihm. In diesem Sinne allerdings haben die Pharaonen Ägyptens keinen nur «historischen» Körper.

Die Namen des Königs

Die Namen, aus denen sich die königliche Titulatur zusammensetzt, sind an das Bild des Königs gebunden. Genau so wie das Material die Darstellung prägt, so transportieren auch die akustischen Qualitäten im Namen die Energie eines Wesens. Einen Namen tragen bedeutet nicht nur eine Identität zu erhalten, sondern überhaupt zu existieren. Umgekehrt ist die Namenlosigkeit dem Nichts verpflichtet und für einen König schlicht undenkbar; das Fehlen des Namens des Throninhabers würde das irdische Königtum vom Weltschöpfer abtrennen und dadurch die Existenz des ganzen Landes bedrohen. Ein Königtum ohne König ist höchstens im Märchen denkbar. Das Fehlen des Namens ist allerdings etwas anderes als die Namenlosigkeit nach strafweiser Aberkennung des Namens. Die «Damnatio memoriae», also das Auslöschen der Erinnerung an eine Person, durch das Ausmerzen ihres Namens auf allen Zeugnissen erzwungen, bedeutet vollständige Vernichtung; dieses Schicksal mochte den König nur dann ereilen, wenn er sich den angemessenen, aber mit Nachdruck erhobenen Normen des Staates entgegensetzte. Wie das Bild dient auch der Name der Vergegenwärtigung des Königs und seiner Übereinstimmung mit dem pharaonischen System.

Außer mit den Fragen der Terminologie, die mit der Bezeichnung «Pharao» und den Bedeutungen der königlichen Titulatur verbunden sind, werden wir uns auch mit der Form und dem Inhalt des Protokolls beschäftigen, bevor wir uns den Beziehungen zwischen dem Namen und der Darstellung des Königs zuwenden.

«Pharao» und die Bedeutungen der königlichen Titulatur

Seit der Regierungszeit von Thutmosis III. in der 18. Dynastie dient der Begriff «Pharao» dazu, den König zu bezeichnen. Das Wort selbst kommt vom ägyptischen *pr-ˁ3*, «Großes Haus», das über das Hebräische in die griechische Bibelübersetzung einfloß. Ursprünglich wurde der Begriff Pharao neben einigen andern Ausdrücken gebraucht, wie etwa «Seine Majestät», «Hoheit», «Herr der beiden Länder», «König von Oberägypten» (wörtlich: «der zur Binse gehört») oder «König von Unterägypten» (wörtlich: «der zur Biene gehört»). Seit dem Neuen Reich (1552–1070) wurde der Begriff vom Palast auf den König selbst übertragen, also der Inhalt mit dem Begriff bezeichnet, der eigentlich den Rahmen meinte. Der Vorgang entspricht genau dem heutigen Sprachgebrauch, wenn wir vom Elysée, vom Weißen Haus oder vom Buckingham-Palast sprechen und damit die Staatschefs meinen. Als Titel, der vom Namen des Königs gefolgt wird, ist Pharao erst seit Siamun, dem letzten König der 21. Dynastie (978–960) belegt, und zwar in den Annalen der Hohepriester des Amun im Innern des Tempels von Amun-Re in Karnak.

Unter all den Begriffen, die die ganze oder auch nur Teile der aus fünf Namen zusammengesetzten Titulatur des Königs bezeichnen, fallen zwei Begriffe und ein Ausdruck besonders auf. Mit *Nḫbt* ist meistens die vollständige Titulatur aus den fünf Namen gemeint. Damit ist auch ein juristischer Aspekt angesprochen, denn diese Namenfolge ist verbindlich festgelegt. *Rn*, das «der Name» heißt, kann sich auf die ganze Titulatur oder auch auf jeden einzelnen Namen beziehen. Der Begriff *rn-mȝ*, «der wahre Name», umfaßt die vier ersten Namen der Titulatur, die bei der Krönung dem Geburtsnamen vorangestellt werden. In diesem Sinne entspricht der wahre Name dem Protokoll und legt deutlich die Struktur der königlichen Titulatur dar: dem einen Geburtsnamen stehen die vier Namen gegenüber, die den Funktionen entsprechen, die der König kraft seines Amtes einnimmt.

Es ist auffällig festzustellen, daß möglicherweise die Zusammensetzung der königlichen Titulatur gewisse Aspekte der Titulatur der Könige Israels beeinflußt hat. Denken wir doch an die Ankündigung der Geburt eines Kindes in Israel: «Siehe, das junge Weib ist schwanger und gebiert einen Sohn, und sie gibt ihm den Namen Immanuel» (Jesaja 7,14); und dann seine Thronbesteigung: «Denn ein Kind ist uns geboren, ein Sohn ist uns gegeben, und die Herrschaft kommt auf seine Schulter, und er wird genannt: Wunderrat, starker Gott, Ewigvater, Friedefürst» (Jesaja 9,6). Die Vision von Jesaja bezieht sich auf den König und macht deutlich, daß dieser nicht nur wie die ägyptischen Könige fünf Namen trug, sondern daß sich diese auch in ihrer Zusammensetzung von einem Geburtsnamen und vier funktionellen Namen entsprechen, wobei der Geburtsname die physische Existenz des Menschen bezeichnet und die vier neuen Namen sich auf seine institutionelle Existenz beziehen.

Die Beschreibung der königlichen Titulatur

Die vollständige offizielle Titulatur umfaßt fünf Namen. Als Beispiel betrachten wir diejenige von Scheschonk I., dem Gründer der 22. Dynastie am Beginn des 1. Jahrtausends v. Chr. Der König heißt:

1. Horusname: «Siegreicher Stier, geliebt von Re, der ihn krönt als König, um die beiden Länder zu vereinigen».

2. Die beiden Herrinnen-Namen: «Der von der Doppelkrone gekrönte wie Horus, Sohn der Isis, der die Götter mit der Maat zufriedenstellt».

3. Goldhorus-Name: «Mächtig an Tapferkeit, der die neun Bogen schlägt, groß an Siegen im ganzen Land».

4. König von Ober- und Unterägypten-Name (Thronname): «Leuchtend ist das Werden von Re, erwählt von Re».

5. Sohn des Re-oder Geburtsname: «Scheschonk, geliebt von Amun-Re».

Die kanonische Form der Königstitutatur umfaßt also fünf Elemente, die ihrerseits aus einem Titel, gefolgt vom eigentlichen Namen bestehen. Die ersten drei sind mehrgliedrig und enthalten einerseits eine Definition der Natur des Königs und eine Theologie der Macht – der König als Horus, Sohn der Isis, hat seine Macht von den Göttern (vgl. S. 57) – und anderseits ein Regierungsprogramm, nämlich Sieg und Einheit Ägyptens. Die beiden letzten Namen werden in eine Kartusche geschrieben: der sogenannte Thronname *(z3-Rʿ)* und der Geburtsname. Die Kartusche wird als *šnw* und *mnš* bezeichnet; ihre Form ist ein Oval aus einem Strick, dessen verknotetes Ende einen senkrechten Abschluß bildet. Der Begriff *šnw* zur Bezeichnung der Kartusche ist vom Verb *šn(j)* «umfassen» abgeleitet und läßt sich als königlicher Beiname in einen engen Zusammenhang mit der Sonne stellen, denn der König wird auch als Herrscher «dessen, was die Sonne umfaßt» beschrieben. Die Ägypter erklären den Gebrauch der Kartusche (Abb. 2) nirgends, aber ihre Verwendung hebt diese beiden Namen des Königs in besonderer Weise hervor.

Unbekannt sind uns die Prinzipien, nach denen sich die Namen untereinander klassieren lassen. Die Unterscheidung der königlichen Namen ist von großen Unsicherheiten geprägt. Ganz sicher aber hängt ihre Eigenheit damit zusammen, wie die ägyptische Kultur das Wesen des Königtums auffaßte. Leider sind uns keinerlei Texte überliefert, die sich über die Zusammensetzung der Titulatur äußern, und somit sind wir bei den Fragen nach den Gründen für genau fünf Namen, nach ihrer Reihenfolge und den ihnen zugewiesenen Werten ganz auf Vermutungen angewiesen.

Die Beziehung zwischen Namen und Darstellung des Königs

Auf der Ebene des Protokolls können der Name und die bildliche Darstellung des Königs einander ersetzen oder als Verbindung erscheinen. Daß die Kartusche das Bild ersetzt, läßt sich auf einem Türsturz mit dem Namen des Königs Siamun beobachten. Die beiden Kartuschennamen (Geburtsname und Thronname) dieses Königs der 21. Dynastie werden von seinem Horusnamen eingerahmt. Auf beiden Seiten dieses zentralen Motivs ist ein Priester dargestellt, der den durch drei seiner Namen repräsentierten König anbetet. Trotzdem aber zeugt dieses Dokument nicht etwa von einem Kult für die königlichen Namen – dafür gibt es keinerlei materielle Belege wie etwa ein Kultobjekt oder einen Kultort –, sondern es weist auf eine Verehrung dieses Prinzen hin: «betet den König in eurem Innersten an (...), jubelt ihm allezeit zu», und dieser wird durch den Namen vermittelt. Darüber hinaus werden auch Kartuschen verwendet, um die Hohlkehlen zuoberst auf den Tempelmauern zu schmücken und so auf sehr diskrete und doch wirksame Art den König mit dem heiligen Raum zu vereinigen. Die Verbindung von Name und bildlicher Darstellung des Königs kann durch das Prinzip der Ergänzung oder des Gegensatzes bestimmt sein. Außerordentlich häufig ist die Ergänzung in all den Fällen, wo der Name auf dem Sockel etwa einer Statue beigeschrieben ist oder im Bild neben der königlichen Gestalt erscheint. Im Gegensatz dazu steht der Abscheu vor gewissen Regierungszeiten, der sich dann durch die Zerstörung des Königsnamens und manchmal auch durch teilweises oder vollständiges Entfernen von Bildnissen zeigt. Gelegentlich werden die so ausgekratzten Kartuschen durch den diese Maßnahme anordnenden König wiederverwendet, wodurch sich eine neue Kombination von Name und dem Bild eines Vorgängers ergibt. Diese Wiederverwendung belegt gleichzeitig auch die Austauschbarkeit der Bilder.

Etwas näher kommt man der Beziehung zwischen Portrait und Namen des Königs, wenn man sich an die Analogie zwischen der Menge der königlichen Namen und an die Verschiedenartigkeit der königlichen Erscheinungsformen erinnert. Daß weder ein einzelner Name noch ein einzelnes Portrait den König adäquat zu erfassen vermögen, geht aus dem «Jugendtext» von Thutmosis III. hervor. Der Name, der «Thot hat geboren» bedeutet, wird vom Epitheton «der die Formen vereinigt» gefolgt, was auch zugleich erklärt wird: «er, also der Gott Thot, hat alle meine Erscheinungsformen vereinigt». Das Schwanken der königlichen Namen entspricht den verschiedenartigen Bildnissen des Königs, denn jedes einzelne kann nur jeweils einen Aspekt wiedergeben. Dieses Verfügenkönnen über sehr verschiedene Möglichkeiten ist ein bedeutendes Attribut der Macht: auch der Name des Schöpfergottes Atum, dessen Stellvertreter der König auf Erden ist, läßt sich auf zwei sehr gegensätzliche Weisen deuten: einer Wurzel *tm* «vollständig sein» entspricht eine andere, gleichlautende mit der Bedeutung «nicht sein». Im Namen Atum wäre dann die Möglichkeit für Vollständigkeit ebenso angesprochen wie das Nichts, er vereinigt die Gegensätze in seinem Namen. Ähnlich ist auch der Aspekt der untergehenden Abendsonne mit Atum verbunden, während Chepri die Rolle der jugendlichen, aufgehenden Sonne übernimmt. Sowohl die Interpretation des Namens von Atum wie auch die gegensätzlichen und sich ergänzenden Aspekte der Sonne zeigen uns eine Denkweise, in der sich die Gegensätze nicht ausschließen, sondern aneinander teilhaben und sich gegenseitig auch bedingen. So muß die Erscheinung des Schöpfers, der durch den König verkörpert wird, diesem doppelten Anspruch genügen: er muß zugleich die Widersprüche in sich vereinigen können und sie aber auch durch seine Namen und seine Bildnisse darstellen. (Zweifellos kann man annehmen, daß auch die Gedankenwelt von Sokrates indirekt durch die Theologen im Niltal vorbereitet wurde. Erst im «Sophist» wird dialektisch formuliert, daß das Nichtsein nicht als das Gegenteil vom Sein aufzufassen sei, sondern daß das Sein und das Nichtsein nur jeweils verschiedene Aspekte des gleichen Wesens seien.)

Zuletzt kann das Verhältnis von Name und Bild auch eine Beziehung von Wesensgleichheit ausdrücken. Die Wesensähnlichkeit von Name und Bild zeigt sich beispielhaft in einer Kolossalgruppe des Horusfalkens und Ramses III., denn der Name des Königs materialisiert sich im Stein (Abb. 16). Der kindliche Körper des Königs *(ms)*, die ihn krönende Sonnenscheibe des Re *(Rᶜ)* und die Binse von Oberägypten *(sw)*, die er in der Hand hält, sind nämlich gleichzeitig die drei Elemente, mit denen sein Geburtsname Ramses geschrieben wird, und hat die Bedeutung «Re hat ihn geboren» *(Rᶜ-ms-sw)*. Zum ikonographischen gesellt sich der linguistische Wert, indem der Kindkönig und seine Attribute zu Schriftzeichen werden. Dazu kommt noch eine semantische Dimension, die in sehr verkürzter Form auf die Abstammung des Königs vom Sonnengott Re verweist.

Sicher hat kein Ägypter je ausdrücklich behauptet, der König aus Fleisch und Blut sei genau dasselbe wie sein Name; aber sein in Stein gehauenes Bild vermittelt diese Botschaft.

Zudem dürfen wir uns auch daran erinnern, daß es der in die Kartusche geschriebene Name des Königs war, der Champollion den Schlüssel zum hieroglyphischen Schriftsystem und letztlich zur ägyptischen Zivilisation bot. Das Pharaonentum studieren bedeutet gleichzeitig den Kern der pharaonischen Kultur kennenlernen.

I Die Rolle des Königs in der ägyptischen Geschichte

Ex oriente lux

In Ägypten und Mesopotamien liegen die zwei ganz wesentlichen Kulturherde der Menschheit. Beeindruckend ist die rund 3000 Jahre dauernde pharaonische Geschichte, die in ihrer Kontinuität nur noch von der chinesischen erreicht wird.

Der Versuch, die Rolle des Königs von Ägypten aus seiner Geschichte heraus zu verstehen, muß seine Schöpferfunktion innerhalb der kosmischen Ordnung berücksichtigen. So wird im Pharaonentum das ganze ägyptische System sichtbar.

In den profanen Texten wird seit dem Beginn des Mittleren Reiches (um 2000 v. Chr.) die Verbindung zwischen einem erlösenden und einem schaffenden Gott festgehalten. Chnumhotep sagt da zum Begründer der 12. Dynastie, Amenemhat I., er habe «das Unrecht *(jsft)* vertrieben, indem er sich wie Atum (der Schöpfergott) erhob». In einem prophetischen Text, der die günstigen Folgen der Ankunft des rettenden Königs Ameni ankündet, präzisiert Neferti den Vergleich noch: «Die Maat wird ihren Platz wieder einnehmen und das Unrecht *(jsft)* wird vertrieben.» *Jsft* bezeichnet das Unrecht, die Sünde, und als Gegenbegriff zu Maat auch die Unordnung, das ungegliederte Chaos. Wie der Schöpfergott beendet der König den ursprünglichen Wirrwarr und ordnet das Universum.

Seit dem ersten Augenblick der Schöpfung stehen sich der Schöpfergott und ein chthonisches Monsterwesen in einem ständigen gnadenlosen Kampf gegenüber. Die Schöpfung hat einen Anfang und sehnt sich nach der Wiederholung: in täglichem Rhythmus folgt Morgendämmerung auf Morgendämmerung, damit die Sonne die Dunkelheit vertreibt. Erst später folgen die Menschen unter der Führung des Königs, um mit Hilfe von Ritualen die Erinnerung an den Ursprung und damit die Schöpfung selbst zu erhalten. Jeder Morgen, jedes Jahr, jede neue Regierung sind von der Vernichtung bedroht, müssen als Zyklen aber aufrechterhalten werden. Allerdings setzt sich der König in seiner Rolle als Schöpfer nicht mit dem Schöpfergott gleich, sondern betrachtet sich als seinen Erben.

Der König vermittelt als Erbe des Schöpfergottes dessen Energie und ist als historische Person gleichzeitig der Garant des Rituals, der durch seine Taten – in Kunst, Literatur, Opfer und Regierungstätigkeit – die schädlichen Kräfte blockiert und dadurch das Gleichgewicht erhält. Von daher gesehen sind die Kriege gleichsam die Fortsetzung der Urmythen: Bürgerkrieg wird wie das Ende der Welt betrachtet. Kriegszüge, seien sie offensiv oder defensiv, gegen fremde Völker werden eher wie ein Bann verstanden, der die äußere Welt neutralisieren soll, als quasi dauerhafte Beschwörung aller zerstörerischen Kräfte.

Diese Gedanken sollen im folgenden an den Ereignissen der historischen Entwicklung Ägyptens überprüft werden, bevor wir uns dann in den folgenden Kapiteln der Königsideologie zuwenden. Zuerst bedürfen die Begriffe Reich, Zwischenzeit und Dynastie einer Klärung, damit wir dann die grundlegenden Abschnitte der Geschichte betrachten und auf diesem Hintergrund auch die Leistungen und das Verhältnis von Geschichte und Mythos würdigen können.

Reiche, Zwischenzeiten und Dynastien

Die Einteilung der ägyptischen Geschichte in Reiche, die durch die sogenannten Zwischenzeiten voneinander getrennt werden, geht auf die Ägypter selbst zurück. Die Terminologie dazu stammt allerdings von den Historikern unserer Zeit.

Reiche und Zwischenzeiten

Obwohl diese Begriffe nur mit Einschränkungen zutreffen, werden sie doch zu recht von den Ägyptologen weiterhin verwendet. Es gab wirklich eine Abfolge von Phasen, die «Reiche» genannt wurden, unterbrochen durch «Zwischenzeiten». Die «Reiche» entsprechen den stabilen Zeiten, in denen das Land geeint war, sich ins Ausland ausdehnte und große kulturelle Leistungen im Gebiet der Architektur, der bildenden Kunst und auch dem Geistesleben vollbrachte. Hingegen sind die «Zwischenzeiten» Zeiten der Bürgerkriege, die manchmal fast zur Spaltung in mehrere Länder führten, wenn die Gaufürsten allzu mächtig und von der Zentralregierung praktisch unabhängig waren; dazu kamen wirtschaftliche Krisen, Verarmung und ein Niedergang der Künste. Die Einfälle fremder Völker zwangen aber immer wieder zu einer Rückbesinnung auf das Niltal als Ganzes. Die archäologischen Spuren und schriftlichen Zeugnisse aus den Zwischenzeiten sind gering und oft schwierig zu deuten. Sie sind aber auch kaum bekannt, weil ihr Wert meistens unterschätzt und weil ihnen Originalität und Eigenständigkeit abgesprochen wurde. Heutzutage bemüht man sich, den Begriff «Zwischenzeit» nur chronologisch zu verstehen und sich eines Werturteils zu enthalten. Man beginnt einzusehen, daß diese Zeiten auch der Schmelztiegel waren, aus dem heraus sich die Reichsorganisation, die Bestattungsbräuche und Jenseitsvorstellungen, das soziale Beziehungssystem und die Literatursprache erst bilden konnten.

Königslisten und Dynastien

Durch die ganze ägyptische Geschichte hindurch wurden die Namen der Könige aufgelistet, auf Papyri geschrieben oder auf Tempelwänden verewigt. Die *Königslisten* in den Tempeln waren wahrscheinlich den Papyruslisten entnommen und stellen in einem gewissen Sinne ihre Zusammenfassung dar. Zwar wird nirgends erwähnt, daß sich auch solche geschichtliche Papyri in den Tempelbibliotheken gefunden haben; daß es aber derartige Archive gab, beweist die Existenz des *Turiner Königspapyrus*.

Herodot (II 100) erwähnt ein anderes Dokument aus einem Archiv: «(...) Nach einem Buch zählten die Priester die Namen der anderen dreihundertdreißig Könige auf». Flavius Josephus erwähnt in *Contra Apionem* (I 73), daß der Priester Manetho, ein Zeitgenosse von Ptolemäus II., «auf griechisch die Geschichte seines Landes schrieb, die er, wie er sagte, von heiligen Tafeln übersetzte». Auch Diodor (I 44) bezieht sich auf Überlieferungen, «die in heiligen Büchern aufgeschrieben» seien und die Gestalt, die Eigenheiten und die Regierungszeit jedes Königs angäben. Nach diesen Hinweisen handelt es sich bei den Listen auf den Tempelwänden um verkürzte Kopien aus den königlichen Archiven. Die älteste dieser Listen ist der *Palermostein* aus der 5. Dynastie, der seinen Namen vom heutigen Aufbewahrungsort hat. Sie verzeichnet die Regierungen und die wichtigsten Ereignisse jedes Jahres. Aus dem Neuen Reich stammen nebst dem Turiner Papyrus von Ramses II. sechs weitere Königslisten, die ohne Zweifel auf viel ältere Papyri zurückgehen: die Liste in der Halle der Vorfahren von Thutmosis III. im Karnaktempel, die erste Tafel von Abydos (Sethos I.) (Abb. 17), die zweite Tafel von Abydos, die Tafel von Sakkara und die Darstellung der Prozession im Ramesseum (alle unter Ramses II.) und die Darstellung der Prozession der Ahnen von Ramses III. in Medinet Habu. Zu diesen höchst offiziellen Listen gesellen sich verschiedene Listen der Könige der 18. Dynastie von den Schreibern aus Deir el-Medine:

die Listen vom Ritual von Amenophis I. und von Amenmose – diese ist auf einen Opfertisch (heute in Marseille) graviert – dann auch eine Liste auf einem Ostrakon aus dem Tal der Könige (Sauneron, 1951, S. 46–49). Die Tradition Manethos verdient eine genauere Prüfung. Wahrscheinlich erteilte der König Ptolemäus II. im Hinblick auf den Königskult und die beabsichtigte Verschmelzung der Kulturen Manetho den Auftrag dazu. Manetho war ein gebürtiger Ägypter, der seine Geschichte Ägyptens auf griechisch schrieb, sich aber auf ägyptische Quellen stützte. Darin stellte er eine Liste aller ägyptischen Könige auf und teilte sie in 31 Dynastien ein. Das Schema der Dynastien dient gleichzeitig als geographischer Rahmen, da jede Dynastie mit Angaben über ihre Heimatstadt, die ihr dann auch den Namen leiht, versehen wird. So ist die Rede von der thinitischen, der memphitischen etc. Dynastie. Die Namen der Könige werden ergänzt durch Angaben über die Regierungsdauer und gelegentliche kurze Bemerkungen dazu. Manethos Geschichte Ägyptens diente dann in Übertragungen und Zusammenfassungen wieder als Quelle für andere Geschichtsschreiber: den Juden Flavius Josephus (1. Jh. n. Chr.), Julius Africanus (3. Jh.), Eusebius von Caesarea (4. Jh.) und Georgios Syncellus (8. Jh.).

Alle diese Listen führen die Könige nach einem doppelten System auf: nach dem der Familie und dem der Herkunft.

Einerseits sind die Namen in Gruppen versammelt, die dem gleichen «Haus» *(pr)* angehören, also dem, was Manetho und die griechischen Autoren Dynastie nennen. Dazu bemerkt J. Yoyotte (1977, S. 49–50), daß der Begriff Dynastie nicht unserem heutigen Sprachgebrauch entspricht, der eigentlich eine Folge blutsverwandter Könige meint, denn die ägyptischen Dynastien umfassen Könige verschiedener Linien, die aber mit der gleichen Stadt oder Stadtgottheit verbunden sind. Darüber hinaus kommt lange nicht allen ägyptischen Dynastien die gleiche Bedeutung zu. Einige sind fiktiv (zum Beispiel die siebte, die in 70 Tagen 70 Könige zu verzeichnen hat), andere bestehen gleichzeitig nebeneinander (etwa die 9., 10. und der Anfang der 11. Dyn.), wieder andere zählen nur ganz wenige Könige (Amyrtaios ist sogar der einzige König der 28. saitischen Dyn.) oder extrem viele (14 Könige in der 18. Dyn.).

Die Unterteilung der ägyptischen Geschichte in verschiedene Reiche ist schon auf einer Königsliste nachweisbar. Die Liste, die im Ramesseum, dem Totentempel von Ramses II., eine Wand schmückt, zeigt eine Prozession der ihm vorangegangenen Könige. Diese «Ahnengalerie» wird von einer Namenliste ergänzt, auf der jedem König sein Name beigeschrieben ist. In dieser Prozession des Ramesseums läßt sich feststellen, daß Menes und Montuhotep Ahmose vorangingen und dieser selbst wieder vor den anderen Königen bis zu Ramses II. kam. In der 19. Dynastie, der Zeit also, in der diese Liste erstellt wurde, galten diese drei Könige als Begründer des Alten, Mittleren und Neuen Reichs. Das Konzept der Reiche ist ägyptisch und wird von den Geschichtsschreibern des Neuen Reiches selbst verwendet. Allerdings hat J. Leclant (1980, S. 49–50) gezeigt, daß die Namen, die wir ihnen geben, aus dem 19. Jh. unserer Zeit stammen und in Anlehnung an das Preußische Reich gebildet wurden. Der Kaiser, der Kriegsheld, erhält seine Macht von Gott: diese Analogie des Anspruchs führte zur Übernahme des Begriffs «Reich» in die Ägyptologie. In die französische Ägyptologie fand das Konzept erst später Eingang; noch Maspero (1895) verwendete es in seiner «Geschichte» nicht. Die Idee der «Reiche» ist altägyptisch, die Begriffe dazu sind aber modern. Die Zwischenzeiten haben ebenfalls keine Namen, werden aber in den Königslisten auch nicht in einer andern Weise markiert. Dies dürfte ein Hinweis dafür sein, daß die Idee des Pharaonentums untrennbar mit Ägypten verbunden ist: Zeiten ohne Pharao, in denen sich die Macht auf viele kleine autonome Fürstentümer verteilte, widersprechen dem Modell einer starken, zentralisierten Monarchie und werden deshalb in der offiziellen ägyptischen Geschichtsschreibung nicht berücksichtigt. Die Einteilung in Dynastien und die Auswahl der aufgeführten Könige war von der Ideologie bestimmt.

Die Aufzählung der Königsnamen

Unter dem Blickwinkel der Kenntnisvermittlung sind die Königslisten zusammengetragenes Wissen. Der Prozeß der Listenerstellung ist in Ägypten nicht auf die Königsnamen beschränkt; es gibt auch Listen von Begriffen und Namen, die wie Anfänge eines Lexikons aussehen. Die grundsätzlichen Kategorien beziehen sich auf die Elemente der Welt, auf das hierarchische Klassieren der Menschen und auf die geographische Einordnung der Städte und Dörfer. Die ägyptische Administration war besonders fruchtbar beim Erstellen von Inventaren, Aufzählungen und Listen von Menschen, Gütern, Tieren und Gebäuden, was uns heute wertvolle Hinweise zur Bevölkerungsentwicklung, zur Familienstruktur und zu den Berufsständen gibt. Aus den Tempeln wiederum ist uns ein Festkalender aus der Zeit Ramses' III. bekannt, eine Aufstellung aller Hathorkulte in Edfu, eine Liste über den Besitzstand jedes Gaus, eine Liste aller Minen, und eine Aufzählung aller Prinzen Asiens und Nubiens im Mittleren Reich. Manchmal nimmt der Katalog von Städten und Flüssen auch fast literarische Formen an wie in den Mitteilungen von Hori, der die fremdartigen Ortsnamen Syriens benutzt, um das Land zu beschreiben – eine Gegend, in der er selbst niemals war. So fügen sich die Königslisten in eine ganze Kategorie der schriftlichen Überlieferung ein.

Unter allen Dingen, die die Ägypter interessierten, nahmen aber die Königsnamen doch eine Sonderstellung ein. Die Namen wurden chronologisch geordnet, die Regierungen folgen sich nach einem strengen Schema und sind manchmal mit Angaben über ihre Dauer versehen. Die Listen können in Kolonnen gegliedert oder fortlaufend geschrieben sein. Das Verwerten alter

Schriften erlaubt es auch, die Namen nach neuen Gesichtspunkten zusammenzustellen. Dies zeigt die Neueinteilung in Dynastien (Turinerpapyrus, Manetho) und in Reiche (Prozession im Ramesseum), die neue Entwicklungslinien aufzeigt. Aber sie zeugt von Neuinterpretationen geschichtlicher Zusammenhänge: Die Liste in der Halle der Vorgänger aus der Zeit von Thutmosis III. im großen Tempel des Amun-Re in Karnak enthält nur gewisse Könige. Die Auswahl dieser 61 Könige erklärt sich dadurch, daß genau sie es waren, die in Theben zu Ehren Amuns bauliche Spuren hinterlassen haben. Die Volksüberlieferung der Ramessidenzeit verehrte die verstorbenen Könige der vorangegangenen Dynastie, die drei Reichsbegründer Menes, Montuhotep und Ahmose, und die beiden Könige, die die Hyksos vertrieben hatten, Sekenenre und Kamose. Auch die Tradition Manethos läßt einige Könige aus. Die Königslisten unterscheiden sich auch in der Reihenfolge der Namen. Normalerweise wird zuerst der Thronname eines Königs genannt: Manetho hingegen beginnt mit dem Geburtsnamen. Die klassische Tradition stützte sich vorwiegend auf Manetho und überlieferte deshalb diese Geburtsnamen, was den Akzent von der königlichen Funktion weg auf die Person verschob. Keine Liste führt alle fünf Namen der königlichen Titulatur auf. Im allgemeinen besteht aber die Tendenz, einen der funktionellen Namen dem Geburtsnamen vorzuziehen.

Für die Erstellung einer ägyptischen Geschichte sind die Königslisten von grundlegender Bedeutung. Die ständige Überarbeitung der Listen wirft immer wieder neues Licht auf die Geschichte der Pharaonen; jede Abänderung wiederspiegelt zugleich eine Veränderung der Ideologie des Königtums.

Die historische Entwicklung

Die ägyptische Geschichte läßt sich grob einteilen in das Alte, das Mittlere und das Neue Reich, die jeweils von einer Zwischenzeit abgelöst wurden.

Die ägyptischen Königslisten setzen Menes (die griechische Form von *Mnj*) an den Anfang der Geschichte um 3000 v. Chr. Die klassische Antike sah in Menes den beispielhaften Schöpfer, der die Welt aus dem Chaos aufsteigen ließ. Ihm wurde die Gesetzgebung, die Begründung der Weißen Mauer, also des Kerns der Hautstadt Memphis, und die Erfindung der Bewässerung zugeschrieben. Menes, dessen Name «irgendeiner» bedeutet, steht am Schnittpunkt von Mythos und Geschichte und repräsentiert einen unbekannten König, der von den ägyptischen Geschichtsschreibern und den klassischen Autoren zum Prototypen des Idealkönigs gemacht wurde. Ziemlich sicher ist er mit dem König Horus Narmer identisch, der nach einheimischen Quellen Unter- und Oberägypten vereinigte.

Seine Nachfolger waren die Könige der 1. und 2. thinitischen Dynastie, die aus der Stadt This bei Abydos stammten. Während drei Jahrhunderten (ca. 3000–2660) prägten sie die Form der Doppelmonarchie. Ihre Universalität demonstrierten sie mit dem in die Palastfassade eingeschriebenen Horusnamen, durch den sie sich dem Gott der Weite des Himmels verpflichteten. Während diesen beiden ersten Dynastien wurden die Grundlagen der ägyptischen Malerei, die Schrift, die Verwaltung und die Beherrschung der Steinbearbeitung entwickelt.

Einen ersten Höhepunkt erreicht die ägyptische Kultur bereits unter Djoser, dem Begründer der 3. Dynastie und gleichzeitig des Alten Reiches (3.–6. Dyn., 2660–2180 v. Chr.), und unter seinem Minister Imhotep. Von nun an ersetzen Steine die Ziegel in der Nekropole von Memphis; der König wird statt in einer Mastaba in einer Pyramide beigesetzt, wobei die Mastaba von den Privaten weiterhin verwendet wird. Die Pyramiden bezeugen ein hohes Niveau der Wissenschaft in einer Zeit, in der Architekten, Astronomen und Landesvermesser beim Bau der königlichen Grabmäler zusammenarbeiteten. Das Alte Reich ist die Zeit der Pyramiden. Diese stehen auf dem Felsplateau von Giza, wo zugleich die größten Pyramiden der Könige der 4. Dynastie liegen, und bei Sakkara, wo ihre Nachfolger der 5. und 6. Dynastie wieder zu bescheideneren Proportionen zurückfanden. Nachrichten über die Jenseitsvorstellungen setzen ziemlich plötzlich am Ende der 5. Dynastie mit den Pyramidentexten von König Unas ein. Sicher sind diese Texte das Ergebnis einer längeren Tradition und Ausarbeitung; man muß annehmen, daß sie bei früheren Begräbnissen rezitiert wurden. Sie bilden das älteste Corpus von Jenseitstexten.

Den wenigen erhaltenen Akten auf Papyri und in Steininschriften verdanken wir Einblicke in die hierarchische Gesellschaftsstruktur und in die zentralisierte Organisation von Grundbesitz und Bodenbearbeitung. Immer wieder wird die Göttlichkeit des Königs definiert und auch eingegrenzt. In einem Märchen wird von den drei ersten Königen der 5. Dynastie berichtet, daß sie vom Sonnengott abstammten; es betont aber gleichzeitig, wie ungewöhnlich dies sei. Als neue Literaturgattung kommen die Weisheitslehren auf. Ihre «Erfindung» wird Imhotep zugeschrieben. Der Niedergang des Alten Reiches beginnt während der langen Regierungszeit von Pepi II. Die Gaufürsten werden beinahe unabhängig, über den Pharao wird gespottet, Diener erheben sich über ihre Herren – Ägypten steht am Rand des Zusammenbruchs.

Manetho beschreibt in den «Aegyptiaca» die wirre Lage und die Probleme, die zum Untergang des Alten Reichs führen, mit dem Stichwort «70 Könige in 70 Tagen».

Damit beginnt die Erste Zwischenzeit. Das Königtum hat seine Macht verloren, das Land versinkt im Chaos. Dazu kommen ungenügende Nilüberschwemmungen: «Die Flüsse Ägyptens sind ausgetrocknet und werden zu Fuß überquert. Das Land ist verarmt, aber es hat viele Herren; die Erde liegt brach, doch die Steuern sind hoch; klein ist das Getreide, jedoch der Scheffel ist groß, und er wird zum Abmessen ganz gefüllt.» Ägypten fällt auseinander, es herrscht Bürgerkrieg, und auch die äußere Bedrohung wächst: «Die Feinde sind im Osten aufgetaucht, die Asiaten dringen nach Ägypten ein.» Die soziale und politische Ordnung ist auf den Kopf gestellt: «Ich zeige dir den Besitzenden in Not, während der Fremde gesättigt ist. (...) Man grüßt denjenigen, der einen früher grüßen mußte.» Zeitgenössische Berichte über diese Zeit gibt es fast keine; das meiste erfahren wir etwas später von Autoren, die dem Alten Reich nachtrauern. Deshalb ist es manchmal schwierig, diese Untergangsbeschreibungen historisch richtig zu gewichten, vor allem auch, wenn sie zum literarischen Topos werden. Dem düsteren Bild von der politischen Situation entspricht eine moralische Krise. Pessimismus, Enttäuschungen und Individualismus belasten die Gemüter. Einige sehnen sich nach dem Tod «wie nach der Heilung einer Krankheit, wie ein Spaziergang nach einer langen Leidenszeit, (...) wie den Duft der Myrrhe, (...) wie das Verlangen nach einer unbekannten Sache». Andere wiederum verschreiben sich ganz dem *carpe diem:* «Folge deinem Herzen! (...) Gib Myrrhe auf deine Stirn und kleide dich in feines Leinen! (...) Siehe, keiner kehrt zurück, der einmal gegangen ist», oder bezweifeln skeptisch und von der Religion enttäuscht gar die Wirksamkeit des Totenkults. Immer lauter werden da die Rufe nach einem starken König als Gegengewicht, der den Zerfall des Landes aufhält und es einer Neuschöpfung zuführt.

Über die Bürgerkriege wissen wir wenig. Im Laufe der Auseinandersetzungen werden zwei Provinzen zu Königtümern. Die Könige von Herakleopolis (9. und 10. Dyn.) beim Fayum unterliegen schließlich den Prinzen von Theben (11. Dynastie), die gegen Norden ziehen, um das Reich wieder zu vereinigen. Nach langen und wirren Kämpfen gelingt dies König Montuhotep I. gegen 2040 v. Chr. Wie die königlichen Protokolle dieser schwierigen Zeit und auch die Weisheitslehre für Merikare von seinem Vater Cheti zeigen, überstand die Idee der Monarchie die lange Zeit der Autonomie und Rivalität der Gaue fast unbeschadet. Am Ausgangspunkt der Wiedervereinigung des Landes erscheint Pharao Montuhotep I., dem noch zwei gleichnamige Könige folgen. Sie regieren vom Süden aus. In der 12. Dynastie erreicht das Restaurationswerk des Mittleren Reiches seinen Höhepunkt in verschiedenen Bereichen.

Der Gott Amun von Theben steigt durch den politischen Sieg seiner Anhänger unter die großen Götter auf. Amenemhat I. gründet die neue Hauptstadt, «die die beiden Länder packt», bei Lischt in Mittelägypten, um die politische, administrative und wirtschaftliche Einheit des Landes zu stärken. Durch eine Revision des Grundbesitzes und neue Bewässerungsanlagen wird das Fayum nutzbar gemacht.

Die Könige der 12. Dynastie vergrößerten auch die ägyptische Kontrolle über die angrenzenden Gebiete und forderten von ihnen regelmäßige Tributzahlungen. Damit stärkten sie ihre innenpolitische Position und konnten gleichzeitig die kriegerischen Ambitionen der Fürsten gegen außen lenken. Sie befestigten auch die nördlichen und südlichen Grenzen Ägyptens durch den Bau eines Netzes von Festungen in der Gegend um den zweiten Katarakt und bei der Landenge von Suez.

Die Bemühungen um die Wiederherstellung stabiler Verhältnisse nach dem Vorbild des Alten Reiches hinterließen in zwei Bereichen bedeutende Leistungen. Einerseits fand eine rege Bautätigkeit statt – erinnern wir uns an die Schlichtheit und Schönheit der Weißen Kapelle von Sesostris I. in Karnak, an die Königsgräber im Fayum, deren Grundplan denen des Alten Reiches entspricht, dann an die Befestigungsanlagen in Nubien und die Arbeitersiedlung von Illahun. Auf der andern Seite finden wir die Restauration und Vertiefung der Königsideologie. Auch die Literatur drückt in allen Gattungen loyale Begeisterung gegenüber dem König aus.

Das Mittlere Reich beginnt während der 13. Dynastie langsam zu zerfallen, ohne daß uns die genaueren Gründe dafür bekannt sind. Von 1780–1552 v. Chr. folgt dann die zweite Zwischenzeit. Die aus Asien stammenden Hyksos der 15. und 16. Dynastie profitierten von der Schwäche des thebanischen Reichs und regierten zwischen dem Mittleren und dem Neuen Reich fast über das ganze Niltal.

Über diese Zeit sind uns nur sehr wenige Informationen überliefert. Manethos Geschichte und viele Skarabäen erlauben aber doch einige Schlüsse. Auf den Skarabäen nennen die neuen Pharaonen sich selbst *ḥq3-ḫ3swt* «Herrscher der Fremdländer». (Manetho, der aus dieser Bezeichnung den Namen Hyksos ableitete, interpretierte sie fälschlich als «Hirtenkönige»). Die Hyksos kamen aus Palästina, wo sie selbst von einer großen Völkerwanderung aus Vorderasien verdrängt worden waren, und ließen sich im östlichen Delta mit Auaris als Hauptstadt nieder. Den Gott Seth setzten sie mit ihrem alten Gott Baal gleich und verehrten ihn. In ihren Darstellungen übernahmen sie alle Machtattribute des Pharao und wichen nur beim Horusnamen in der Titulatur ab, indem sie dort Horus durch Apophis (die Schlange, die die kosmische Ordnung bedroht) oder durch Seth (den Gegner von Osiris und Horus) ersetzten und sich so doch von den einheimischen Königen unterschieden.

Theben selbst blieb während der Hyksosherrschaft eine tolerierte einheimische Enklave mit einer eigenen, der sogenannten 17. Dynastie. Von dort aus erfolgte dann auch eine nationale Reaktion. Nach langen und harten Kämpfen befreite Kamose das Tal; dann gelang es seinem Bruder Ahmose, die Hyksos auch aus ihrer Hauptstadt Auaris und dann ganz aus Ägypten zu vertreiben, nachdem sie beinahe 200 Jahre lang dort geherrscht hatten. Der letzte König der 17. Dynastie, Ahmose, gilt als Begründer der 18. Dynastie und des Neuen Reiches.

Das Neue Reich bildet nach dem Alten und dem Mittleren Reich den dritten Höhepunkt innerhalb der ägyptischen Geschichte. Es umfaßt die 18.–20. Dynastie (1550–1070 v. Chr.) und zeigt sich als eine Epoche der Stärke und der Kämpfe. Aus dieser Zeit sind uns aus Tempeln, Gräbern, Ostraka, Papyri, der Korrespondenz mit den Hethitern und archäologischen Funden sehr viele Nachrichten erhalten geblieben.

Unter Thutmosis III. erreichte das Reich seine maximale Ausdehnung und erstreckte sich vom Euphrat in Asien bis zum 4. Katarakt im Sudan. Die Könige der 19. und 20. Dyn. konnten das Reich erhalten; Ramses II. allerdings nur mit viel Glück und Ramses III. mit größter Mühe. Später fiel Ramses III. einer Haremsverschwörung zum Opfer. Seine acht Nachfolger waren im gesamten schwache Herrscher und vermochten weder die Plünderung der Königsgräber noch Skandale in der Verwaltung, die Selbstständigkeitsbestrebungen der Libyer, die Krise der königlichen Autorität oder auch die Teuerung, die zum ersten Arbeiterstreik in der Geschichte führte, aufzuhalten oder zu verhindern.

Ein Hohepriester des Amun und früherer General, Herihor, verdrängte dann Ramses XI. vom Thron, doch ist uns nichts Genaueres über diesen Vorgang bekannt.

Das 1. Jahrtausend umfaßt die dritte Zwischenzeit (1070–713 v. Chr.) und die Spätzeit (713–332 v. Chr.).

Während in Theben die Hohepriester des Amun Könige werden, begründen gleichzeitig Priesterkönige die 21. Dynastie und regieren von Tanis im Delta aus das Land. Die neue Hauptstadt ist als Abbild Thebens in Unterägypten geplant. Die Zeit der großen Reiche ist vorbei, und Ägypten umfaßt nur noch das Niltal. Gelegentlich finden noch einzelne Anstrengungen statt, zur früheren Bedeutung und zur außenpolitischen Macht zurückzufinden, doch sind sie von kurzem Erfolg gekrönt. Scheschonk I. erobert Jerusalem und führt den Tempelschatz weg (1. Kön. 14,25–26). Die 25. Dynastie betreibt wieder eine aktive Außenpolitik und kämpft unter Taharka gegen die sich weiter ausbreitenden Assyrer; gleichzeitig geschieht eine innenpolitische Erneuerung. In der 26. Dynastie zieht Necho noch einmal bis an den Euphrat, wird aber von Nebukadnezar im Jahre 605 bei Karkemisch geschlagen; er läßt auch einen Kanal zwischen dem Roten und dem Toten Meer graben und finanziert die Umsegelung Afrikas durch die Phönizier (Herodot IV 42). Sein Nachfolger Psammetich II. führt einen Feldzug gegen Nubien. Diese einzelnen Anstrengungen können aber nicht verbergen, daß Ägypten sich den Libyern, Äthiopen, Persern und Makedoniern gegenübersieht und daß diese die einheimischen Herrscher verdrängen.

Über die Zeit des Aufstiegs fremder Völker unterrichten uns sowohl ägyptische wie auch andere Quellen: die Bibel, die Stele von Pianchi, die Annalen von Assurbanipal und griechische und karische Texte.

Im Ägypten des 1. Jahrtausends stehen sich Tendenzen der Erneuerung und der Erhaltung gegenüber. Im Religiösen entwikkelt sich der schon seit längerem vorhandene, aber doch ziemlich bescheiden gebliebene Tierkult zur vollen Blüte. Daneben erscheint ein ganz ausgeprägter Kult des göttlichen Kindes. Es wird auch versucht, die Mythen des ganzen Landes zu einem Ganzen zusammenzufügen. Von Bocchoris (24. Dyn.) bis in die Perserzeit erlebt auch die Gesetzgebung wieder einen Aufschwung. Die Bedeutung des Deltas wächst: alle sechs Hauptstädte liegen dort (Tanis, Bubastis, Sais, Mendes, Sebennytos und Alexandria) und zeigen an, daß sich Ägypten nun viel stärker als früher gegen Norden, gegen das Mittelmeergebiet, ausrichtet. Konservative Tendenzen führen anderseits zu den vorher erwähnten Kriegszügen nach Asien und in den Sudan. Die bildende Kunst orientiert sich an alten Vorbildern. Immer komplexer wird die Hieroglyphenschrift, die im «Lebenshaus» der Tempel gelehrt wird; damit verstärkt sich auch der Graben zwischen der Priesterkultur und dem Wissensstand des Volkes. Die Königsideologie bleibt im wesentlichen unverändert und wird von den Fremdherrschern übernommen.

Die Geschichte der ägyptischen Dynastien findet mit dem triumphalen Einzug Alexanders des Großen ins Niltal im Jahre 332 v. Chr. ein Ende. Zuvor erobert er die westlichen Provinzen des Perserreichs, zu dem Ägypten ja unterdessen gehört, dank seinem Sieg über Darius III. in der Schlacht von Issos (333 v. Chr.). Nachdem ihn ein Ammonsorakel in der libyschen Wüstenoase Siwa als Sohn Gottes anerkannt hat, läßt er sich in Memphis ganz nach den alten Vorbildern zum Pharao krönen. Wie bei seinen Vorgängern und auch seinen mazedonischen und römischen Nachfolgern verschwindet seine Persönlichkeit ganz hinter dem uralten Muster seiner Rolle. Nach seinem Tod regieren die Erben seines Generals Ptolemaios das Land und erhalten ihm bis zur vernichtenden Niederlage gegen die Römer in der Schlacht von Actium (31 v. Chr.) seine Unabhängigkeit. Von da an steht Ägypten unter Rom und seinen Kaisern, die sich nun auch als ägyptische Pharaonen verstehen, auch wenn sie sich nur selten im Land aufhalten. Die römische Herrschaft dauert bis zur Teilung des Reiches nach dem Tod von Kaiser Theodosius im Jahre 395 n. Chr.

Schlußfolgerung

Betrachten wir nochmals einige der wesentlichsten Züge der 3000jährigen ägyptischen Geschichte.

Grundlegend ist die Dualität zwischen dem Norden und dem Süden, die ein – immer wieder bedrohtes – Gleichgewicht zwischen den beiden Landesteilen schafft. Die Anstöße zur Reichseinigung am Beginn der Geschichte und auch zur Wiedervereinigung nach den Zwischenzeiten kommen aber immer aus dem Süden. Erst die wachsende Bedeutung der mediterranen Welt im 1. Jahrtausend v. Chr. verschiebt die politische Macht in den Norden, ins Delta, und leitet nach der 26. Dynastie das Ende der ägyptischen Selbständigkeit ein. Von da an bestimmen fremde

Herrscher das Schicksal des Landes. Diese, ganz besonders die Griechen, waren von den Ägyptern beeindruckt und bewunderten ihre Staatsordnung, die architektonischen Leistungen, ihre Verwaltung und ihre Organisation der Landwirtschaft und schließlich ihr Wissen um ihre alte Kultur.

In den Epochen der «Reiche» und der Restauration ist die Macht des Königs grundlegend. Als Erbe des Schöpfergottes wiederholt der Pharao das Schöpfungswerk in seinen historischen Taten und in seinen kultischen Handlungen. Das Wohlergehen des Staates ist an die Macht des Königs gebunden; wenn diese Macht schwach ist, übernehmen seit dem Ende des Neuen Reiches Priester die wichtigsten Rollen im Staat. In Krisenzeiten hüten die Priester die Staatsidee und geben auch immer wieder den Anstoß zum Widerstand gegen fremde Herrscher.

Mythos und Geschichte

Das Geschichtsbewußtsein

Wenn für uns Ägypten in die Geschichte gehört und ein Teil von ihr ist, so ist das für die Ägypter offenbar anders: für sie ist Ägypten nicht von dieser Welt.

Aus den ägyptischen Bibliotheken sind uns keine historischen Werke bekannt. Die ägyptischen Gelehrten hielten nur die Abfolge der Könige auf den Königslisten fest. Diese Namen und ihre Einteilung in Dynastien und Reiche liefern uns einen politischen Rahmen. Die frühesten Versuche, diesen Mangel der ägyptischen Geschichtsschreibung (die eigentlich gar keine ist) aufzuheben und die Ereignisse nach einem einheitlichen Gesichtspunkt zu erfassen, stammen seit Herodot von griechischen Historikern. Das ist eines der Paradoxe der ägyptischen Kultur: sie verwendete als eine der ersten die Schrift, aber benutzt sie nicht zur Geschichtsschreibung.

Dabei kannten die Ägypter durchaus die Leidenschaft, alles zu notieren, was Tag für Tag, Monat für Monat und während Jahrhunderten jeder Angestellte einer Institution leistete, oder über ihr Vermögen Buch zu führen. Auch waren sie sich durchaus der politischen Erschütterungen bewußt, die zum Ende des Alten Reichs führten, und realisierten auch die wirtschaftlichen, sozialen und politischen Unsicherheiten und Krisen, die es erlaubten, daß fremde Herrscher sich im 1. Jahrtausend v. Chr. auf den Pharaonenthron setzten. Dazu verfolgten sie aufmerksam die größeren kosmischen Rhythmen, die sich im Wechsel der Jahreszeiten, im unterschiedlichen Ausmaß der Nilüberschwemmung und in der Veränderung der Himmelskonstellationen zeigten.

Aber die spezielle Einstellung Ägyptens zum Thema des Werdens und Vergehens ließ sie den Wert des Erfassens, Erinnerns und Notierens von Ereignissen gering einschätzen, außer es handelte sich um die Aktualisierung einiger ausgewählter Themen und Mythen, die den Vorrang der zyklischen gegenüber der linearen Zeitauffassung demonstrierten. Die chronologische Abfolge der Ereignisse war demgegenüber unwichtig. Dies zeigt sich besonders deutlich in der bildenden Kunst. Beispiele sind das wiederholte Auftauchen der gleichen «libyschen Familie» in den Darstellungen des Sieges über die Feinde Ägyptens, die Unbewegtheit des Königs bei der Löwenjagd, dann, aus der schriftlichen Überlieferung, die übersteigerte Beschreibung der außerordentlichen Nilüberschwemmung unter Osorkon III., oder auch die Berichte über den Abbau von Minen. Daraus schließt J. Leclant, daß die Ereignisse «nur dazu dienen, den Mythos zu realisieren» (1980 [2], S. 52). Um das ursprüngliche Gleichgewicht der Schöpfung zu bewahren, wird jede Situation ihrem Vorbild angepaßt und auf es hin reduziert: Sie dient nur dazu, es zu illustrieren.

Das macht es schwierig, die Geschichte eines Volkes zu schreiben, das sich selbst keine Geschichte zuschrieb. Es gibt auch kein ägyptisches Wort für «Geschichte» oder «Geschichtsschreiber». Historische Kenntnisse wurden nie gezielt zusammengestellt oder einer speziellen sozialen Gruppe zugewiesen. Viel mehr zählen eben das Unveränderliche und Dauernde, worin sich die Übereinstimmung zwischen Vergangenheit und Gegenwart zeigt – ein Zug, der den meisten theokratischen Monarchien zukommt.

Die Bildung einer geschichtlichen Erinnerung

Nach diesen Bemerkungen stellt sich nun die Frage nach der Art, den Mechanismen und Mitteln der kollektiven Erinnerung im pharaonischen Ägypten. Dazu ein paar Überlegungen.

Viele Ereignisse der ägyptischen Geschichte können wir nicht genau datieren. Die Einheit der ägyptischen Chronologie ist das Regierungsjahr: unter jedem neuen Herrscher wird mit der Zählung wieder vorne angefangen; dies ist sicher ein Erbe der mündlichen Überlieferung. So heißt es dann zum Beispiel, ein Ereignis habe im Jahre 11 eines bestimmten Herrschers stattgefunden.

Eine andere ägyptische Eigenheit ist das Nebeneinander verschiedener Zeiten, die ganz verschiedene Verwendungen im Erinnerungsprozeß finden. Der Hinweis auf die ferne und unbestimmte Zeit der Anfänge, «die Zeit der Götter», setzt sich über jede Chronologie hinweg und stellt historische Personen oder Ereignisse vor einen unbestimmten Hintergrund. Demnach kann die scheinbar historische Einteilung in Dynastien auch einfach die zeitliche Umsetzung der Idee eines Königmodells sein, in dem die Könige ewig leben. So gesehen verweist die Aufzählung der drei Reichsbegründer in der Prozession des Ramesseums auf die Idee einer Wiederaufnahme alter Zyklen (des Alten und Mittleren Reiches) durch eine neue Gruppe von Königen (des Neuen Reiches) und nicht auf die einer Liste von Königen, die sich zuerst in Unterbrüchen und dann direkt aufeinander folgen. Umgekehrt aber setzt sich die historische Zeit aus voneinander unabhängigen Einzelheiten zusammen, die nur durch den zufällig gleichen Zeitpunkt und nicht durch eine Kausalbeziehung miteinander verbunden sind. Beliebte und geschätzte Könige wie Snofru oder Sesostris werden deshalb oft in eine unbestimmte Vergangenheit projiziert, wo sie als Helden der kollektiven Erinnerung ihren Platz nebeneinander finden: die Zuordnung nach ihrer Bedeutung hebt die Ordnung der verschiedenen Epochen auf.

Eine dritte Überlegung hängt mit dem Erinnerungsvorgang zusammen. Wenn das mythische Gedankenmuster die einzelnen Ereignisse bis zum Stereotyp entwertet, dann unterstützt auf der andern Seite das mythische Bild die Erinnerung auch an weit entfernte Ereignisse wie die Entstehung des Niltales. Aristoteles überliefert in seinen Berichten über den Nil, daß Graniteinschlüsse lange Zeit dem Fluß den direkten Weg nach Norden versperrt hätten – eine Information, die sich nur dank der durch Jahrtausende hindurch ungebrochenen mündlichen Überlieferung erhalten konnte. Diese Erinnerung wurde jedes Jahr beim Auftauchen der ersten Erdhügel nach dem Abfließen der Flut durch ihre Verbindung mit den Schöpfungsmythen wieder aktiviert. Das mythische Denken kann so sowohl zur Verdunkelung wie auch zur Erinnerung an Ereignisse beitragen.

II Der göttliche Ursprung des Pharao

«Man überbringt dir dieses Dekret des Königs, damit du weißt, daß meine Majestät, sie lebe, sei heil und gesund, als König von Unter- und Oberägypten auf dem Horusthron der Lebenden erschienen ist. Niemals wird es seinesgleichen geben. Man mache meine Titulatur folgendermaßen:

Horusname: Starker Stier, geliebt von Maat

‹Die beiden Herrinnen›-Name: Der mit dem königlichen Uräus erschienen ist und dessen Kraft groß ist

Goldhorusname: Dessen Jahre vollkommen sind und der die Herzen leben läßt

König von Unter- und Oberägypten: Groß ist die Erscheinungsform des Ka von Re

‹Sohn des Re›-Name: Thutmosis.

Veranlasse, daß man den Eid festmacht mit dem Namen meiner Majestät, geboren von der königlichen Mutter Senseneb selig.»

Mit diesen Worten begleitet der neue Herrscher Thutmosis I. (um 1506–1494) das Dekret, das seine Thronbesteigung und seine Titulatur verkündet. Im königlichen Namen ist das spezielle Regierungsprogramm enthalten, das die Politik seiner Vorgänger fortsetzen oder korrigieren kann. Die Namen drücken aber durch ihre Titel auch die Kontinuität der Identifikation mit der Königsrolle und der göttlichen Abstammung aus, die die Natur des Königs definieren und die Aufrechterhaltung der Ordnung garantieren, so wie sie im Schöpfungsakt festgelegt worden ist. Daß der König an der göttlichen Ordnung teilhat, drückt sich in der Form der Identifikation und der Abstammung aus. In der königlichen Titulatur ist der König gleichzeitig die Verkörperung des Horus und der Sohn des Sonnengottes Re.

Die göttlichen Verkörperungen

Auf der Narmerpalette (um 3000 v. Chr.) werden die glorreiche Unterwerfung Unterägyptens durch das südliche Königreich und die darauf folgende Vereinigung der beiden Länder dargestellt. Der Sieg ist auf zwei Arten ins Bild gefaßt (Abb. 18): der König mit der Weißen Krone schwingt in seiner rechten Hand eine Keule gegen einen knienden Feind, den er mit der linken Hand am Schopf gepackt hält. Dieses irdische Bild ist daneben in den Mythos übertragen worden und stellt sich nun so dar, daß der Horusfalke mit einer Hand eine Leine hält, die den Kopf eines Gefangenen umschlingt. Dieser Kopf wächst aus einem Landstück heraus, das durch Papyrusblüten als die Sümpfe des Deltas bezeichnet wird. Analog zum Raubvogel in der Allegorie wirkt der König wie der Vertreter des Gottes unter den Menschen; er ist übergroß dargestellt und ist ihnen überlegen.

Horus herrscht über den Luftraum nach dem Muster des Vogels, den er verkörpert. Seit ältester Zeit wurde er an vielen Orten verehrt und mit dem Himmel in Verbindung gebracht, als dessen beide Augen Sonne und Mond gelten; er kann sich aber auch mit der Sonne vermischen und trägt dann den Namen Re-Harachte «Re-Horus der beiden Horizonte». Als Allgott repräsentiert er den göttlichen Archetypus des lebenden Königs.

In der Königsideologie vermischen sich Mythos und Geschichte aufs engste, denn die Heimatstadt der ersten Könige war Hierakonpolis, das dem Kult des Falkengottes geweiht war. König Skorpion, ein Vorgänger von Narmer, nennt sich «Horus im Palast», ein Titel, der auf seine Doppelnatur hinweist: als Erscheinungsform des Himmelsgottes ist er selbst göttlich, als Mensch in einem physischen Körper hingegen irdisch. Die enge Verbindung zwischen König und Palast besteht also von Anfang an. Seit der Regierungszeit von Narmer verbildlicht die Schreibung des Horusnamens im Serech (der Palastfassade) diese Eigenheit des Herrschers in einem Bild aus der Architektur (Abb. 2). Am Anfang des Alten Reiches verdeutlicht der König durch ein neues Beiwort in seiner königlichen Titulatur das göttliche Licht in ihm: als «Goldhorus» besteht er aus dem gleichen Stoff wie der Sonnengott.

Die Symbiose zwischen dem ursprünglichen Ortsgott von Hierakonpolis und dem König ist vollständig. Immer wieder bestätigen die Pyramidentexte: «Ich wurde als Horus im Horizont geboren»; diesem Satz entspricht die Darstellung in der Königsplastik, wo der auf seinem Thron sitzende König von einem Falken im Nacken schützend umfangen wird (Abb. 4). Mit der Weiterentwicklung des pharaonischen Systems wird auch der göttliche Ursprung der Macht immer deutlicher ausgesprochen. Der König auf dem Horusthron der Lebenden zeigt die enge Verbindung der himmlischen und der irdischen Macht, sodaß er dadurch selbst zum Falken werden kann. Dies widerspiegelt sich deutlich in einem Typus der Königsplastik, der sich seit dem Alten Reich entwickelte, aber erst in der 18. Dynastie zur Blüte gelangte: König und Falkengestalt vereinigen sich zu einem einzigen Bild (Abb. 20). Die Priester, die dem Kult der Statuen von Nektanebos II. (360–343), dem letzten einheimischen Pharao vor der zweiten Perserherrschaft, zugeteilt waren, stellten das Epitheton «Falke» neben den Geburtsnamen des Königs, um damit noch einmal das Dogma von der Göttlichkeit des Königtums zu verkünden. In dieser Zeit vervielfachen sich auch die Darstellungen des Königs, bei denen er zwischen den Beinen eines majestätischen, aufgerichteten Falken steht (Abb. 21). In all den Fällen, wo die dazugehörige Inschrift nicht den Gott Horus, sondern nur den mit der Statue beschenkten Tempel erwähnt, müssen wir den Falken nicht als Gottheit, sondern als ein Bild für den König allein auffassen. Als Beweis dafür mag eine Statue gelten, bei der in erhabenem Relief die einzelnen Elemente des königlichen Geburtsnamens *(Nḫt-Ḥr-Ḥb)* beigeschrieben sind: ein winziger Pharao hält in seiner Hand das als *nḫt* zu lesende Krummschwert und in der andern die *ḥb*-Kapelle, während der große Falke als Ideogramm *Ḥr* zu lesen ist. Eine solche Komposition ist nur bei Wesensgleichheit von königlicher Funktion und dynastischer Falkendarstellung denkbar; sie drückt aber auch die Ähnlichkeit zwischen der Person des Königs und dem Gott aus, der über ihm steht. Die grundlegende Metapher von der königlichen Macht kann also bis zu einer körperlichen Verschmelzung führen.

Der Fortbestand der Dynastie

«Der Falke ist fortgeflogen, und ein anderer hat seinen Platz eingenommen.»

Mit dieser Formel wurde den königlichen Nekropolenarbeitern von Deir el-Medine bekanntgegeben, daß das Grab (hier dasjenige von Sethos II.) beendet sei und ein neues angefangen werden müsse. Nur der regierende Pharao ist Horus; sofort nach seinem Tod garantiert ein neuer Falke den Fortbestand des Pharaonentums. Dem entspricht das bekannte «der König ist tot, es lebe der König!»

Nach seinem Tod geht der König in die Welt der Götter ein und trägt den Titel Osiris. Die Götter empfangen ihn als einen der ihren. Der Name des Gottes Osiris taucht erstmals in den Pyramidentexten der 5. Dynastie auf. Er erscheint dort als der Prototyp des toten Königs, der mumifiziert wird und dem man Opfergaben darbringt, denn das Jenseits wird mehr als eine Fortsetzung der irdischen Existenz in einem andern Raum denn als Ort der Auferstehung verstanden. Das wird in der Pyramide von

Unas so ausgedrückt: «So wie Osiris lebt, lebt auch Unas; und so wie Osiris nicht stirbt, stirbt auch Unas nicht».

Die frühen Mythen um Osiris setzen ihn an einen Schnittpunkt zwischen Totenkult und Königsideologie. Er wird menschgestaltig, aber mit ungegliedertem Körper dargestellt und hält die königlichen Attribute Krummstab und Geißel in seinen Händen. Im Mythos wird er von Seth, einem Gott der Unordnung, ermordet und verdankt seine Wiederbelebung seiner Schwestergattin Isis, die seinen zerstückelten Körper wieder zusammensetzt und den Toten mit ihrer Schwester Nephthys beklagt. Die als Vogelweibchen dargestellten Göttinnen stehen für die Klageweiber, die mit ihren Schreien die letzte Reise des Verstorbenen begleiten. Horus übergibt das ihm von Seth geraubte und nun wieder geheilte Auge als Symbol für die Opfergaben, die im Totenkult der Sohn seinem Vater schuldet; von da her stammt auch die Bezeichnung «Sohn des Osiris», die Horus in seiner Rolle als Vollbringer des Kults zukommt. Der Mythos rechtfertigt die Wirksamkeit des Totenkults, und die Handlung von Horus an Osiris (oder vom lebenden am toten König) übersetzt das Prinzip der Nachfolge vom Vater auf den Sohn ins Göttliche.

Die Aussage «O Horus, der im König Osiris ist» zeigt das Nebeneinander der zwei Prinzipien im König: das des jungen Königs, der die Erneuerung bewirken soll, und das des toten, dem das Überleben gesichert wird. Die physische Trennung der Doppelrolle im Moment der Übergabe der Macht an den Nachfolger ist in ägyptischen Augen nur scheinbar. Der lebende Pharao versteht sich als Glied einer Dreiheit, wie sie uns in der Plastik begegnet und dort das Wesen der ägyptischen Monarchie beispielhaft ausdrückt (Abb. 22). Die Gruppe aus dem Neuen Reich zeigt in der Mitte Osiris als Verkörperung der Ewigkeit zwischen seinen beiden Aspekten der Macht, dem des Königs mit menschlichem Antlitz und dem des falkenköpfigen Horus. Spätestens seit dieser Zeit bedient sich auch die königliche Propaganda des Mythos um Osiris.

Die Pyramidentexte sind eine Summe von magischen Formeln, die bei der Bestattung rezitiert wurden und die das Überleben des Königs im Jenseits garantieren sollten. In ihnen werden die Mythen nicht ausführlich erzählt, sondern sie bilden nur den notwendigen Hintergrund für das Verständnis. Die Zeugung von Horus durch den toten Osiris und durch Isis (Abb. 23) und dann auch die Geburt des Kindes in den Sümpfen von Chemmis bilden darin isolierte Episoden. Erst mit der Zeit (vor allem im Zusammenhang mit den politischen Krisen am Ende des Neuen Reichs und am Anfang des 1. Jahrtausends) wurden die beiden verschiedenen Gottheiten mit Namen Horus – der Gott des Königtums und des Himmels auf der einen, das göttliche Kind auf der anderen Seite – miteinander vermischt. Indem sie die Zerbrechlichkeit der Kindheit mit derjenigen einer bedrohten Königsmacht vergleichen, bringen die königlichen Texte den jungen Thronfolger mit «Horus in Chemmis» und vor allem «Horus, Sohn der Isis» zusammen, sobald die Nachfolge unsicher erscheint.

Im gleichen Sinne wird die Legende vom kosmischen Kampf von Horus und Seth nun neu als Streit um die juristisch schon feststehende Nachfolge interpretiert. Mit der Zeit verbürgt der Hinweis auf Horus und seinen schließlichen Sieg die Legitimität der Nachfolge auf dem Thron. Am Ende dieses langen Prozesses bringt Nektanebos II. (30. Dyn.) die traditionelle Identifizierung mit Horus gar auf die Formel der mütterlichen Abstammung «Göttlicher Falke, der aus Isis kommt». Darin zeigt sich nun die Beziehung zwischen dem König und dem Gott Horus, Sohn der Isis, als vollständige Identität und nicht mehr nur als Vergleich für den vorübergehenden Zustand des umstrittenen, später aber siegreichen Thronfolgers. Die politisch unsicheren Zeiten verlangen ein neues, noch stärkeres Königsbild. Der Pharao ist nun die lebende Inkarnation eines Gottes, der sich nicht auf einen fernen Mythos abstützt, sondern der selbst hier auf der Erde geboren wurde.

Die Identifizierung des Königs mit Horus und Osiris bedeutet, daß er sowohl das Erbe des Schöpfergottes antritt wie auch auf ewige Dauer rechnen darf. Die beiden Aspekte der Schöpfung und der Ewigkeit definieren letztlich die Natur des Pharaonentums. Dazu kommen in den Beinamen noch viele andere Vergleiche mit Göttern und göttlichen Eigenschaften, die dem König weitere für die Machtausübung notwendige Qualitäten vermitteln. Gegenüber seinen Hethiterfeinden entpuppt sich Ramses II. (ca. 1290–1224) als «Baal und Seth in einer Person»; er kann aber auch «Renenutet (die Erntegöttin) des ganzen Landes» sein. In diesen Bildern drücken sich Dimensionen des Königtums aus, die sich von der Wirkung des Pharao und nicht von seiner göttlichen Herkunft her erklären.

Die göttliche Abstammung

In der ägyptischen Vorstellung wird das Urchaos als die Zeit vor jeder Geburt beschrieben: «die Zeit, als der Himmel nicht existierte, als es die Erde nicht gab, als noch keine Menschen da waren und die Götter noch nicht geboren waren, bevor es auch den Tod gab.» Nach diesem Modell unterhalten die Götter und Menschen gegenseitig Verwandtschaftsbeziehungen, die je nach dem theologischen System verschieden aussehen. Die göttliche Identität des Pharao ergibt sich ganz natürlich aus seiner göttlichen Abstammung. Als neuer Horus ist der König – wie der Gott – der Beschützer seines Vaters Osiris: «Ich bin sein Sohn, sein Beschützer, sein Sprößling, der aus ihn hervorgegangen ist». Dieses osirianische Erbe ist der andere Aspekt des Königs neben seiner Sonnenkraft, die sich ebenfalls im Bild des Horus (hier als Himmels- und Königsgott verstanden) ausdrückt.

Die Abstammung von der Sonne

Seit den Anfängen des Alten Reichs wird die Sonne in der Gestalt von Re verehrt, einem ursprünglich männlichen Gott der Stadt Heliopolis, der das Land mit seinem Licht überflutet, nachdem er die feindliche Nacht vertrieben hat. Die religiösen Vorstellungen von Heliopolis prägen denn auch in dieser frühen Phase die Königsideologie. Es ist unwahrscheinlich, daß König Djedefre, der Nachfolger von Cheops in der 4. Dyn., mit der Aufnahme des Titels «Sohn des Re» das Königtum mehr in der Nähe seine Volkes stellen wollte; vielmehr drückt sich darin der wachsende Einfluß der Priesterschaft von Heliopolis auf das Königtum aus. Mit W. Barta sind wir der Überzeugung, daß eine solche Bezeichnung die Anwesenheit einer göttlichen Kraft im realen Vater während der Zeugung und ihre gleichzeitige Übertragung auf das Kind bedeutet, was den künftigen König befähigen wird, seinerseits siegreich aus dem Kampf gegen die Dunkelheit hervorzugehen (Barta, 1975, S. 21). In der kanonischen Anordnung der fünf Namen der königlichen Titulatur steht der Titel «Sohn des Re» *(zꜣ-Rʿ)* vor dem Geburtsnamen und bezeichnet retrospektiv den Erben und Besitzer dieser Macht, die in den Krönungsriten freigesetzt wird.

Nachdem sich der König von allen irdischen Verbindungen im Tod gelöst hat und sein Überleben durch den Totenkult gesichert ist, verbindet sich sein Schicksal wieder mit dem der Sonne. Das Ziel der Sprüche der Pyramidentexte ist es, dem König seinen Aufstieg zu «seinem Vater Re» zu erleichtern, damit sich Vater und Sohn endlich wieder vereinigen können. Diese Vorstellung wurde im Mittleren Reich so formuliert: «Der Körper des Gottes (Amenemhat I.) ging in dem auf, der ihn geschaffen hatte».

Der verstorbene König kann dann auch in der Gestalt der Sonne angebetet werden. Im Alten Reich verbinden sich manchmal die Kulte des Sonnengottes und des verstorbenen Königs in den Sonnenheiligtümern, die in engster Verbindung mit den

Totentempeln dem osirianischen Aspekt des Königs geweiht waren. Im Neuen Reich finden die beiden Kulte sogar im gleichen heiligen Raum statt, nämlich im «Tempel der Millionen Jahre» auf der thebanischen Westseite. Die Unterweltstexte dieser Epoche rechtfertigen diesen doppelten Kult mit der theologischen Überlegung, daß jeder der Götter ein spezielles Tätigkeitsfeld im König selbst habe: der bestattete Körper gehöre zur Erde, während der Ba, die bewegliche, spirituelle Seite des Menschen, sich mit der Sonne wiedervereinige: «Dein Ba gehört zum Himmel vor Re, dein Körper aber zur Erde bei Osiris». So vereinigen sich aber auch beide Götter im König und bilden dann eine Einheit: «Re ist es, der in Osiris ruht, Osiris ist es, der in Re ruht».

Die Vorherbestimmung des Königs

Als «Sohn der Gottheit, der aus ihrem Fleisch hervorgegangen ist» verdankt der Pharao sein besonderes Schicksal seiner göttlichen Empfängnis: «Er ist schon weise, wenn er aus dem Leib seiner Mutter tritt. Der Gott hat ihn unter Tausenden von Menschen erwählt. (...) Der Gott hat den Herrscher vom allerersten Augenblick an für die Menschen gemacht.» Das Geburtsrecht sichert den Thronanspruch; so erhält sich durch die Zeiten hindurch die göttliche Qualität der Könige, und jeder König zeugt seinerseits wieder ein göttliches Wesen, das ihm so vollständig gleicht, daß er sich selbst wiederzugebären scheint. Die theologische Lehre vom «Kamutef», dem «Stier seiner Mutter», wonach die Sonne und auch andere Gottheiten ihre Mutter befruchten, um sich in einem ewigen Zyklus selbst zu zeugen, erklärt die aufeinanderfolgenden Könige als Abkömmlinge des gleichen göttlichen Prinzips. Der Mutter-Gattin kommt dabei die Rolle zu, das königlich-göttliche Blut zu übertragen; nur sie garantiert die Kontinuität. Als «Stier der Neunheit» ist der König derjenige, «der sich mit seiner Mutter, der großen Kuh (der Himmelsgöttin) vereinigt».

Der Mythos von der göttlichen Abstammung, der normalerweise das Geburtsrecht bestätigen soll, kann aber auch eine unvorhergesehene Machtergreifung durch einen andern als den Kronprinzen rechtfertigen. So prophezeit der Gott Harmachis dem zukünftigen Thutmosis IV. während seines Schlafs beim Sphinx in Giza, er werde «das Königtum im ganzen Land an der Spitze der Lebenden ausüben», und anerkennt ihn damit als Sohn. Dadurch wird legitimiert, daß er seine älteren Brüder übergehen darf: «Er fand die Majestät dieses ehrwürdigen Gottes, die aus ihrem Mund sprach wie ein Vater zu seinem Sohn: ‹Schau mich an und betrachte mich, mein Sohn Thutmosis; ich bin dein Vater Horus-im-Horizont-Chepri-Re-Atum.›»

Vielerlei Abstammungen

Durch seine Abstammung vom Sonnengott ist der König auch der Sohn verschiedener Himmelsgöttinnen. Die ägyptische Götterwelt wiederspiegelt hier die Bedeutung, die die ägyptische Gesellschaft der mütterlichen Linie beimaß. Das Bild für den Himmel entspricht dem einer Frau oder einer Kuh, die jeden Morgen das Sonnenkind gebiert und es am Abend wieder verschlingt. Auf der Narmerpalette (Abb. 18 und 19) sehen wir auf beiden Seiten der Palastfassade eine Göttin mit den Zügen der Hathor, deren Name «Haus des Horus» bedeutet. Dieselbe Übereinstimmung zwischen himmlischer Abstammung und der Identifizierung mit Horus steht hinter der Bezeichnung «Sohn der Hathor» für Pepi I. (um 2300 v. Chr.). Noch viele andere Beispiele zeigen den Bezug auf die himmlische Mutter.

Die von den Königen mit der Zeit ebenfalls postulierte Abstammung von Isis wiederspiegelt die wachsende Bedeutung des Osiris-Zyklus im Rahmen des Legitimierungsbedürfnisses der

Königsideologie. Seit dem Neuen Reich, wo sich unter dem Druck der politischen Verhältnisse die Vergleiche des jungen Pharao mit dem Horuskind häufen, wird Isis immer mehr zu einer Schutzgottheit des Königtums – zuerst noch durch die Vermittlung der Königsmutter, später auch durch direkte Abstammung wie bei Ramses II. (1290–1224): «Die Kronen wurden für dich verbunden, als du noch in der Brust deiner Mutter Isis warst». Die Pharaonen des 1. Jahrtausends führen dann ihre Herkunft von Isis sogar in ihre Titulatur ein.

Alle Abstammungsangaben des Königs, ob sie sich nun auf die Sonne, den Himmel oder Osiris beziehen, berühren das Wesen der Macht, denn sie alle sind vom Mythos des Königsfalken abgeleitet. Alle andern Abstammungen, mit denen der Herrscher seine Verantwortung für den Kult bestätigt, sind Ergänzungen und beziehen sich auf die Funktion des Priesterkönigs im Dienst der göttlichen Ordnung. Diese Funktionen sind hierarchisch aufeinander bezogen. Der König als Sohn des Gottes seiner Heimatstadt, der dann auch Staatsgott wird, steht über dem Nachkommen eines Lokalgottes, der theoretisch als einziger die Opfergaben darbringen könnte. Ramses III. (um 1184–1153) betont, was er alles «für seine Väter, die Götter und Göttinnen von Ober- und Unterägypten» getan hat. Wenn auch die Erfüllung des Kults nach dem Vorbild der Vorfahren eine Abhängigkeit des Königs von den Göttern beweist, so entfaltet der Herrscher doch erst in seinem kosmischen Bezug seine göttliche Natur und setzt mit seinen Handlungen die Kräfte frei, die die Welt zusammenhalten. Genau so wie der Verstorbene für sein Überleben auf das Gedenken seines Sohnes angewiesen ist, der für ihn den Totenkult vollzieht, so braucht auch der Gott für seine Manifestation den König. Die Abstammung versteht sich deshalb als eine gegenseitige Beziehung und setzt einen gemeinsamen Ursprung voraus. Damit wird der Gottheit keineswegs die Überlegenheit abgesprochen, sondern gezeigt, daß auch der Gott sich mit einer irdischen Herrschaft verbindet, wodurch das Weiterbestehen eines heiligen Königtums gerechtfertigt wird. Das Leben des Pharao verläuft so in Schritten, die ihn alle dem Wesen, das ihn hervorgebracht hat, näherbringen, bis der Sohn selbst zum Vater wird.

Die Rolle des Königs im Kult wird durch verschiedene Abstammungen ermöglicht. Es gibt viele göttliche «Eltern» und verschiedene Ausdrucksmöglichkeiten. Die Sprache benutzt dafür die gleichen Bezeichnungen, wie sie auch für die alltäglichen Verwandtschaftsverhältnisse verwendet werden; dabei werden Name und Verwandtschaftsgrad genannt. So ist der König «Sohn» oder «Sprößling» der Gottheit, die «Vater» oder «Mutter» genannt wird, und er benutzt die üblichen Verben für die Rolle der Eltern bei seiner Entstehung: der Gott «zeugt» ihn, und die Göttin «gebiert» ihn. Empfängnis und Schwangerschaft werden in präzisen Bildern beschrieben.

Je nach der Epoche, dem Bild der Familie und dem sozialen Status der Frau wird bei den realen Verwandtschaften die Zugehörigkeit zur väterlichen oder aber zur mütterlichen Linie bevorzugt angegeben – manchmal auch beide miteinander. Im Gegensatz dazu übersteigt der Pharao als Ebenbild des Gottes die menschliche Bedingtheit, denn er ist «aus seinem Fleisch hervorgegangen» und verfügt über die gleichen Qualitäten wie dieser: «schön an Gesicht wie sein Vater, der herrlich herauskommt und seine Horusattribute trägt». Der König kann sich aber auch auf seine Abkunft von einem Gott ganz allgemein berufen und damit den ganzen weiten Hintergrund aller möglichen Mythen wirken lassen. Der Bezug auf einen göttlichen Vater oder eine göttliche Mutter impliziert deshalb nicht, daß dieser Elternteil sich mit einem immer gleichen Partner verbunden hat.

Im Neuen Reich kommt der Brauch auf, die Götter in Triaden nach dem Vorbild der Familie einzuteilen. Dabei wird jeweils ein Götterpaar mit seinem gemeinsamen Kind kombiniert. Die königliche Ikonographie übernimmt dieses Bild sofort und ersetzt dabei das göttliche Kind durch den Pharao. Ein Beispiel dafür ist die Statuengruppe, die Tutanchamun (ca. 1347–1338) zwischen dem Gott Amun von Theben und seiner Partnerin Mut zeigt (Abb. 24).

Solche Kombinationen verweisen nicht nur auf die göttliche Abstammung, sondern sie wiederspiegeln auch ein gesellschaftliches Phänomen dieser Zeit: die verstärkte Bedeutung, die dem Familienzusammenhalt nun innerhalb der Institutionen zukommt. Zugleich zeigt sich, daß der Frau über ihre mütterliche Rolle an der Seite ihres Gatten hinaus eine aktive Stellung zugesprochen wird, was sich auch in der Rechtslehre niederschlägt, die von einer gemeinsamen Verantwortung der beiden Partner ausgeht. Im Bereich der Politik manifestiert sich diese Entwicklung am deutlichsten in der bedeutenden Rolle, die die Königin Nofretete, die Gattin Echnatons (ca. 1364–1347), im offiziellen Leben spielt. Der Aufwertung der Frau im sozialen und politischen Leben entspricht also die Bildung göttlicher Paare im religiösen Bereich. Indem auch der Pharao in die göttliche Familie integriert werden kann, zeigt sich zugleich seine enge Beziehung zu ihr wie auch eine gewisse Unabhängigkeit auf gleichberechtigter Basis. Unter demselben Pharao kann diese Darstellung mit verschiedenen Götterpaaren realisiert werden; das Wesen des Königs erlaubt es, verschiedene lokale Traditionen nebeneinander zu verkörpern.

Die Aufnahme des Pharao in die göttliche Triade bildet den extremsten Ausdruck seiner göttlichen Abstammung. Dahinter steht das Bedürfnis, die Übereinstimmung zwischen königlichem Machtanspruch und göttlicher Ordnung immer wieder zu bestätigen und die Wesensgleichheit von Gott und König zu erweisen. Das Wesen des erwachsenen Königs definiert sich von seinen verschiedenen göttlichen Vorfahren her, die ihm alle gemeinsam dazu verhelfen, die gesamte Schöpferkraft in sich zu vereinigen und wirken zu lassen.

Diese Dimension der göttlichen Kraft ist nur dem inthronisierten König zugänglich. Zwischen der Geburt und der Krönung befindet sich der zukünftige Pharao in einer Art Latenzzeit: Seine Kindheit spielt sich nach den natürlichen Rhythmen aller Menschen ab. Seine schon mit der Zeugung gegebene Bestimmung zur Gottesherrschaft tritt aber erst durch das Ritual in Kraft, dem der Kindkönig unterworfen wird.

Das Ritual um den königlichen Kind-Gott

Die Götterhochzeit

Wenn der Pharao zur Weltherrschaft aufsteigt, kann er sich auf eine Vielzahl von göttlichen Eltern abstützen, denn sein Wesen hat von nun an am Schöpfungsgeschehen teil. Seine physische Geburt verdankt er aber doch einem einzigen Paar. Dies wird in der Legende von der göttlichen Geburt thematisiert: Alle Handlungsträger sind nach dem strengen Schema der Götterhochzeit festgelegt und mit ihrem Namen versehen. Die ganze Legende setzt sich aus Bildern und Texten zusammen. Die früheste Darstellung davon ist uns aus der 18. Dynastie überliefert und trägt deutliche Züge der thebanischen Religion. Man kann aber annehmen, daß dieses Zeugnis auf viel ältere Muster zurückgeht, die vielleicht aus der Entstehungszeit des ägyptischen Königtums stammen. In der Geburtslegende geht es um die Zeugung des zur Herrschaft bestimmten Pharao. Sein Vater ist ein Gott, seine Mutter ist die Königin. Die die Dynastie repräsentierende Königin und das Kind gehören der Geschichte an; die dritte Hauptperson ist göttlich, erscheint aber ebenfalls in menschlicher Form: «Nachdem Amun die Gestalt des Königs angenommen hat, wird er zur Königin geführt (...) und vereinigt sich mit ihr». Die Handlung findet in realem Rahmen statt, nämlich im königlichen Palast, aber außer der Königin und ihrem zukünftigen

Kind stammen alle andern Figuren aus der Sphäre der Götter. Die doppelte Natur des Königs geht schon auf seine Zeugung zurück, in der sich die menschliche und göttliche Sphäre vermischen. Die Art, wie der Gott der Königin erscheint, kann recht verschieden sein, und es stellt sich die Frage, ob die Unterschiede Veränderungen der Königsideologie wiedergeben oder von der Erzählform her bedingt sind.

In den ersten Dynastien trägt die Königin den Titel «die Horus sieht und Seth trägt», einen Titel, den auch Texte der 18. Dynastie wiederaufnehmen. Dieser Titel läßt darauf schließen, daß die Geburtslegende damals schon existierte. Es ist also die königliche Gemahlin und Mutter des künftigen Erben, die mit den göttlichen Kräften zu tun hat, die das Wesen des Königs bestimmen. Diese Kräfte polarisieren sich im dynastischen Gott (Horus) einerseits und im Gott der notwenigen Gewalt (Seth) anderseits. Dieser Dualismus entspricht dem kosmischen Gleichgewicht und der Einheit der beiden Länder Ägyptens.

Ein Märchen aus dem Papyrus Westcar (17. Jh. v. Chr.) erzählt die Geschichte der wunderbaren Geburt der ersten drei Könige der 5. Dynastie, die von Re gezeugt werden. Die Erzählung, die das Aufkommen einer neuen Königslinie rechtfertigen soll, verbindet dazu das Motiv der Götterhochzeit mit den neuen politischen und religiösen Umständen. Der Illegitimität der künftigen Könige wird von Anfang an Rechnung getragen, indem dem König Cheops (ca. 2580 v. Chr.) ein Zauberer gegenübertritt, der ihm die Geburt seiner Nachfolger prophezeit. Die Kinder sollen von «der Frau eines Priesters des Re, des Herrn von Sachbu, die mit drei Kindern von Re schwanger ist» geboren werden. Der Text berichtet über die Umwälzung, die die Abweichung von der normalen Thronfolge bewirken. Der Gott Re ersetzt das Götterpaar Horus und Seth, was sich auch im Sohn-des-Re-Titel, der seit Djedefre (ca. 2560 v. Chr.) aufkommt, ausdrückt. Der Bezug zum Sonnengott bildet nun den wichtigsten Wesenszug des Königs. Im Märchen haben die drei Kinder das gleiche Wesen wie ihre

Vorgängerkönige, weil sie ja vom Gott gezeugt wurden, und verfügen auch über die gleichen Machtzeichen: die Anwesenheit und Hilfe der Götter bei ihrer Geburt, die Namengebung durch Isis, die Ankündigung ihres künftigen Schicksals durch Mesechnet und die Anfertigung der Kronen durch die göttlichen Geburtshelferinnen. Der Bericht im Märchen geht wohl auf ein offizielles Ritual zurück, das zwar aus jener Zeit keine andern Belege hinterlassen hat, aber mit den späteren Götterhochzeiten des Neuen Reiches sehr eng verwandt ist. Natürlich gibt das Märchen nur Teile des Rituals wieder und erzählt die Ereignisse ganz im Märchenstil; aber trotzdem mögen einzelne Schlüsselsätze getreu überliefert sein. Der literarischen Gattung entsprechend wird sehr detailliert berichtet, wobei die realistische Darstellung der schwierigen Geburt mit der Beschreibung der Neugeborenen, die wie Götterstatuen aussehen, stark kontrastiert: «Es war ein Knabe von einer Elle Länge und mit festen Knochen. Das Namensschild seiner Glieder war aus Gold, sein Kopftuch aus echtem Lapislazuli. Sie wuschen ihn, nachdem seine Nabelschnur abgeschnitten und er auf ein Stoffpolster gelegt worden war.»

Im Neuen Reich wird der Bericht der Legende durch Bilder in 15 Sequenzen ergänzt, die auf die Tempelwände graviert werden. Der dazugehörige Text entspricht den Bildern nicht immer genau, was wohl daher kommt, daß der Text auf viel ältere Vorbilder zurückgeht. Zwei vollständige Versionen aus dem Neuen Reich, die auf eine gemeinsame Quelle zurückgehen, sind uns überliefert. Die eine befindet sich im Totentempel von Hatschepsut (ca. 1490–1468) in Deir el-Bahari, die andere – von Amenophis III. (ca. 1402–1364) – im großen Amuntempel in Luxor; dazu kommen noch vereinzelte Blöcke von Ramses II. (ca. 1290–1224) aus dem Ramesseum. Aus den eher spärlichen Zeugnissen darf man aber nicht schließen, das Ritual der göttlichen Geburt sei nur sporadisch gefeiert worden, denn es bildet den notwendigen Hintergrund für die göttliche Abstammung des Königs. Die geringe Zahl der Zeugnisse mag außer auf die Zufälligkeiten der archäologischen Funde auch darauf zurückzuführen sein, daß kein König je das ganze Repertoire von Riten, die in seiner Regierungszeit begangen wurden, aufzeichnen ließ, sondern immer nur ein paar wenige exemplarisch aufführte. Hatschepsut erfand also nicht etwa eine persönliche Form der Propaganda; es mag nur für sie noch entscheidender als für ihre Vorgänger gewesen sein, die ganze königliche Liturgie zur Rechtfertigung ihres Thronanspruchs zu benutzen. Dafür war die Geburtslegende besonders geeignet, weil in ihr die mütterliche Filiation zugleich die königliche Abstammungslinie vertritt. Die Legitimität von Hatschepsuts Regierung geht also auf ihre Mutter Iahmes zurück, und nicht etwa auf ihre Ehe mit Thutmosis II. Die Zeugung des Pharao durch die Königin und den Gott bildet die Grundlage für alle künftigen Regierungszeremonien. Als Erzeuger kommen verschiedene Götter in Frage. Im Alten Reich waren es Horus und Re, in der 18. Dynastie Amun, und auf Stelen der 19. und 20. Dynastie ist es Ptah in der Gestalt des Widders von Mendes.

Die offiziellen Darstellungen der 18. Dynastie entsprechen ziemlich genau dem Bericht aus dem Papyrus Westcar. Die Große königliche Gemahlin und Amun lösen die Frau des Priesters und Re ab. Die Bilder zeigen Amun mit den beiden hohen Federn, wie er den Göttern verkündet, er wolle einen Erben zeugen; dann sitzt Amun der Königin gegenüber; Amun weist Chnum an, das Kind und seinen Ka zu töpfern (Abb. 25); und zuletzt ist er bei der Geburt des Kindes anwesend. Der Text ist viel ausführlicher als die Bilder und besteht auf der Vermischung der göttlichen und königlichen Personen. Im Gegensatz zu den griechischen Götterhochzeiten, wo das gezeugte Kind weder dem Stand seiner Mutter noch dem seines Vaters angehört, dient die Geburtslegende in Ägypten dazu, den Anspruch des Kindes auf beide Welten zu begründen.

Der Text beschreibt die Zeugung folgendermaßen: «Nachdem er die Gestalt ihres Gatten, des Königs von Ober- und Unterägypten, Aacheperkare, angenommen hatte (...) Sie erwachte vom Gottesduft und lächelte. Er kam zu ihr und gab ihr sein Herz, das vor Verlangen brannte, dann machte er, daß sie ihn als Gott sehen konnte.» Der Duft ist es, der die Königin den Gott erkennen läßt; an ihm erkennt sie die göttliche Macht, die sie ihrem Kind weitergeben wird.

Bei Hatschepsut verkündet der Gott Amun den Namen des Kindes bei der Zeugung, während das Märchen diese Rolle der Göttin Isis bei der Geburt zuschreibt. Nach der Geburt folgt im thebanischen Ritual von Amenophis III. die Beschreibung der dem Kind entgegengebrachten göttlichen Sorge: die Anerkennung durch Amun, die Verleihung von Regierungsjubiläen, das Stillen, die Reinigung und Beschneidung des Kindes.

Das Stillen des Königskindes

Von allen Handlungen, die die Kindheit des Königs begleiten, ist das Stillen durch eine göttliche Amme die für die Königsideologie wesentlichste. Die Milch der Göttin ist «weiß, rein und süß» und vermittelt gleichzeitig Lebenskraft und Herrschaft.

Im Alten Reich erhält der verstorbene Pharao diese Milch mit ihren schützenden Eigenschaften. Sie ermöglicht es dem wieder zum Kleinkind gewordenen König, in seinen neuen Zustand im Jenseits hineinzuwachsen, ohne seine Privilegien aufgeben zu müssen. Die Pyramidentexte bestellen zu diesem Zweck eine große Anzahl Ammen, während die Bilder der gleichen Zeit sich einer Darstellung bedienen, die wir bis in die Römerzeit verfolgen können: Die sitzende oder stehende Göttin reicht mit ihrer linken Hand die rechte Brust an die Lippen des stehenden erwachsenen, aber in viel kleinerem Maßstab wiedergegebenen Königs, den sie mit ihrem andern Arm um die Schulter faßt. In späteren Epochen wird dieses Bild auch mit anderen für die Regierung wichtigen Episoden kombiniert (Abb. 26). Es scheint aber doch, daß das Bild des Stillens ursprünglich mit der Krönung und erst sekundär mit der göttlichen Geburt verbunden war. In der Darstellung im Luxortempel ist die doppelte Bedeutung des Still-Rituals dadurch markiert, daß zwei Szenen übereinander dargestellt sind. Auf der oberen sitzen zwei menschengestaltige Göttinnen der Wöchnerin gegenüber und stillen das königliche Kind und seinen Ka, die beide die charakteristische Jugendlocke tragen. Im unteren Register finden wir Amenophis III. kniend vor einer kuhgestaltigen Gottheit mit der Sonnenscheibe zwischen ihren lyraförmigen Hörnern und ihre Milch trinkend. Der Pharao ist nackt, und die Kuh wendet ihm liebevoll das Haupt zu, während er die Milch der Macht trinkt, die ihm das Königtum über Ober- und Unterägypten garantiert.

Das Stillen ist ein Übergangsritus und bewirkt die ewige Jugend des Herrschers: «Du hast von meiner Milch getrunken, Leben und Herrschaft treten in dich ein; damit du eine Lebensdauer wie Re im Himmel haben und jung wie Atum sein mögest». Wenn der nackte, erwachsene König am Euter einer Kuh saugt, bedeutet das seit dem Mittleren Reich die Fähigkeit zur Verjüngung. Amenophis II. (ca. 1438–1412) repräsentiert in einer Statuengruppe die Jugendkraft, die ihn sogar noch über den Tod hinaus belebt, indem er als erwachsener König zwischen den Beinen einer göttlichen Kuh erscheint (Abb. 27).

Jugend und Kindheit

Der Pharao vereinigt in sich die ungestüme Kraft der Jugend wie die Weisheit des Alters; es stehen ihm gleichzeitig die Vorteile jeden Lebensalters zur Verfügung.

Diese Eigenheit ist allerdings nicht spezifisch ägyptisch, denn sie findet sich im indoeuropäischen System der Doppelfunktion des Königtums wieder. Am Anfang Roms sehen wir die beiden antithetischen Figuren Romulus und Numa. Kein ägyptischer

Text spricht über diese Zweiteilung, aber die bildende Kunst setzt sie beispielhaft um. Das Königsportrait im Mittleren Reich zeigt die verschiedenen Ausdrücke des Alters; das Gesicht kann dabei sowohl Fülle und Reife wie aber auch Bitterkeit ausdrücken. Beide Bilder des Königs können nebeneinander abgebildet sein und zeigen dadurch, daß sie einem Ideal des Königs entsprechen, der die Gegensätze von kriegerischen Eigenschaften und weiser Erfahrung in sich vereinigen kann – und wollen nicht etwa seinen individuellen Gesichtsausdruck wiedergeben.

Im Kind vereinigt sich noch die ganze Fülle von Möglichkeiten, und deshalb sind die verschiedenen Bilder des Kindes auch für den Pharao so bedeutsam. Sie beinhalten sowohl Zerbrechlichkeit und Abhängigkeit wie auch Vorherbestimmtsein und unbegrenzte Möglichkeiten. Wir kennen viele Pharaonen, die schon als Kind auf den Thron gekommen sind. Diese Tatsache berichteten sie immer wieder, denn daraus erwuchs ihnen zusätzlicher Ruhm.

Trotzdem aber ist die große physische Kraft des Erwachsenen der Inbegriff des Königtums. Die unvergleichliche Stärke des Pharao zeigt sich im Bild vom Kultlauf hinter dem Apisstier (Abb. 28), der diese Kraft rituell erneuert. Thutmosis IV. (ca. 1412–1402) betont deshalb auch die sportlichen Leistungen, die er vor seiner Inthronisation vollbrachte, als Beweis für seinen Thronanspruch: «Als seine Majestät noch ein junger Prinz war wie das Horuskind in Chemmis (...), vertrieb er seine Zeit auf dem Wüstenplateau von Memphis (...), indem er mit dem Bogen auf eine Metallscheibe zielte, Löwen oder anderes Wild jagte und auf seinem Streitwagen schneller als der Wind dahinfuhr...». Eine Darstellung zeigt Ramses II. (ca. 1290–1224) mit seinem ältesten Sohn bei der Wildstierjagd und belegt, daß der König nichts von seiner jugendlichen Kraft und Geschicklichkeit eingebüßt hat (Abb. 29).

Die doppelte Bedeutung der Kindheit wird in Texten und Bildern sichtbar. Das zeigt sich schon in den Begriffen, die das Kind bezeichnen: die einen meinen das Wesen aus Fleisch und Blut, das sich seinem Alter entsprechend geistig und körperlich verändert, und die andern beziehen sich ganz auf das Unveränderliche seines göttlichen Wesens.

Pepi II. (ca. 2270) auf den Knien seiner Mutter (Abb. 30), der er den Thron verdankt, unterscheidet sich außer in der Größe in nichts von seinen Darstellungen auf andern königlichen Statuen; um aber sein Überleben im Jenseits sicherzustellen, läßt er sich auch mit kindlichem Körper, nackt, mit dem Finger am Mund und mit dem Uräus auf der Stirn als einzigem Machtattribut abbilden (Abb. 31). Für den Pharao bestand in den beiden Darstellungsarten kein Widerspruch, denn sie drücken die gleiche Botschaft vom Zusammenhang zwischen Kind und Herrscher aus.

Die Statuengruppe, die die Schreibung des Geburtsnamens von Ramses II. in die Plastik übersetzt (Abb. 16), drückt neben der Übereinstimmung von Name und Darstellung auch die Mehrdeutigkeit der königlichen Kindheit aus. Nachdem er auf die Anordnung von Sethos I. (ca. 1304–1290) das Diadem und die Uräusschlange erhalten hat, «als er noch ein Kind in den Armen seines Vaters war», definiert er sich für alle Zeiten durch die in seinem Namen enthaltene göttliche Abstammung: «Re hat ihn geboren» *Rᶜ-ms-sw)*. Um die semantischen Elemente im Bild zu zeigen, wird er als rundliches Kind mit dem Finger am Mund, der Jugendlocke und dem Uräus an der Stirn dargestellt, wie er sich an die Beine des Falkengottes Huron schmiegt. Auf dem Kopf trägt er die *Rᶜ* zu lesende Sonnenscheibe, und in seiner linken Hand hält er die Binse mit dem Lautwert *sw* als Zeichen für das Königtum. Die Darstellung des Königs als Kind impliziert die Lesung *ms* «Kind», «gebären». Dadurch erhält die Darstellung eine linguistische und eine bildliche Bedeutung: sie steht für die göttliche Auserwähltheit seit der Geburt und für die unvergängliche Macht. «Du erneuerst dich, wenn du dich verjüngst, wie der Mond, und wie ein Kind». Der Kindkönig steht damit in Verbindung mit der Ewigkeit.

Das Thema der Kindheit war eines der beliebtesten Bilder der Königsideologie und beeinflußte auch das Konzept der königlichen Macht. Die Unruhen des 1. Jahrtausends, als sich verschiedene Dynastien gleichzeitig gegenüberstanden, verlangten nach einem Gedankengebäude, das von den so rasch wechselnden Gestalten der Geschichte unabhängig war. Gegenüber der Unsicherheit der menschlichen Könige blieb nur der Bezug auf ein unwandelbares Bild der Legitimität.

Die königliche Macht und die Theologie der Kindgötter

Unter der Anleitung der Amunpriesterschaft, die neben den im Delta residierenden Pharaonen das Königtum für sich beansprucht, entwickelt sich in der 21. Dynastie in Theben ein Kult, der einem speziellen Aspekt von Chons, dem Kindgott der Triade von Theben, gewidmet ist. Die Verehrung gilt einem göttlichen Wesen, das alle Merkmale des Kindes in sich vereinigt und auf einen individuellen Heilsweg verweist. Das Muster weitet sich sehr schnell auf andere Götterfamilien aus. Eigentlich ist ja das Horuskind von Isis und Osiris, das seit den Pyramidentexten als Modell für einen Kindgott gilt, noch mehr als Chons geeignet, diese Rolle zu übernehmen, und verdrängt diesen auch sehr bald. Horus wird nun in einer speziellen Form als Harpokrates *(Ḥr-pꜣ-ẖrd)*, «Horus das Kind» verehrt.

Der Kindgott als Ersatz für den Kindkönig

Die neue Theologie des Kindgottes knüpft an die Thematik des königlichen Kindes an und wird im Mammisi (Geburtshaus) des Tempels als Ritual der Geburt des göttlichen Kindes gefeiert. Der

Ablauf der Handlung entspricht genau dem Muster der Götterhochzeit, wie wir sie aus der Königsideologie kennen, aber nun sind alle Handlungsträger Götter. Die älteste Darstellung dieses Typs ist uns aus der Zeit von Ramses II. (ca. 1290–1224) von der Umfassungsmauer des Mut-Tempels in Karnak bekannt, die am Anfang des 1. Jahrtausends in ein Mammisi umgewandelt und dann von den Pharaonen der 25. Dynastie ganz besonders verehrt wird. In der 30. Dynastie überträgt Nektanebos I. (ca. 380–362) das Ritual auf Dendera, und in römisch-griechischer Zeit verbreiten sich die Mammisis im ganzen Land (Abb. 32).

Getreu seinem Ursprung in Theben behält das Ritual im Mammisi den Gott Amun als Erzeuger des göttlichen Kindes bei, während die Rollen der göttlichen Mutter und ihres Kindes je nach lokaler Tradition von verschiedenen Gottheiten ausgefüllt werden können. Die Texte belegen, daß das göttliche Kind die gleiche ideologische Bedeutung hat wie früher das königliche, von Amun gezeugte Kind. Das Neugeborene ist zur Herrschaft über das ganze Land berufen. Sehr deutlich wird dies im Mammisi des Nektanebos in Dendera, wo Ihi, der Sohn der Hathor, sich ganz mit dem Pharao identifiziert: nachdem er gestillt und inthronisiert ist, übergibt er seine Allmacht seiner irdischen Inkarnation, dem Pharao. Auch wirkt der kleine Caesarion Ptolemäus XV., der von seiner Mutter Kleopatra VII. (52–30 v. Chr.) im Alter von 3 Jahren zum Mitregenten gemacht wird, auf den Darstellungen in der Geburtsszene im Mammisi von Armant ganz als Doppelgänger von Horus. Die Übertragung aller beteiligten Personen ins Göttliche dient weiterhin der Sicherung der bedrohten Königsmacht. Das Ritual findet unter musikalischer Begleitung jedes Jahr statt. Dabei kommt dem Stillen eine ganz besondere Bedeutung zu: Die Szene zeigt, wie das göttliche Kind mit der Doppelkrone die Milch trinkt, die ihm Leben und Dauer unter dem Schutz der Gottheiten von Ober- und Unterägypten vermittelt.

Seit dem 7. Jh. wird das Thema auch in der Plastik dargestellt:

Eine Göttin hält auf ihren Knien den Kindgott und reicht ihm gelegentlich die Brust – und nimmt damit ein ikonographisches Modell auf, das früher ganz zum königlichen Ritual gehörte. Die Übertragung in die rein göttliche Sphäre geht von Mut und Chons aus, aber immer häufiger wird Isis als Muttergöttin bevorzugt (Abb. 33). In der Äthiopenzeit (25. Dyn.; ca. 713–664) trägt die «Gottesgemahlin des Amun», eigentlich die Schwester des Pharao, die seine leitende Funktion bei den Amunpriestern übernimmt, die *Isis lactans* und unterstützt damit die Ideologie der Pharaonen, die sich mit Harpokrates gleichsetzen. In seinem Krönungsbericht vergleicht Taharka (690–664) die Freude seiner eigens aus Nubien angereisten Mutter mit dem Jubel der Isis, die «Horus auf dem Thron seines Vaters Osiris» sieht; und «Isis, die Horus umarmt, ist wie die königliche Mutter, die ihren Sohn Taharka wiederfindet». Die Herrscher der 25. Dynastie, die ursprünglich aus Nubien stammen, benutzen den Mythos besonders gern zur Legitimierung ihrer Macht.

Politik und Religion

Weil die *Isis lactans* über den königlichen Kontext hinaus die unermüdliche mütterliche Zuwendung bezeugt, dient sie im 1. Jahrtausend auch als Garantin für das Überleben ganz allgemein. Die Göttin, die die bedrohte Kindheit ihres Sohnes schützte, wird bei allen möglichen Leiden angerufen. Das Modell der mütterlichen Isis verbreitet sich besonders stark in der Spätzeit und erreicht seinen Höhepunkt in der griechisch-römischen Zeit, in der die *Isis lactans*-Figürchen von Alexandrien aus in den ganzen Mittelmeerraum exportiert werden; sie bilden wohl das ikonographische Vorbild der späteren christlichen Madonna mit Kind. Das ursprüngliche Stillen des Königskindes (im Alten Reich) wird den verschiedenen Zeitströmungen angepaßt und bezieht immer mehr auch den privaten Bereich mit ein.

Die Übertragung der Götterhochzeit und des Stillens auf die Ebene der Götter dient dem Fortbestand des Königtums – und beweist zugleich seine Schwächung. Die alte Verbindung des Pharao mit dem Kindgott zeichnet ihn persönlich als Auserwählten aus, während die Wahl ausschließlich göttlicher Handlungsträger im Ritual mehr auf den Einfluß der Priesterschaft hinweist. Am Anfang dieser Bewegung steht das Bedürfnis der Amunpriesterschaft, ihren Thronanspruch unter Berufung auf die thebanische Theologie, die dem Kindgott die kosmische Herrschaft zuschreibt, zu rechtfertigen. Anderseits aber ist es in den Zeiten der Fremdherrschaft ebenfalls die Priesterschaft, die in den großen Tempeln die Idee eines die kosmische Ordnung garantierenden ägyptischen Kindgottes aufrechterhält – eine Idee, der sich dann auch die Herrscher der Ptolemäerzeit unterwerfen. Der Einfluß der ägyptischen Priester auf die Theologie der Macht und ihre Sorge um die Anerkennung der lokalen Gottheiten bleibt auch in dieser Zeit unbestritten.

Die Theologie der auf das Königtum bezogenen Kindgötter markiert den äußersten Punkt der Vermischung von politischer und religiöser Macht und ihrer gegenseitigen Abhängigkeit. Der göttliche Ursprung der Herrschaft geht auf die Unterwerfung unter eine höhere Macht zurück, der der Pharao Rechenschaft schuldet. Nur die Respektierung der Maat (d.h. von Ordnung und Rechtschaffenheit) läßt ihn einen «guten Gott» sein, der tatkräftig regiert und sich ewig erneuert. Das pharaonische System ist einer im Namen der Götter ausgeübten Sakralmonarchie eng verwandt, wie es sich auch in den Ausdrücken für die königliche Funktion zeigt: «Königtum des Re», «Funktion von Atum», «Königtum des Horus» für die kosmische Herrschaft, und «Erbe des Geb» für die irdische. Der Turiner Königspapyrus verzeichnet zuerst eine Folge von göttlichen Herrschern vor den menschlichen Königen und verweist damit auf die Umwandlung eines theologischen in ein historisches Erbe. Im Gegensatz zur griechischen Tradition, die den Gedanken der göttlichen Herrschaft am

Anfang ihrer Geschichte im Goldenen Zeitalter ebenfalls kennt, erlaubt die Ideologie des Pharaonentums durch die ewige Wiederholung jederzeit eine Rückkehr in die Zeit der Götter.

Jedes Regierungsprogramm bleibt der unveränderlichen göttlichen Ordnung verpflichtet. So unterwirft sich Sesostris I. (ca. 1970–1927) dem Willen Harachtes: «Er hat mich geschaffen, damit ich ausführe, was er mir befohlen hat». Darin zeigt sich die Göttlichkeit des Pharao präziser. Einerseits beruft er sich auf die göttliche Institution und seine eigene Doppelnatur als irdische Inkarnation der Götter, anderseits aber ist er ihnen zum Gehorsam verpflichtet. Der Glaube an die göttliche Natur des Königs schließt seine menschliche Verantwortung nicht aus. Die Beschreibung des Wesens des Pharao bezieht sich immer auf die Ideologie, und nicht etwa auf die Taten eines realen Herrschers.

Auch das aufkommende Christentum beschäftigt sich mit dem Konzept vom Gottessohn. Es ist wahrscheinlich, daß die ägyptischen Spekulationen um das Wesen des Pharao die Ausformung der göttlichen Herkunft Christi beeinflußt haben, so wie sich später die Ikonographie der Maria von der *Isis lactans* inspirieren läßt.

III Die kosmische Integration des Königtums

«Heil dir (Sesostris III.), unser Horus, der die beiden Länder mit seiner Umarmung umfaßt. Seine Erlasse haben die Grenzen seines Landes festgelegt, und seine Worte haben die beiden Ufer vereinigt».

Indem der Pharao den Gestus und das Wort vereinigt, schafft er den ägyptischen Raum des Himmels und der Erde, der Götter und der Menschen. In allen Bezeichnungen für Ägypten wird die Zweiheit ausgedrückt: «die beiden Länder», «die beiden Ufer», «das rote und das schwarze (Land)» oder «die beiden Teile der beiden Herrscher (Horus und Seth)». Der Dualismus bestätigt die Übereinstimmung der pharaonischen Institution mit der kosmischen Harmonie, indem er die Vollkommenheit eines Ganzen ausdrückt – und nicht etwa das Nebeneinander zweier voneinander unabhängiger Einheiten. Die Institution des Pharaonentums bemüht sich, die geographischen und historischen Gegebenheiten in ein System von Gegensatzpaaren zusammenzufassen, ganz so wie auch der Herrscher selbst fähig sein soll, die Gegensätze in sich zu vereinigen: «Du bist wegen Horus geboren und du bist wegen Seth geboren». Die Doppelmonarchie ist gleichzeitig Bedingung und Ausdruck des kosmischen Gleichgewichts.

Die Einheit Ägyptens

Die Doppelmonarchie

Die ägyptische Monarchie wurde durch den Sieg eines Heerführers aus dem Süden, von Hierakonpolis, über die Bevölkerung des westlichen Deltas begründet. Die archäologischen Zeugnisse sprechen dafür, daß vor König Narmer (um 3000) schon König Skorpion einen Feldzug gegen jene führte. Skorpion stellt sich auf einer Keule, die er nach seinem Triumph seinem Lokalgott spendet, mit der Weißen Krone im besiegten Land dar, wie er einen Kanal gräbt und eine rituelle Prozession durchführt (Abb. 43). Seinem Nachfolger verdankt Ägypten das Konzept seiner politischen Organisation und Administration. Auf der Vorderseite der Palette, die auf der Rückseite die Niederlage des 7. unterägyptischen Gaus darstellt, trägt König Narmer eine hier zum ersten Mal belegte Krone, die Rote Krone (Abb. 19). Indem er diese später auch auf einer Keule trägt, die sein Regierungsjubiläum abbildet, betont er seine Herrschaft über Unterägypten. Schon hier begegnet uns also der Entwurf einer Doppelmonarchie, die aus der vorherigen Zerstückelung des Landes eine Einheit schafft. Wir glauben, daß die Hypothese zweier unabhängiger Königreiche vor der sogenannten «Reichseinigung» auf eine allzu wörtliche Interpretation der dualistischen Ausdrucksweise des Pharaonentums zurückgeht. Kein einziges prähistorisches Zeugnis berechtigt uns nämlich zur Annahme, daß damals im Norden schon ein geeintes Königreich existierte. Ohne eine starke zentrale Macht besteht in Ägypten immer die Tendenz, daß sich Politik und Wirtschaft zersplittern. Bei jeder Krise finden wir rivalisierende Fürstentümer, die sich mit Waffengewalt bekämpfen und sich manchmal auch in Koalitionen um einen stärkeren Fürsten, der dann die Königswürde für sich beanspruchte, zusammenschließen: dies geschieht zum Beispiel im Delta während der Herrschaft der Dynastie von Herakleopolis am Ende der 1. Zwischenzeit (ca. 2140–2040), oder unter den libyschen Stammeshäuptlingen in der 23. Dynastie (ca. 808–730), gegen die Pianchi mit seiner nubischen Armee vorgeht. Die Betrachtung der Pharaonentitel zeigt uns, wie weit das Feld der Ausdrucksmöglichkeiten für die Doppelmonarchie in den Königsnamen und auch in den Bezeichnungen für die Institution selbst ist. Wir werden dafür keine ausführliche Liste erstellen, sondern ihr Funktionieren an einigen Beispielen aufzeigen.

Der Ausdruck der Doppelmonarchie

Im Kapitel über die Götterhochzeit haben wir schon auf die Bedeutung des Stillens für den königlichen Säugling hingewiesen. Aber auch der (einfach dargestellte) Uräus auf der Stirn des Königs verkörpert seit dem Alten Reich eigentlich ein Doppelwesen, was sich im Motiv der beiden eine Kartusche einrahmenden Kobras deutlich zeigt. Thutmosis III. (ca. 1490–1436) leitet aus der Fürsorge, die ihm die «beiden Feen» seit seiner Kindheit angedeihen lassen, auch seine Vorherbestimmung zur Königsmacht ab, denn er ist «der Sohn der Weißen Krone, die die Rote Krone auf die Welt gebracht hat, die die beiden Zauberinnen (Uräusschlangen) aufgezogen haben». Die Trennung von Weißer und Roter Krone ist aber rein rhetorisch, denn daß sich die Königsmacht nicht aufteilen läßt, dafür sorgt der Krönungsritus. Thutmosis III. sieht sich als Sohn der Kronen und ist deshalb auch «der vollkommene Gott (...), der die beiden Mächte (die Doppelkrone) im Leben und in der Macht vereinigt hat». In den Prophezeiungen des Neferti bezieht König Amenemhat I. (ca. 1990–1961) seine Rechtmäßigkeit aus dem regulär vollzogenen Krönungsritual: «Er wird die Weiße Krone tragen, er wird die Rote

Krone tragen, er wird die beiden Mächte vereinigen und die beiden Herren (die Uräusschlangen) besänftigen».

Im Regierungsprogramm, das der König in seiner Titulatur ankündigt, hat die Erhaltung der Einheit des Landes Vorrang vor dem Ausdruck der Dualität. Die beiden Landesteile werden strikt parallel aufgeführt, wobei Oberägypten immer an erster Stelle genannt wird, wohl in Erinnerung an den Flußlauf und an die Herkunft der ersten Könige. Im Lauf der Geschichte geht die Kraft zur Erneuerung und Wiedervereinigung jedesmal von Oberägypten aus. Am Ende der 1. Zwischenzeit ermahnt König Cheti von Herakleopolis seinen Sohn: «Stelle dich nicht schlecht mit Oberägypten, denn du kennst die Prophezeiung». Im kollektiven Gedächtnis wird Oberägypten eine ganz besondere, eigene Macht zugeschrieben, auch wenn in dieser Zeit Chetis Gegenspieler nur über acht Gaue verfügt. Etwa 100 Jahre später nennen die Prophezeiungen des Neferti als Herkunft von Amenemhat I. den Süden und sehen darin ein zusätzliches Argument zugunsten des Königs. Chronologisch gesehen geht der seit dem Alten Reich bekannte Titel «Herr der beiden Länder» *(nb-tȝ.wj)* demjenigen des «Herrn der beiden Ufer», «Herrn der beiden Teile» oder dem «Herrscher über das schwarze und das rote (Land)» voraus. Am häufigsten wird das Gegensatzpaar Norden-Süden genannt. Amenemhat I. (ca. 1990–1961) gründet eine neue Hauptstadt östlich vom Fayum und tauft sie *jṯ-tȝ.wj* «der die beiden Länder packt», womit er seinen Entschluß für eine starke, zentralistische Monarchie deutlich macht.

Zwei Namen aus der königlichen Titulatur, nämlich *die beiden Herrinnen* (*Nebti*-Name) und *der König von Ober- und Unterägypten (njswt-bjtj)*, sind ganz dem dualistischen Konzept des Königtums verpflichtet. Sie sind seit dem Ende der 1. Dynastie in Gebrauch, auch wenn in der Anfangszeit noch nicht streng zwischen dem königlichen Titel und dem Namen unterschieden wurde. Der *Nebti*-Name etabliert eine religiöse Symmetrie zwischen Ober- und Unterägypten, für die es auch andere Beispiele aus dem königlichen Ritual gibt, etwa wenn sich die hundsköpfigen «Seelen von Nechen» mit den falkenköpfigen «Seelen von Pe» im Delta vereinigen. Der Titel *njswt-bjtj* bezieht sich hingegen auf die politische Realität der Anfangszeit. Die übliche Übersetzung «der zur Binse und zur Biene gehört» stützt sich auf die Deutung der Bildzeichen, mit denen der Titel beschrieben wird. Diese Interpretation war zwar den Ägyptern schon bekannt, sie ist aber trotzdem unwahrscheinlich. Die Biene spielte nie eine bedeutende Rolle in Ägypten. Aber auch die Schreibung der Binse ist vom Zeichen des Südens doch deutlich unterschieden. So muß man wohl annehmen, daß die Schriftzeichen im Titel reine Phonogramme sind, wobei *bjtj* («mit der Biene geschrieben») eine archaische und *njswt* die neuere Bezeichnung für «Herrscher im ganzen Land» darstellt. Von da her ließe sich dann auch verstehen, warum das Amt des Kanzlers *(ḫtm-bjtj)*, eines der ältesten überhaupt, das seit der Mitte der 1. Dynastie belegt ist, mit der Biene geschrieben wird, während alle späteren vergleichbaren Funktionen und auch die königlichen Familienbeziehungen stets mit der Binse geschrieben werden. Ein weiterer Hinweis, daß *njswt* und *bjtj* die alte und neue Bezeichnung für das gleiche sind, liegt darin, daß Pianchi (ca. 730) in einer Zeit, die großen Wert auf die alte Tradition legt, darauf besteht, er selbst sei *bjtj*, sein Gegenspieler hingegen nur ein *njswt*. Indem der Titel *njswt-bjtj* zwei sprachliche Zeitschichten anspricht, deutet er zugleich die Herrschaft des Pharao über die Zeit an. Erst sekundär wird die zeitliche Unterscheidung mit der territorialen Dualität kombiniert: «Er (Sesostris III.) ist gekommen, er hat die beiden Länder vereinigt, er hat die Binse mit der Biene verbunden, er herrscht über das schwarze Land, er hat das rote Land unter seine Herrschaft gebracht.» Das ägyptische Denken kennt unsere strikte Trennung der Dimensionen des Raumes und der Zeit nicht, sondern kann sie fast nach Belieben austauschen und kombinieren: «Ich gebe dir die Jahre der beiden Herren (Horus und Seth) in der Herzensfreude», verspricht der Gott Chnum Hatschepsut (ca.

1490–1468), indem er die ursprüngliche Bezeichnung für die beiden Landesteile, die «beiden Teile der beiden Herren» ins Zeitliche umsetzt.

Die Theorie der doppelten Macht hatte für die rituellen Praktiken und für die administrative Organisation des Landes Konsequenzen. Das Prinzip der Symmetrie und der Vereinigung der Gegensätze führt dazu, daß die Götterwelt in Paare eingeteilt wird; das Modell wird besonders deutlich bei zwei göttlichen Wesen, die zwar keinem Geschlecht zuzuordnen sind, aber aufgrund des Anspruchs auf Dualität im Lauf der Zeit doch in zwei Aspekte aufgeteilt werden: bei Hapi, der Nilgottheit, und bei der Uräusschlange.

Die Verdoppelung der königlichen Person ist reich belegt. In der Thinitenzeit (ca. 3000–2660) legten die Pharaonen zwei Gräber an, eines in Sakkara und das andere in Abydos, um so ihren Anspruch auf beide Landesteile zu verstärken. Erst in der 3. Dynastie scheint der Anspruch auf die Doppelmonarchie genügend gefestigt, so daß Djoser (ca. 2660) sich auf ein allerdings gigantisches Grabmal beschränken kann, das aber an der Schnittstelle der beiden Länder liegt. Sein Baumeister Imhotep, der später göttliche Verehrung genoß, vereinigte in einem riesigen Komplex Kult- und Grabanlagen. Der Körper des verstorbenen Herrschers wird von der Hauptstadt auf dem Nil bis zu seinem Taltempel gebracht und dann über den Aufweg in den Totentempel neben der Pyramide transportiert. In beiden Tempeln finden spezielle Rituale statt, die wahrscheinlich den ursprünglichen Bestattungsbräuchen des Südens und des Nordens entsprechen.

Tal- und Totentempel orientieren sich dabei immer strikt nach Osten und Westen (nach dem Nil hin) und bilden so ein Gegengewicht zur Süd-Nord-Ausrichtung des Landes. Auch die Dekoration der Wände ist symmetrisch aufgebaut. Ein Beispiel dafür ist die Kapelle von Hatschepsut in Karnak, wo sie im Kultlauf mit dem Apisstier gezeigt wird und dabei auf der Südwand die

Weiße, auf der Nordwand hingegen die Rote Krone trägt (Abb. 28).

Auch die Verwaltung des Landes legt Wert auf die Symmetrie der beiden Landesteile; allerdings scheint da die Nennung von Ober- oder Unterägypten nicht immer mit einer klaren Trennung der Funktion einherzugehen, und die genaue Aufgabe der Amtspersonen, die für Ober- und Unterägypten zuständig sind, ist häufig unklar.

Das «Finanzministerium» wird meistens als «Doppelhaus des Silbers» bezeichnet, seit dem Mittleren Reich manchmal auch als «Doppelhaus des Silbers und des Goldes». Auch die Schatzhäuser der Tempel lehnen sich mit ihrem Namen «Doppelspeicher» an dieses Muster an, dabei ist aber interessant, daß die beiden Arbeitsgruppen, die in ihren Namen immer Ober- resp. Unterägypten zugeordnet sind, ihre Abrechnungen vom gleichen Schreiber erhalten; der Name weist da also nicht auf eine geographische Aufteilung der Zuständigkeit hin.

In seinem Grab in Abydos verewigt Uni (ca. 2330–2270) die Stationen seiner Karriere, die er der Gunst der Pharaonen der 4. Dynastie verdankt. In dieser Zeit gab es noch keine reguläre Armee; für die Truppenaushebung waren die Provinzen zuständig, während die Entscheidung über den Krieg und die Wahl des Generals beim König lag. Mit vielen Details beschreibt Uni, wie er im Auftrag von Pepi I. die Expedition gegen die «Sandläufer» im Sinai zusammenstellt und wie er dabei von allen Stellen in Ober- und Unterägypten unterstützt wird: «Seine Majestät bestellte ein Heer von Zehntausenden von Soldaten, die aus ganz Oberägypten von Elephantine bis Aphroditopolis und von beiden Ufern Unterägyptens kamen». Die Aufzählung aller Abteilungskommandanten gibt immer auch ihre Herkunft aus dem Süden oder Norden an. Als Auszeichnung für seine Leistungen erhält Uni später von Merenre das eigens für ihn geschaffene Amt eines «Gouverneurs von Oberägypten, von Elephantine im Süden bis Aphroditopolis im Norden», das ihn mit der Aufsicht über alle oberägyptischen Gaue betraut, um die Unabhängigkeitsbestrebungen der lokalen Fürsten zu kontrollieren. Die Verwaltung des Alten Reiches baut ganz auf der Idee der Vereinigung des Deltas und des oberen Niltals auf. In der Folgezeit nimmt dann die Umschreibung der Aufgaben mehr Rücksicht auf die politischen Realitäten und die aktuellen Anforderungen.

Über die praktische Seite der Verdoppelung der Verwaltung und ihre Zusammenarbeit erfahren wir nur wenig aus den Dokumenten. Das System wurde auch nicht ständig so aufrechterhalten. Ein Doppelwesirat existiert in der 13. Dynastie, die einen Wesir in Lischt und einen andern in Theben aufführt. Erst unter Thutmosis III. (18. Dyn.) wird es wieder aufgenommen und dauert dann bis in die 20. Dynastie (ca. 1186–1070). Mit der Stärke der Monarchie scheint diese Institution nicht zusammenzuhängen, denn die 13. Dynastie ist eine Zeit des Niedergangs, während die 18. Dynastie einen Höhepunkt der Macht darstellt. Im Neuen Reich residieren die Wesire in Theben und in einer Stadt des Deltas (Memphis, Heliopolis oder Ramses-Stadt). Ihnen untersteht die Gerichtsbarkeit in ihrem Landesteil. Auch die Armee ist in dieser Zeit in eine südliche und eine nördliche Sektion unterteilt, aber die Offiziersgrade scheinen nichts mit einer geographischen Zuteilung zu tun zu haben.

Nach der Amarnazeit verlegt Haremhab (ca. 1333–1306) die Residenz wieder an den Schnittpunkt der beiden Länder, nach Memphis. Trotzdem behalten fortan beide Städte, Memphis und Theben, den Rang einer Hauptstadt – ein Hinweis darauf, wie sehr sich Haremhab um das Gleichgewicht der beiden Landesteile bemühte, wohl auch, um den Machtanspruch der Amunpriesterschaft aus dem Süden zu begrenzen. Memphis war schon im Alten Reich Hauptstadt gewesen. In der 18. Dynastie lag dort die größte Garnison, und der Kronprinz wurde dort ausgebildet.

Das Königtum als Abbild des Universums

«Amun hat für sie (Hatschepsut) das Erbe der beiden Länder und das Königtum von Ober- und Unterägypten blühen lassen. Er hat ihr das gegeben, was die Sonnenscheibe umfaßt und was Geb (die Erde) und Nut (der Himmel) umschlingen.»

Verschiedene Vorgehen dienen dazu, die kosmische Herrschaft des Herrschers auszudrücken. Als «Herr der Lebenden» ist er für das ganze Land und die ganze Bevölkerung verantwortlich. Am Anfang der 18. Dynastie definiert Ahmose (ca. 1552–1527) seine Macht: er ist «der König der Könige aller Länder», ein Ausdruck, der von asiatischen Formeln beeinflußt ist und auch später immer wieder aufgenommen wird. Die Herrschaft über das Universum entspricht dem dualistischen Schema der Symmetrien: Ägypten und die Fremdländer, Ebenen und Gebirge, Süden und Norden, Diesseits und Jenseits.

Der König und die Himmelsrichtungen

Die Unterteilung des Universums in vier Himmelsrichtungen ist nicht spezifisch ägyptisch, aber sie prägt das ägyptische Denken doch sehr stark.

In Ägypten illustriert das vierteilige System den Einfluß der Weltkräfte auf das Wohlergehen des Landes und seiner Bewohner. Viele Götterverbindungen zum Schutz des Menschen bestehen aus vier Mitgliedern: etwa die vier Horussöhne mit dem Menschen-, Falken-, Hunds- und Affenkopf, die den Schutz der Kanopen, der Krüge, in denen die Eingeweide des Verstorbenen beigesetzt wurden, garantieren; oder die vier vergoldeten Göttinnen, die mit ihren Armen den Schrein von Tutanchamun schützend umfassen. Die Totentexte nennen ausdrücklich die vier Himmelsrichtungen, um die vier Winde herbeizurufen, die dem Verstorbenen helfen sollen, und in der Spätzeit sind die Tempelwände mit allegorischen Darstellungen der Winde dekoriert. Auch die Hathorkapitelle, die aus vier identischen Hathorgesichtern bestehen, übersetzen die universelle Herrschaft der Hathor in Architektur, wie sie in einem ptolemäischen Hymnus besungen wird: «(Hathor,) Herrscherin der vier Himmelsrichtungen, Königin von Oberägypten und Königin von Unterägypten, Regentin des Ostens und des Westens (...)» Solche Beinamen nehmen die Aufzählungen des Rituals der Weltherrschaft des Pharao wieder auf. Um die Größe seines Reiches zu preisen, zählt Amenophis III. (ca. 1402–1364) seine Eroberungen auf der ganzen Welt auf, indem er sein Gesicht der Reihe nach dem Süden, dem Norden, dem Westen und dem Osten zuwendet. Die Himmelsrichtungen werden immer in dieser Reihenfolge genannt, denn der Nil fließt von Süden nach Norden, und der Westen (rechts) als Ruhestätte der Verstorbenen geht dem Osten (links), dem Ort des Kampfes von Licht und Dunkelheit, voraus.

Im Gottesdienst muß der König gewisse Formeln oder Gesten viermal wiederholen, um die göttliche Ordnung auf der Erde wirksam werden zu lassen. Mit den flachen Händen auf dem Schurz betet der Pharao viermal vor der Gottheit, mit dem Szepter in der erhobenen Hand bringt er viermal die großen Opfergaben dar, und auf der Götterbarke berührt er das Wasser viermal mit dem Paddel, damit sie fortgetragen wird. Indem er vier zusammengebundene Kälber mit einer ganz speziellen Zeichnung vorführt, garantiert er die Fruchtbarkeit des Bodens. Dies sind nur einige wenige Beispiele.

Die Inbesitznahme der Himmelsrichtungen liegt dem Ritual der Einsetzung des Königs zugrunde (Abb. 57). Die Darstellung der Reinigungsszenen zeigt zwei Gottheiten, die reinigendes und belebendes Wasser über den Kopf des Herrschers gießen. Die zwei Gottheiten sind traditionell Horus und Seth, später auch Horus und Thot. Der dazugehörige Text verweist aber auf vier Gottheiten (von denen nur zwei im Bild erscheinen): «Deine Reinigung ist die Reinigung von Horus, deine Reinigung ist die Reinigung von Seth, deine Reinigung ist die Reinigung von Thot, deine Reinigung ist die Reinigung von Dun-Anui (einem Falkengott).» Jeder dieser Götter repräsentiert eine Himmelsrichtung: Horus entspricht dem Süden, Seth dem Norden, Thot dem Westen und Dun-Anui dem Osten. Im Jenseits wird die Beräucherung des Königs von einer fast identischen Litanei begleitet (Pyramidentexte, § 27–29). Beim Regierungsjubiläum besteigt der König als erstes einen Thron, zu dem vier Treppen mit den Namen der Himmelsrichtungen führen. Beim Minfest, das die Fruchtbarkeit des Gottes und gleichzeitig die Machterneuerung des Königs feiert, läßt ein Priester vier Vögel frei, die mit den Horussöhnen verbunden sind, damit sie den Göttern des Südens, Nordens, Westens und Ostens verkünden, daß «Horus, der Sohn von Isis und Osiris, die Weiße und die Rote Krone ergriffen hat, daß der König Ramses II. die Weiße und die Rote Krone ergriffen hat». Im Jenseits verkünden die Götter an den vier Kardinalpunkten Ägyptens die Verwandlung des Pharao in «den großen Falken, der lebt (...) und den Himmel in allen vier Richtungen durchquert» (Pyramidentexte, § 1777).

In seinem Anspruch auf das Universum begegnet das Königtum auch unsichtbaren Mächten. Die Unheil abwehrenden Rituale des Königs sind mythologisch und historisch bestimmt und verbinden die Vorstellung eines ständigen, notwendigen Kampfes um die Erhaltung des kosmischen Gleichgewichts mit der Erinnerung an die kriegerischen Anfänge des Pharaonentums. Der tägliche Triumph der Sonne verlangt die Niederlage aller zweifelhaften Gestalten, die nachts ihr Unwesen treiben. Die magischen Texte, die die Heilung eines Kranken mit dem Sieg der Sonne verbinden, nennen vier Feinde des Sonnengottes, und sie bitten ihn zu kommen, «um diesen leidenden Menschen zu retten, wie du dich selbst gerettet hast, als die vier Feinde gegen dich antraten». Amenophis II. (ca. 1438–1412) durchbohrt mit seinen vier Pfeilen die vier Scheiben, die die feindlichen Kräfte symbolisieren: «Da erschien Seine Majestät im Streitwagen wie der

Kriegsgott in seiner Kraft; er packte seinen Bogen und ergriff vier Pfeile miteinander. (...) Sein Pfeil durchbohrte (die Scheiben) und erreichte den Pfahl dahinter». Damit ist mehr als nur ein sportlicher Erfolg angesprochen, denn diese Fähigkeiten beweisen die Eignung zur Königswürde. Eine Darstellung auf einem Türsturz in der Anlage des Taharka aus der 25. Dynastie in Karnak, als die Gottesgemahlin des Amun die Hoheitsrechte in Theben ausübte, zeigt eine dieser Damen, wie sie mit dem Bogen auf vier Scheiben zielt, die die Namen der Länder tragen, die vom Pharao unterworfen werden sollen: Nubien, Libyen, Asien, Ober- und Unterägypten. Der Text daneben präzisiert, daß die Gottesgemahlin des Amun gegen Süden, Norden, Westen und Osten ziele, während sie in der zweiten der vier Beschwörungsformeln sich beklagt: «Meine Kinder sind Rebellen, deren Herz sich gegen mich erhebt».

Vor diesem Hintergrund sind auch die Szenen zu verstehen, die den Pharao zeigen, wie er vier kniende Gefangene, die die Ägypter, Nubier, Asiaten und Libyer (also die gesamte menschliche Rasse) symbolisieren, niederschlägt. Auf einem Bild (symmetrisch zur bogenbewehrten Gottesgemahlin des Amun) schlägt der König Taharka mit einer Keule auf vier Tonkugeln, die er dann gegen Süden, Norden, Westen und Osten wirft, während er um den Hügel des Osiris läuft. Die Darstellung zeigt ein vorbeugendes Ritual zugunsten von Amun, das uns aus verschiedenen Texten bekannt ist, mit dem Ziel, durch die über den Tonkugeln gesprochenen Verfluchungen Osiris vor Seth zu schützen.

Die letzte Verantwortung für die Zerstörung der gefährlichen Kräfte liegt in dieser Zeit beim König und seiner «Verbündeten», der Gottesgemahlin des Amun. Indem sie die Welt von jenen befreien, bestärken sie die göttliche Ordnung, ihren eigenen Schutz und das allgemeine Wohlergehen. Die Identifikation zwischen dem König und dem Gott, der triumphierend auf den vier von allen Gefahren befreiten Wegen daherkommt, ist vollständig. Die gleiche Übereinstimmung herrscht zwischen König und Volk. Alle magischen Praktiken beruhen auf dem Glauben an eine vollständige Analogie aller Elemente des Universums: die Rituale des Königs sind die gleichen wie die des Zauberers, denn die Natur des Feindes, sei er nun ein kriegerischer Mensch oder ein unsichtbarer Übeltäter, spielt keine Rolle.

Der König und die Elemente der Welt

Im Gegensatz zur christlichen Ikonographie, welche die vier Himmelsrichtungen auch durch die vier Elemente ersetzen kann, bleibt die Vierteilung der Welt für die Ägypter immer an räumliche Vorstellungen gebunden und erhebt nicht den Anspruch, die Schöpfung zu erklären. Die Qualitäten von Feuer, Wasser, Erde oder Luft können metaphorisch auf den Pharao bezogen werden, aber die Schöpfungsmythen gehen davon aus, daß die Elemente schon vor der Schöpfung im Ur-Ozean vorhanden waren. Die Tat des Schöpfers ist es, diesen Bestandteilen des Nichts seine Form gegeben zu haben. Das Wesen der Dinge und die physischen Realitäten gab es schon immer. Erst die griechischen Philosophen seit dem 5. Jh. v. Chr., die sich mit dem ständigen Wechsel der Erscheinungen beschäftigten, bestimmten den Körper als eine instabile Kombination von unvergänglichen Substanzen. Empedokles faßte diesen Gedanken, der das westliche Denken stark beeinflussen sollte, so zusammen: «So wie das Eine aus dem Vielfachen gewachsen ist, so entsteht umgekehrt das Vielfache durch Teilung aus dem Einen, indem es sich in Feuer, Wasser, Erde und Äther aufteilt» (Von der Natur, 17). Dem ägyptischen Denken sind solche Vorstellungen fremd. Das Universum wird durch das Wirken übernatürlicher Kräfte und menschlicher Mechanismen erklärt, und eine Unterscheidung wie die von Empedokles erübrigt sich. Weil alles schon vor der Schöpfung potentiell vorhanden war, bemühen sich die Ägypter weniger um die Analyse der Elemente als um eine möglichst aussagekräftige Aufzählung des schon immer Vorhandenen.

Als Herr der Welt vereinigt der Pharao in seiner Person auch die Kräfte, die das Universum bewegen, und alle Ereignisse seiner Regierung haben einen Bezug zum Universum. Deshalb heißt es von Ramses II. (ca. 1290–1224): «Der Himmel zitterte, und die Erde bebte, als er das Königtum des Re in Besitz nahm». Umgekehrt bleibt aber im Falle des Fehlens der Macht das ganze Universum stehen: «Die Sonnenscheibe ist verhüllt, sie wird nicht scheinen (...), und die Menschen werden wie betäubt sein, weil sie fehlt», heißt es in der Prophezeiung des Neferti. Wie G. Posener (1960, S. 56–57) gezeigt hat, sind diese Störungen nicht vom Willen des Königs abhängig, aber sie zeigen doch den Zusammenhang zwischen dem Königtum und der göttlichen Ordnung. Als Mittler zwischen den Göttern und den Menschen garantiert der König durch seine Regierung das Funktionieren des Kosmos. Darum geht die Verfügung über die Elemente nahtlos in die Identifikation mit ihnen über, und es gibt keinen Gegensatz zwischen Haben und Sein.

Wie die Sonne bestimmt der König den Beginn der Schöpfung; die Existenz des Universums hängt von seinem Erscheinen ab. Er ist es, «der alle Länder fruchtbar macht, wenn er sich erhebt». Natürlich hängt die Wirksamkeit der Nilüberschwemmung auch von einer Menge praktischer Anordnungen ab, aber von der Idee her, die sich der Ägypter von der Welt macht, ist das Wesen der Sonne und des Wassers engstens mit dem Pharao verbunden. Das ägyptische Neujahr wurde auf den Frühaufgang des Sirius (Sothis, Hundstern) gelegt, der ursprünglich mit dem Beginn der Nilüberschwemmung zusammenfiel; so wurden ein geographisches und ein himmlisches Phänomen miteinander verbunden, um die verborgene Harmonie des Universums zu offenbaren. Weil der Pharao mit dem Kosmos besonders eng verbunden ist, gilt als ideales Krönungsdatum der Neujahrstag.

In einer Gesellschaft, die ganz in den natürlichen Rhythmus

der Natur eingebunden ist, bedeutet das Losbrechen der Elemente eine Bedrohung, die man gegen seine Feinde wenden möchte. Als Inhaber der wohltätigen Kräfte der Sonne und des Wassers verfügt der Pharao auch über ihre zerstörerische Macht. «Er, der die beiden Länder mehr als die Sonne erhellt», ist auch von «einer Glut, die stärker brennt als ein Flammenmeer», beseelt. Die Erbarmungslosigkeit des Sonnenfeuers ist die stärkste Metapher für die Wut des Königs gegenüber seinen Feinden. Als Krieger ist der Pharao ein Feuerwesen, was auch die feuerspeiende Uräusschlange auf seiner Stirn signalisiert.

Weil die Nacht bedrohliche Schattenwesen beherbergt, schätzten die Ägypter die nächtlichen Lichtquellen, den Mond und die Sterne, ganz besonders: «Wenn er (Ahmose) hervortritt, ist er wie der Mond inmitten der Sterne». Der Mond wird als das Gestirn betrachtet, das während der Nachtstunden der Tagessonne entspricht, und gilt als zweites Auge des Himmelsgottes. Die sicher aus älterer Zeit stammende Liturgie in den ptolemäischen Tempeln verpflichtet den Herrscher, «die Sonne zu tragen und den Mond emporzuheben», indem er Hathor zwei Spiegel vorhält, wodurch er «leuchtet wie die zwei Gestirne». Die Mondphasen, die den ägyptischen Kalender vor der Umstellung auf das Sonnenjahr bestimmten, gelten als Symbol für die Kraft der Erneuerung und werden deshalb auch mit den Bildern für die ewige Jugendkraft des Pharao verbunden. Haremhab (ca. 1333–1306) drückt das so aus: «Ich werde meine Geburten erneuern wie der Mond». Aber auch der verstorbene König identifiziert sich mit dem Mond: «Mencheperre (Thutmosis III.) ist im Himmel wie der Mond. Die Überschwemmung steht in seinem Dienst. Er öffnet seine Höhle, damit Ägypten überflutet wird». Dieser Text ist eines der wenigen Zeugnisse, die die viel spätere Aussage Plutarchs (De Iside et Osiride 43) bestätigen: «Sie (die Ägypter) glauben, daß das Ansteigen des Nilwassers mit dem Mond zusammenhängt». Einmal mehr sehen wir hier den Pharao im Zentrum der Kräfte, die die Welt regieren.

Nach seinem Tod steigt der Pharao zum Himmel auf, wo er sich auch mit den Sternen vereinigt. Es scheint, daß die Vorstellung, der tote König gehe zu den Sternen, älter ist als seine Verbindung mit der Sonne. Beide Varianten sind aber in historischer Zeit belegt. Daß der Eingang der Pyramiden immer genau nach Norden ausgerichtet ist, weist auf die Bedeutung der Zirkumpolarsterne («die Unvergänglichen») hin, mit denen der König in Kontakt tritt. Gleichzeitig orientiert sich die Form der Pyramide an einer Treppe, auf der der König zur Sonne aufsteigen kann. Gewisse Texte sehen in der Pyramide auch das Bild eines Stein gewordenen Sonnenstrahls: «Der Himmel hat für dich die Sonnenstrahlen fest gemacht, damit du dich zum Himmel aufrichten kannst wie das Auge des Re». Weil jedes Element des Universums dem Pharao seine Kraft leiht, verfügt dieser schon zu Lebzeiten über den Glanz und die Glut des Gestirns, «das sein Leuchten wie eine Flamme losschickt und das den Morgentau gibt». In diesem Bild vereinigen sich die Kräfte des Lichts, des Feuers und des Wassers. Daß aber im Ganzen gesehen die Verbindung des Königs zur Sonne stärker war als zu den Sternen, belegt die Häufigkeit des Vorkommens der Sonnen- respektive Sternenmetaphern einerseits und die streng eingehaltene Reihenfolge der Vergleiche anderseits: «Er (Ramses I.) war eine strahlende Sonne, und ich (Sethos I., der Sohn von Ramses I.) war in seiner Hand wie ein Stern» – das Leuchten des Vaters übertrifft das des Sohnes bei weitem. Gerade auch auf die einzigartige Stellung der Sonne gegenüber der Vielzahl der Sterne stützt sich die Vorstellung der Monarchie.

Wie die leuchtenden Sterne am Nachthimmel besteht auch der Pharao aus unvergänglichem Stoff. In der Beschreibung ist sein Fleisch aus Gold und seine Knochen sind aus Kupfer von der Farbe der Sterne. Der Bericht über die wunderbare Geburt der drei zukünftigen Könige der 5. Dynastie im Papyrus Westcar beschreibt die Körper der Neugeborenen in einer Weise, die ihre Herkunft von der Sonne deutlich macht. In den Pyramidentexten wird die Auferstehung des Königs mit dem Glanz von Kupfer in Verbindung gebracht: «Die Knochen von Neferirkare sind aus Kupfer, und die Glieder von Neferirkare sind die unvergänglichen Sterne». Der Vergleich mit Kupfer spielt dabei einerseits auf die Dauerhaftigkeit des Metalls und seinen Wert an, anderseits betont er seine Macht, die sich in den Ausdrücken «Schutzwall aus Kupfer» oder «Berge aus Gold» wiederfindet.

Aufwendige und lange Expeditionen in die Wüste dienten dazu, die Mineralien und Metalle zu beschaffen, die für die «Werke der Ewigkeit» benötigt wurden. Nur der König hatte das Privileg, einem seiner Untertanen eine Statue oder ein Grab in der Nähe seines eigenen zuzusprechen. Deshalb betonen die Beschreibungen der Laufbahn der Beamten die Unterwerfung der chthonischen Kräfte unter den Willen des Königs, der aus dem Erdinnern die unsichtbaren Reichtümer hervorholen kann: «Die Berge führen zu dem, was sich in ihnen befindet; sie bringen Licht zu dem, was in ihnen verborgen ist; die Hügel und Wüsten bringen großzügige Gaben dar.» So abweisend die Wüstengebirge auch sind, dem Befehl des Königs können sie nicht widerstehen.

Die in den Fels gehauenen Monumente des Neuen Reiches, die Felsgräber und die Felsentempel, sind beeindruckende Zeugnisse für die Beherrschung der Natur durch den König, die nur durch seinen Einfluß auf die unterirdischen Mächte zustandekommen kann. Höhepunkte dieser architektonischen Entwicklung sind der Speos Artemidos von Hatschepsut bei Beni Hassan und der kleine Tempel von Abu Simbel, den Ramses II. für seine Gattin Nefertari errichten ließ.

Alle lebenden Wesen zwischen Himmel und Erde sind nicht nur vom Licht und vom Wasser, das der König spendet, abhängig, sondern auch von der Atemluft, dem «Lebenshauch». König Cheti ermahnt seinen Sohn Merikare (ca. 2120–2070), der König sei «wie ein Himmel», und besteht auf dem Schutz, den ein guter König seinem Land schuldet. Der König kann nach seinem

Willen Leben geben oder wegnehmen: «Die Nasen können nicht atmen, wenn er wütend ist; sobald er sich beruhigt, atmet man wieder». Indem die Götter ihm das «Henkelkreuz», das Lebenszeichen, an die Nase halten, geben sie ihm die Macht, Leben und Atemluft an diejenigen weiterzugeben, die seine Gunst errungen haben, oder aber die Feinde Ägyptens zu vernichten. Auf den Darstellungen der Tempelwände warten ganze Reihen von Gefangenen und Tributpflichtigen darauf, daß der König ihnen die rettende Luft zukommen läßt: «Sie nähern sich ihr (Hatschepsut) mit ängstlichem Herzen. Ihre Anführer halten den Kopf gebeugt und tragen ihren Tribut auf dem Rücken. Sie bieten ihr ihre Kinder an, damit sie ihnen den Lebenshauch geben möge».

Abb. 25: Strichzeichnung einer Szene der göttlichen Geburt des Königskindes aus Luxor: der Schöpfergott Chnum bildet auf seiner Töpferscheibe den jungen Amenophis III. und seinen Ka; ihm gegenüber sitzt die Göttin Hathor. 18. Dynastie (ca. 1400 v. Chr.).

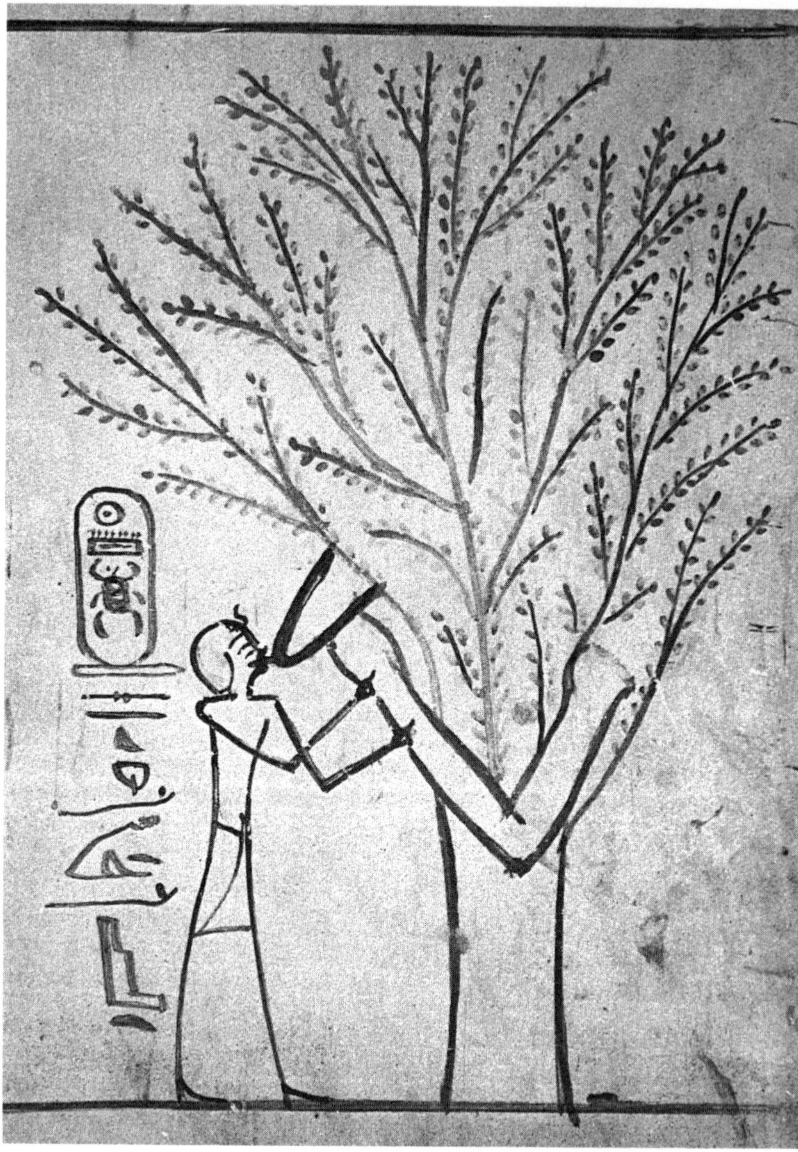

Abb. 26: Die Göttin Isis stillt in der Gestalt einer Baumgöttin Thutmosis III. 18. Dynastie (ca. 1490 v. Chr.). Malerei auf Gips. Theben, Tal der Könige, Grab Nr. 34.

Abb. 27: Amenophis II. als Kind trinkt am Euter der Hathorkuh, die aus dem Papyrusdickicht hervortritt. Gleichzeitig ist der König als Erwachsener unter dem Maul der Kuh abgebildet. 18. Dynastie (ca. 1430 v. Chr.). Mehrfarbiger Kalkstein. Kairo, Ägyptisches Museum.

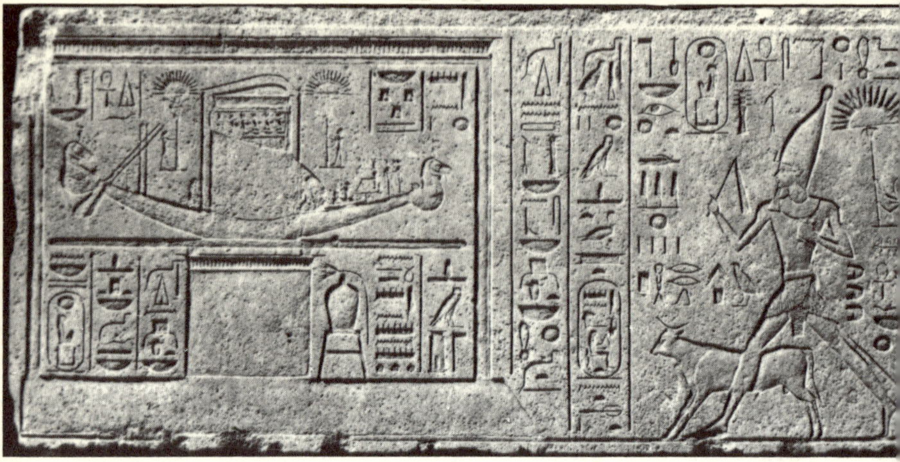

Abb. 28: Reliefblock aus der Roten Kapelle von Hatschepsut in Karnak: Die Königin vollzieht in Begleitung des Apis-Stiers den Kultlauf; links die Barke des Gottes Amun. 18. Dynastie (ca. 1490 v. Chr.). Roter Quarzit.

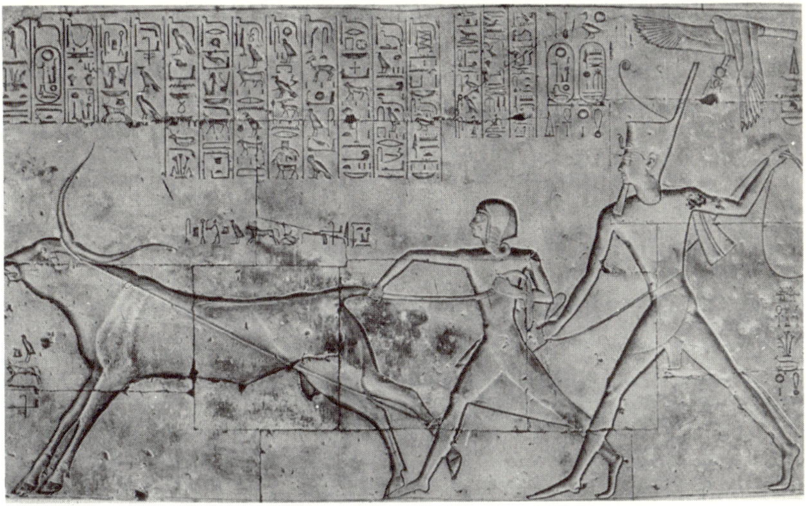

Abb. 29: Ramses II. und der Kronprinz bei der Wildstierjagd. 19. Dynastie (ca. 1290 v. Chr.). Kalkstein. Abydos, Tempel Sethos' I.

Abb. 30: Pepi II. auf den Knien seiner Mutter. 6. Dynastie (ca. 2270 v. Chr.). Alabaster. New York, Brooklyn Museum.

Abb. 31: Pepi II. in der traditionellen Haltung der Kindheit. 6. Dynastie (ca. 2270 v. Chr.). Alabaster. Kairo, Ägyptisches Museum.

Abb. 32: Die beiden Mammisis von Dendera, von der Terrasse des großen Tempels aus gesehen: im Vordergrund das Mammisi von Nektanebos I. (30. Dynastie, ca. 380 v. Chr.), im Hintergrund das unter Nero begonnene römische Mammisi (54 n. Chr.).

Abb. 33: Die Göttin Isis stillt das Horuskind; die Füße des Kindes ruhen als Zeichen seiner Herrschaft auf dem Kopf eines Löwen. 26. Dynastie (ca. 660 v. Chr.). Bronze. Wien, Kunsthistorisches Museum.

Abb. 34: Die Göttin Hathor überreicht Sethos I. das Menat-Halsband. 19. Dynastie (ca. 1300 v. Chr.). Relief auf bemaltem Gips. Aus Theben, Tal der Könige, Grab Nr. 17. Paris, Louvre.

Abb. 35: Der Pylon des Tempels von Edfu. In zwei symmetrischen Szenen weiht der König dem Gott Horus und der Göttin Hathor eine Gruppe von Gefangenen. Zeit von Ptolemäus XII. Neos Dionysos (80 v. Chr.). Sandstein.

Abb. 36: Statuette der Göttin Maat mit der Feder auf dem Kopf. Spätzeit (ca. 600 v. Chr.). Bronze. Paris, Louvre.

Abb. 38: Reliefblock aus der Roten Kapelle von Hatschepsut in Karnak: Die Königin weiht dem Gott Amun ein Paar Obelisken, die seinen Tempel schmücken sollen. 18. Dynastie (ca. 1490 v. Chr.). Roter Quarzit.

Abb. 37: Statue der Löwengöttin Sachmet im Muttempel von Karnak. 18. Dynastie, Zeit Amenophis' III (ca. 1400 v. Chr.). Schwarzer Granit.

Abb. 39: Reliefblock aus der Roten Kapelle von Hatschepsut in Karnak: Die von der Göttin Seschat begleitete Königin schlägt die Pflöcke in den vier Ecken des künftigen Heiligtums ein. 18. Dynastie (ca. 1490 v. Chr.). Roter Quarzit.

Abb. 40: Reliefblock aus der Roten Kapelle von Hatschepsut in Karnak: Die Königin steht dem ithyphallisch dargestellten Gott Amun gegenüber und weiht ihm das Gold, das die Wände seines Heiligtums schmücken soll. Das Darbringen des Goldes beweist die heilige Kraft des Herrschers. 18. Dynastie (ca. 1490 v. Chr.). Roter Quarzit.

Abb. 41: Reliefblock aus der Roten Kapelle von Hatschepsut in Karnak: Dargestellt ist die schwimmende Barke Amuns während des Opet-Festes. Die Königin steht in Gebetshaltung vor dem Götterschrein; hinter dem Schrein berührt Thutmosis III. viermal mit dem Ruder das Wasser. 18. Dynastie (ca. 1490 v. Chr.). Roter Quarzit.

Abb. 42: Reliefblock aus der Roten Kapelle von Hatschepsut in Karnak: Eine Stationskapelle für die Prozessionsbarke Amuns während des Opet-Fests. Die Königin bringt vor einer Kolossalstatue vor dem Heiligtum ein Räucheropfer dar. 18. Dynastie (ca. 1490 v. Chr.). Roter Quarzit.

Abb. 43: Kopf einer Keule des Königs Skorpion. Der König trägt die Weiße Krone und gräbt mit einer Hacke einen Kanal. Im oberen Register sind die besiegten Völker dargestellt. Prädynastische Zeit (ca. 3050 v. Chr.). Kalkstein. Oxford, Ashmolean Museum.

Abb. 44: Doppelstatue des Königs Amenemhat III. als Gabenträger. 12. Dynastie (ca. 1830 v. Chr.). Schwarzer Granit. Kairo, Ägyptisches Museum.

Abb. 45: Sockel einer «Osirisstatue» von Ramses III. in Medinet Habu. Der Sockel unter den Füßen des Königs ist mit der Darstellung seiner personifizierten Kartusche, die die gefesselten Gefangenen der Länder des Südens und des Nordens hält, geschmückt. 20. Dynastie (ca. 1184–1153 v. Chr.). Sandstein.

Abb. 46: Pektoral mit dem
men Sesostris' III. Der Köni
durch seinen in der Kartusc
geschriebenen Namen und
beiden Greife dargestellt ur
tritt die Fremdvölker niede
Der Greif setzt sich aus eine
Löwenkörper und einem F
kenkopf zusammen. 12. Dy
stie (ca. 1850 v. Chr.). Lapis
zuli, Türkis, Karneol, Amet
und Gold. Kairo, Ägyptisch
Museum.

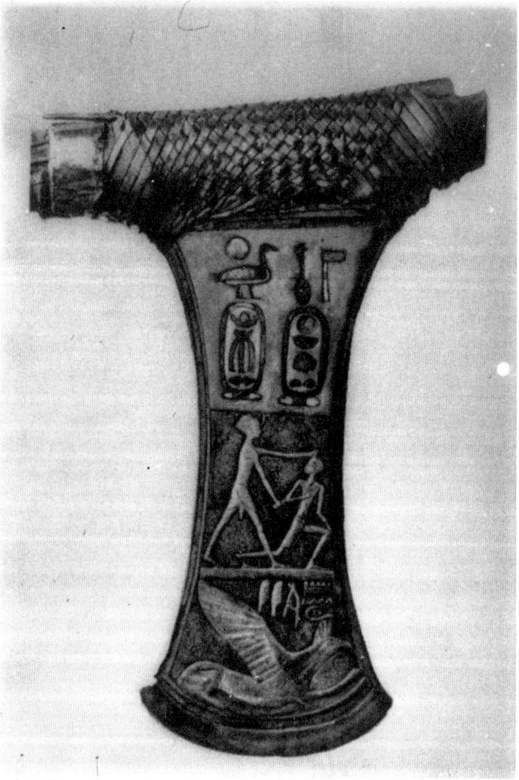

Abb. 47: Griff einer Hacke
Königs Ahmose. Zuoberst si
die beiden Kartuschenname
des Königs abgebildet, daru
folgt eine Triumphszene, un
im untersten Register ist der
Kriegsgott Month in der Ges
eines Greifs dargestellt. 18. I
nastie (ca. 1552–1527 v. Chr
Kupfer, Gold und Elektron.
Kairo, Ägyptisches Museum

2

Die Funktionen des Königs

Einleitung

«Ich gebe dir alles Leben und alles Glück, das von mir abhängt, alle Gesundheit und jede Freude wie Re.»

Mit solchen mehr oder weniger ausführlichen Formeln wird die Übereinstimmung der königlichen Taten mit dem göttlichen Plan betont. Im vorliegenden Beispiel werden die von Amun ausgesprochenen Worte noch durch die bildliche Darstellung unterstrichen: der Gott hält der ihn anbetenden Hatschepsut (ca. 1490–1468) mit seinem Szepter das Lebenszeichen an die Nase. Das Spenden der göttlichen Qualitäten (Leben, Glück, Gesundheit usw.) bildet die notwendige Gegenleistung zur Pflichterfüllung des Königs, der damit die Weiterexistenz der von den Göttern gesetzten Ordnung ermöglicht.

Nachdem wir im ersten Teil das Wesen des Königs betrachtet haben, werden wir uns nun dem Sinn zuwenden, der der Machtausübung zugeschrieben wurde, und das Verhältnis zwischen dem göttlichen Ursprung der Monarchie und der Realität des Regierungsalltags untersuchen.

Das Eingreifen der Götter

Wenn man die Reliefs in einem ägyptischen Tempel oder die Abbildungen des Pharao in einem Museum betrachtet, so fällt die Ähnlichkeit der Darstellung von Göttern und Königen sofort auf. Die Uräusschlange, die auch «Tochter des Re» genannt wird, versieht den König, der sie auf der Stirn trägt, mit übernatürlichen Kräften. Die mit ausgebreiteten Flügeln und dem Zeichen der Macht in ihren Klauen dargestellten Schutzgottheiten des Königtums, der Falke und der Geier (Abb. 19 und 43), verleihen allen Taten des Königs eine kosmische Dimension.

In besonders kritischen Situationen, in denen das Königtum oder der Staat Ägypten bedroht sind, kommt es sogar vor, daß sich die Götter dem schlafenden König offenbaren. So weckt die Erscheinung von Amun am Vorabend der Entscheidungsschlacht in Palästina die Kampfeslust von Amenophis II. (ca. 1438–1412), oder eine Statue des Gottes Ptah reicht Merenptah (ca. 1224–1204) im Traum das Siegesschwert und ermahnt ihn, «sein zitterndes Herz weit von sich zu schieben». In der Schlacht von Kadesch (ca. 1284), wo Ramses II., von seinem Heer verlassen, sich plötzlich einer hethitischen Übermacht gegenübersieht, greift Amun direkt hilfreich ein: «Er reichte mir seine Hand und gab mir den (Kampfes-)Mut zurück». In einem andern Zusammenhang bedeutet die Erscheinung von Chnum, dem Gott des ersten Katarakts, im Traum des Königs das Ende einer Hungersnot: «Ich werde für dich den Nil ansteigen lassen; und es werden Jahre folgen, in denen es für das ganze Land genug Wasser hat». Und Thutmosis IV. (ca. 1412–1402), der beim Sphinx in Giza einschläft, wird von Harmachis die spätere Königsmacht versprochen. Der Gott offenbart sich dem schlafenden und träumenden König unabhängig vom Ort.

Umgekehrt ist der Tempel der Platz, an dem die wichtigen Ereignisse der Regierung festgehalten und so dem Gedächtnis eingeschrieben werden. Kriegerische Unternehmungen, politische Dekrete oder wirtschaftliche Maßnahmen sind ebenso wie die Rituale des Königtums und der Bericht über die Zeremonien, die im Tempel stattgefunden haben, für alle Zeiten auf den Wänden festgehalten. Der König ist der einzige Gesprächspartner der Götter – nur gelegentlich kann er durch die Gottesgemahlin des Amun ersetzt werden – und wird deshalb ähnlich wie diese dargestellt. Er steht ihnen im Ritual gegenüber, und wenn sie ihm ihre Wohltaten und Gunstbeweise angedeihen lassen, so berühren sich ihre Hände und Körper sogar. Vereinzelt nehmen die Gemahlin und die Kinder des Königs dabei eine Nebenrolle ein, während die Priester, die Würdenträger und die Soldaten nur eine Statistenrolle spielen.

Leistung und Gegenleistung

Das Wohlergehen Ägyptens hängt von der göttlichen Allmacht ab, und alle lebenden Kräfte stehen im Dienst der guten Beziehungen zu den Göttern. Die in ihrer Statue verkörperte ägyptische Gottheit besitzt einen physischen «Körper». Wie die Menschen unterliegt sie einem biologischen Rhythmus von Wachen und Schlafen und benötigt Nahrung und körperliche Pflege. Deshalb muß der Tempel zugunsten der Gottheit mit Lebensmitteln und Kleidung, mit Edelsteinen und Metallen, mit Kosmetika und Duftstoffen aus dem In- und Ausland versorgt werden. Mit diesen Gaben wird die alles umfassende Harmonie aufrechterhalten. Das Gesetz des Gebens und Nehmens prägt in Ägypten die Beziehungen zwischen Menschen und Göttern, wobei der König für die Weiterführung dieses Verhältnisses verantwortlich ist. Im wesentlichen kommt er für die Bedürfnisse der Gottheit auf und erhält dafür die göttliche Schöpferkraft. Als Verwalter der Güter des ganzen Landes übergibt er davon dem Gott, was dieser benötigt, worauf dessen belebende Kraft durch ihn zu seinem Volk zurückfließt.

Ein wichtiges Thema in der Tempeldekoration ist die Prozession von Gau-Gottheiten, die sich als Wesen mit zweigeschlechtlichem oder weiblichem Körper manifestieren. Sie werden im untersten Register abgebildet und sind alle auf das Allerheiligste ausgerichtet. Jede Gestalt trägt eine stereotype Auswahl von Opfergaben, die mit ihrem Herkunftsort nur wenig zu tun hat. Parallel zu diesen «verkürzten» Darstellungen, die den königlichen Vermittler überspringen und auch die Gegenleistung des Gottes nicht abbilden, gibt es auch noch andere ähnliche Bilderreihen, die mit der königlichen Funktion eng verbunden sind. Im Namen des regierenden Herrschers, dessen Kartusche über dem Opfertisch steht, bringen Ortsgötter die spezifischen Gaben ihrer Region dar. Jedes Gebiet unterscheidet sich durch seine typischen Produkte von allen andern. Die Schlußformel verweist jeweils ausdrücklich auf den Mechanismus des Tausches von materiellen Gütern gegen besondere Kräfte: «Der König hat dir gegeben. Mögest du ihm nun Kraft geben». Dabei kann die Kraft durch irgendeine andere Qualität ersetzt werden. Durch dieses Ritual erweist sich der König als «nützlicher Sohn für den, der ihn gezeugt hat».

Ein gesunder Pragmatismus drückt sich auch in der Sprache aus, in der über die Pflichten des Königs und seine Beziehungen zu den Göttern berichtet wird: das Vokabular ist mit dem aus wirtschaftlichen und juristischen Texten identisch. Wie ein Beamter, der seine Pflicht gut erfüllt hat, wird der Pharao «belohnt» und «bezahlt», oder er erhält wie ein Händler für seine Ware eine «Bezahlung» und «Entschädigung». Die ägyptischen Texte betonen auch, daß beide Seiten ihr Interesse an diesem Geschäft haben: «Du wirst mir eine hohe und ausgiebige Nilüberschwemmung geben, um für deine göttlichen Opfergaben zu sorgen, um für die göttlichen Opfergaben der Götter und Göttinnen von Ober- und Unterägypten zu sorgen, um die heiligen Stiere leben zu lassen, und um das ganze Volk deines Landes, sein Vieh und seine Bäume, die du geschaffen hast, leben zu lassen». Beide, Götter und Menschen, sind für ihr Überleben aufeinander angewiesen: die Versorgung der Opfertische hängt von einer genügenden Überschwemmung ab, und die Götter gewähren diese, wenn ihnen regelmäßig geopfert wird.

Der König im Ritual

Dem König fällt die Aufgabe zu, nach einem strengen Szenario die Mechanismen in Gang zu setzen, die dazu bestimmt sind, die außerhalb von ihm selbst liegenden Energiequellen freizusetzen. Deshalb kann auch jede Handlung des Pharao als Teil einer Kulthandlung verstanden werden, die sich an ein vorherbestimmtes Programm hält und dazu dient, die reale Weltordnung mit der idealen zu versöhnen. Die beinah unbegrenzte Menge von Beinamen des Herrschers zeigt, daß kein Bereich seinem Einfluß verschlossen ist, genau wie auch die Macht der Götter die Gesamtheit der kosmischen Gesetze umfaßt. Bei jedem Anliegen wird versucht, die Gottheit in ihrer geeignetsten Form anzurufen, damit sie das Verlangte gewähren kann; so wird zum Beispiel am Ende der Krönungszeremonie Amun, der den neuen König inthronisiert, als «der die Verwandlungen lenkt» angesprochen. Manchmal erhält aber auch der ausführende König, der seit dem Mittleren Reich auch «Herr der Ausführung des Rituals» genannt wird, noch einen zusätzlichen Titel, der ganz auf die angesprochene Kulthandlung ausgerichtet ist. Wenn Ramses II. (ca. 1290–1224) aus der Hand der Hathor die Menat-Halskette als Zeichen für Erneuerung und Freude erhält, wird er «ein Herr der Liebe mit schönem Gesicht, dessen Lippen süß sind», oder er wird während des Rituals zugunsten fruchtbarer Äcker zum «Sohn des Nils und Sprößling der Renenutet». Diese Angleichung von Beinamen und Handlungen wuchert geradezu in ptolemäischer Zeit.

Vielfach sind die Aufgaben des Königs: er sorgt für die Kulthandlungen, er erläßt Gesetze, er wacht über die Versorgung des Landes mit Nahrung und kämpft an der Spitze des Heeres. Auch wenn wir verschiedene Funktionen des Königs isolieren und unterscheiden können, so dürfen wir nicht vergessen, daß die Idee des Königtums in Ägypten unteilbar ist. In jeder seiner Rolle verkörpert der König die ganze *Maat.* Im Gegensatz zu den indoeuropäischen Gesellschaften gab es in Ägypten nie eine ideologische Unterteilung der Welt in Sakrales und Profanes oder in physische Kraft und Fruchtbarkeit. Ob die Schöpfungsmythen nun von einem einzelnen Schöpfer ausgehen oder von einer ganzen Göttergruppe, das Universum wird immer als ein harmonisches Ganzes gesehen, dessen Elemente untrennbar miteinander verbunden sind. Unabhängig von ihren sonstigen Eigenschaften hat jede Gottheit Anteil an der Schöpferkraft und setzt diese Energie in Naturerscheinungen um. Von daher kommt es wohl, daß sich die Götter in ihren Eigenschaften und Fähigkeiten immer wieder überschneiden und auch ihre Attribute so leicht austauschen können. In Ägypten schließt der Polytheismus das Bewußtsein einer Einheit des Göttlichen nicht aus. Die klassischen Autoren versahen in ihren Versuchen, die ägyptische Götterwelt mit etwas Bekanntem zu verbinden, die ägyptischen Götter mit den Namen ihrer griechischen Götter, was aber wegen des unterschiedlichen Gottesbildes irreführend ist. Osiris läßt sich nicht auf Dionysos zurückführen, und der Vergleich des «Götterkönigs» Amun mit Zeus, dem Herrscher des Olymps, beruht auf einer nur scheinbaren Verwandtschaft. Dazu kommt noch die Schwierigkeit, daß einem ägyptischen Gott mehrere griechische Götter entsprechen können und umgekehrt. Schon Diodor bemerkt diese Unzulänglichkeiten: «Im allgemeinen besteht eine große Unstimmigkeit in bezug auf diese Götter. (...) Osiris wird manchmal Serapis genannt, manchmal Dionysos, manchmal Pluto, manchmal Amun, manchmal Zeus, und viele halten auch Pan für den gleichen Gott; gewisse sagen auch, daß Serapis der Gott sei, den die Griechen Pluto nennen» (I 25). Diese Gleichsetzungen schaffen also nur Verwirrung.

Aus dem gleichen Grund darf man auch an der Realität der sieben sozialen Klassen zweifeln, die Herodot aufzählt: «Priester, Krieger, Rinderhirten, Schweinehirten, Händler, Übersetzer, Schiffer» (Herodot, II 164). Natürlich gab es in Ägypten verschiedene Berufe und auch eine soziale Hierarchie. So drückt zum

Beispiel der Schreiber seine Verachtung für alle ermüdenden und schmutzigen körperlichen Arbeiten lautstark aus und rühmt dafür seinen eigenen Stand: «Werde Schreiber, damit du weiß gekleidet ausgehen kannst und damit die Höflinge dich grüßen», rät ein Vater seinem Sohn. Ein tiefer Graben trennt tatsächlich die anonyme Masse der Bauern und Handwerker von den Vertretern der pharaonischen Institution, zu denen auch die Verwaltungsbeamten, die Priesterschaft und die Armee gehören. Zwischen den zivilen, militärischen und religiösen Ämtern und Funktionen gibt es keine Unvereinbarkeit, weil sie sich alle auf die Allmacht des königlichen Willens berufen. Im ägyptischen Denken vermischt sich so die Idee der Perfektion mit der der Totalität.

Aus diesem Grund läßt sich die ägyptische Monarchie auf kein uns im Westen bekanntes Modell zurückführen. Wenn wir sie mit den mittelalterlichen Darstellungen vergleichen, so erscheint der Pharao gleichzeitig als eine Art Bischof an der Schnittstelle zwischen Sichtbarem und Unsichtbarem und als König, der die Ratschläge des Bischofs in praktische Entscheidungen und Handlungen übersetzt. Im antiken Rom war es das Kollegium der drei «Flamines maiores», der Hauptpriester für Jupiter, Mars und Quirinus, die die mystische Verbindung zum Himmel aufrechterhielten. Daneben war der König (rex) für die zeitlich gebundene Regierung zuständig. Auch hier zeigt sich wieder die Verschiedenheit des ägyptischen Modells: der König vereinigt in seiner Person die Summe der Funktionen, die jeder der «Flamines» verkörpert: er ist die menschgewordene göttliche Ordnung und entzieht sich deshalb auch der Geschichte. Wie der römische König ist er aber gleichzeitig beauftragt, diese Ordnung zu organisieren, womit er sich doch wieder mit der aktuellen Zeit konfrontiert sieht, etwa wenn er die Verteilung des Überschwemmungswassers organisiert oder sich um die Außenpolitik kümmert. Obwohl unsere Begriffe vom indoeuropäischen Schema geprägt sind, werden wir sie benutzen, um das pharaonische

Modell zu beschreiben. Dabei müssen wir uns aber immer bewußt sein, daß jede Funktion der Rolle eines Priesterkönigs untergeordnet ist und daß sich in allen seinen Handlungen gegenüber Menschen und Göttern etwas Sakrales manifestiert. Weil das Pharaonentum versucht, alle Ereignisse in einen zeitlosen, ewig gültigen Rahmen zu stellen, werden wir bei unserer Untersuchung der Funktionen auch nicht chronologisch vorgehen können.

IV Der König im Kult

Der «Haus des Gottes» genannte Tempel beherbergt das Mysterium der kosmischen Kräfte unter der Kontrolle des Königs. Der Tempel wird von einer Umfassungsmauer eingefaßt, an der das äußere Chaos abprallt. Der Menge der Gläubigen ist er nicht zugänglich; nur der Priester kann von den hellen offenen Höfen ins Halbdunkel der Säulenhallen und zuletzt in die Dunkelheit des Allerheiligsten eintreten. Auf diesem Weg bedeutet jede Tür eine symbolische Barriere, die nur eine immer geringer werdende Zahl von reinen Wesen durchschreiten darf. An der Rückwand des Allerheiligsten steht die Kultstatue des Gottes in ihrem Schrein (Naos). Zu festgelegten Zeiten finden vor ihr die Kulthandlungen statt, worauf sie ihre Schöpferkraft freigibt. Die Statue verfügt über ein eigenes Personal, das für ihre materiellen Bedürfnisse sorgt; diese Priester werden «Gottesdiener» genannt. Sie versorgen den Gott wie Hausangestellte ihren Herrn und zeichnen sich mehr durch ein Wissen darüber aus, wie der Kult stattzufinden hat, als durch ein spirituelles Priestertum. Sie handeln als Vertreter des Königs, der trotz seiner physischen Abwesenheit durch seine Bilder allgegenwärtig ist.

Die gesamte Tempeldekoration ist dem Aufstieg des Königs zum Gott gewidmet, der ihn in seinem Bereich empfängt. Schon die Szenen auf dem Pylon (Abb. 35) zeigen dem Volk – das den Tempel nicht betreten darf – die kultische und kriegerische Funktion des Herrschers, der dem Herrn dieses Tempels schon vor seinem Eintritt in die geheiligte Sphäre ein erstes Opfer darbringt. Deshalb finden wir auf dem Pylon eine Darstellung des Königs «beim Schlagen der Feinde»: Er bringt dem Gott eine

Gruppe vor ihm kniender Gefangener dar, die er mit der einen Hand am Schopf gepackt hält und mit der andern mit seiner Keule bedroht. Dieses Bild dient gleichzeitig der königlichen Propaganda und der Ehre des Gottes. Aus dem gleichen Grund werden auf den äußeren Tempelmauern auch alle erfolgreichen Schlachten des Königs abgebildet. Auf beiden Seiten der Tür sichern zwei Kolossalstatuen als Wächter den Übergang zwischen der äußeren Realität und den übernatürlichen Kräften.
In einem gewissen Sinn ist ein ägyptischer Tempel mit einer Nuklearzentrale vergleichbar, in der gefährliche Manipulationen stattfinden, die das Gleichgewicht der Welt sichern oder gefährden können (Yoyotte, 1959 [2], S. 283). Die Priester entsprächen dann den Technikern, aber nur der Pharao kennt und beherrscht die geheimen Gesetze der Anlage.

Die Aufrechterhaltung der kosmischen Ordnung

Das Darbringen der Maat

«Ich habe ihm die Maat dargebracht, die er liebt, denn ich weiß, daß er davon lebt. Sie ist (auch) mein Brot und ich trinke ihren Tau. Bin ich nicht eins mit ihr?»
Nektar und Ambrosia vergleichbar ist die Maat die göttliche Substanz, von der Hatschepsut (ca. 1490–1468) ihre Lebenskraft erhält und die sie dem Gott – hier handelt es sich um Amun – durch die Qualität ihrer Regierungstätigkeit zurückerstattet. Der gegenseitige Austausch nährt den für die kosmische Harmonie nötigen Energiefluß. «Ich gebe dir die Maat in dein Herz, damit du zugunsten der Götter handelst», spricht Horus zu Ptolemäus IV. (222–205). Indem der König an der gleichen Lebensquelle wie die Götter teilhat, schöpft er daraus auch die Richtlinien sei-

ner Regierung, was Osiris in seiner Ansprache an Sethos I. (ca. 1304–1290) so formuliert: «Du hast die Maat in Ägypten gestärkt, du hast sie mit jedem vereinigt.» Die Maat verkörpert das göttliche Wesen der Monarchie und definiert zugleich auch ihre Anwendung. *Maat* ist kaum mit einem einzelnen Begriff zu übersetzen; sie bedeutet alle positiven Qualitäten, die das kosmische Gleichgewicht stärken, und zwar auf der Ebene der Erfahrung, der Moral, des Allgemeinen und des Individuellen. Vom Pharao her gesehen zeugt sie für seinen intimen Umgang mit den Schöpferkräften und ist zugleich das Prinzip, das alle seine Funktionen regiert und motiviert. Sie ist gleichzeitig bewegende Kraft und zu erreichendes Ziel.

Das königliche Protokoll berücksichtigt beide Aspekte der Maat. In den Krönungsnamen, die ihre Sonnennatur erklären, schreiben die Könige dem Gott Re den Besitz der Maat zu: «Maat ist der Ka des Re» (Hatschepsut, ca. 1490–1468), «Re ist der Herr der Maat» (Amenophis III., ca. 1402–1364) oder «Stark ist die Maat des Re» (Sethos I., ca. 1304–1290) sind nur einige Beispiele. Im Goldhorusnamen wird das Regierungsprogramm ausgedrückt, und seit Thutmosis III. (ca. 1490–1436) nennen die Könige der 18. Dynastie die Maat als Regierungsprinzip und bezeichnen sich selbst als «Herrscher der Maat». Die Maat beinhaltet die religiöse Dimension der Herrschaft.

Dargestellt wird die Maat mit den Zügen einer weiblichen Gottheit, die auf ihrem Haupt die Feder trägt, die auch als Hieroglyphe für ihren Namen dient (Abb. 36). Der stehende oder kniende Pharao bringt sie dem Gott in der Form einer kleinen auf einem Körbchen sitzenden Statue dar, die er in seiner ausgestreckten Hand hält, während der andere Arm in einem Verehrungsgestus erhoben ist. Das Figürchen ist in einen Mantel gewickelt und hält in seinen darin verborgenen Händen das Lebenszeichen als Spiegel seiner eigenen Person, die ja bereits die Lebenskraft verkörpert, von der sich die Götter ernähren. In den ptolemäischen Tempeln finden wir das Darbringen der Maat auf der Rückwand des Allerheiligsten in nächster Nähe der Kultstatue abgebildet. Im Ritual des Amun heißt es: «Du existierst, weil Maat existiert, und Maat existiert, weil du existierst.»

Die enge Verbindung der Maat zur Person des Königs wird durch graphische Kunstgriffe oder Wortspiele mit ihrem Namen angedeutet. So geht die untere Rundung des Körbchens in die Handfläche über, die es hält, womit die Opfergabe gleichsam zu einem Teil des königlichen Körpers wird. Unter einem andern Gesichtspunkt ist das Wesen des Königs in der Maat ebenso wie in seinen Namen enthalten, und deshalb werden Königsname und Maat als Opfergabe auswechselbar. Von den Elementen, die seinen Thronnamen «Stark ist die Maat des Re, erwählt von Re» *(Wsr-m3ʿt-Rʿ-stp-n-Rʿ)* bilden, wählt Ramses II. (ca. 1290–1224) die ersten Hieroglyphen und setzt sie auf das Körbchen. Diese Zeichengruppe bietet er Amun-Min anstelle der Maat an. In Medinet Habu versieht Ramses III. (ca. 1184–1153) das Darbringen seines Namens mit dem zweimal wiederholten Text: «Das Darbringen der Maat für seinen Vater Amun-Re.»

Die Symbiose zwischen dem König und der Maat kann auch durch die negativen Kräfte des Chaos bedroht werden. Um das kosmische Gleichgewicht und seine eigene Integrität zu wahren, verfügt der Pharao in den kritischen Zeiten seiner Regierung und auch in bestimmten schwierigen Jahreszeiten über verschiedene Schutzmechanismen.

Die Beschwörung

Die weiblichen Gestalten der ägyptischen Götterwelt sind ambivalent. Sie verkörpern das weibliche Prinzip des Sonnen- und Schöpfergottes und verbinden sich mit dem «Auge des Re», der Uräusschlange auf der Stirn der Götter und Könige, deren beherrschte Macht wärmt und belebt, die aber in ihrer unkontrollierten Wut verbrennt und zerstört. Die schrecklichste aller Göttinnen ist Sachmet («die Mächtige») in ihrer Löwengestalt (Abb. 37): sie sät den Tod bei den Feinden der Ordnung, aber sie schlägt auch blind zu. «Blutfresserin», «Herrin des Massakers», «die, deren Blick alles in Asche verwandelt» sind nur einige ihrer Beinamen, die ihre bedrohliche Aggressivität anzeigen. Um ihr Ziel zu erreichen, ist ihr jedes Mittel recht: sie schießt die sieben schlechten Pfeile des Jahres ab, sie zerstört durch das Feuer, zerschneidet ihre Opfer oder schickt ihre Gefolgsleute aus.

Der Zorn der Sachmet erreicht seinen Höhepunkt in den Übergangszeiten, in denen sich das kosmische Gleichgewicht neu ordnet. In den fünf Schalttagen vor dem Neujahr überzieht ihre giftige Ausdünstung das von Hitze und Trockenheit geschwächte Land. Diese Tage bedeuten den schwierigen Übergang von einer Periode zur nächsten und sind wie der Monatswechsel oder der Beginn einer neuen Dekade besonders gefährdet. Die zwölf Schlächter der Sachmet oder die 36 Pfeildämonen sind besonders gefürchtet. Auf den Architraven der ersten Säulenhalle des Tempels von Edfu sind die «Mächtigen», die hier mit Hathor assoziiert werden, so zahlreich wie die Tage des Jahres und werden einzeln mit ihrem Namen angerufen. Sachmet kann deshalb auch mit der Kontrolle über den Kalender verbunden werden.

Die Übel Ägyptens sind in erster Linie mit der allmächtigen Sachmet verbunden, aber in jeder Göttin schlummert eine Gewaltsamkeit, die jederzeit losbrechen könnte. Die Gefährtinnen des Schöpfergottes verschmelzen völlig miteinander und können wütend oder wohlwollend sein. So heißt es: «Im Zorn ist sie (Hathor) Sachmet, wenn sie sich freut, ist sie Bastet»; die zufriedene Löwin verfügt auch über die Sanftheit der Katze, behält aber gleichzeitig ihre ganze Kraft gegen jeden Angreifer. Die Anrufung «Sachmet von gestern, Bastet von heute» verdammt die Macht der Löwin zur Niederlage und zeigt auch, daß das ägyptische Denken gerne die Vergangenheit mit den üblen Mächten verbindet.

Zahlreiche Mythen berichten von den Übeltaten einer gefährlichen Göttin, deren Identität auswechselbar ist und deren Zorn schließlich durch List oder Gewalt im Dienste der Ordnung wieder beruhigt wird. In den Gräbern der Ramessidenzeit überliefert uns das Buch von der Himmelskuh die Zerstörung des Menschengeschlechts, das sich gegen Re aufgelehnt hat. Re beauftragt sein Auge Hathor-Sachmet mit der Bestrafung der Menschen. Diese richtet ein so großes Massaker an, daß er die blutrünstige Göttin betrunken macht, damit sie einschläft. Dann zieht er sich selbst enttäuscht von der Welt zurück und steigt auf den Rücken der Himmelskuh. Wohl in der Erinnerung an diesen Bericht sind Wein und Bier die wichtigsten Opfergaben im Kult der Sachmet. Der Mythos von der fernen Göttin ist jünger. Er betont vor allem die zwei Extreme ihres Charakters: sie ist die wilde Löwin, die in den Wüsten im Süden wütet. Als Tochter des Sonnengottes wird sie beruhigt und in Ägypten triumphal empfangen, worauf sie sich auf die Stirn ihres Vaters setzt und zu seinem wachsamen Schutz wird. In dieser Form gilt sie auch als eine Erscheinung der Maat.

Die gefährliche Göttin nimmt in der Königsideologie einen fundamentalen Platz ein. Als positive Figur definiert sie einen Aspekt des königlichen Wesens: «Es ist Bastet, die Beschützerin der beiden Länder; wer sie anbetet, wird in ihrem Arm geschützt sein; es ist Sachmet gegen den, der ihre Ordnung verletzt, wer sie verachtet, der wird zum Bettler.» Die Loyalität gegenüber dem König wird als Notwendigkeit dargestellt. In dieser Rolle nähert sich Sachmet, die in den Krönungszeremonien sehr häufig dargestellt ist, trotz ihren speziellen Gaben den Schutzgöttinnen des Königtums: «Ich werde meine Flamme gegen deine Feinde richten», verspricht sie Ramses II. (ca. 1290–1224), der ihr Gefäße mit Wasser darbringt. In ihren negativen Äußerungen allerdings gefährdet sie die Institution des Königtums. Deshalb unterzieht sich der König beim Jahres- und Jahreszeitenwechsel dem «Ritual der Übertragung des Erbes, das seine Legitimität magisch bestätigt» (J.-C. Goyon, 1972, S. 51). In den Gebeten, die man bei dieser Gelegenheit an Sachmet richtet, wird auch ihr Sohn um Hilfe gebeten, der als einziger fähig ist, seine rasende Mutter zu besänftigen: «Horus, Horus, Sohn der Sachmet, umfasse die Throne des Königs, er lebe, sei heil und gesund, mit der Fülle des Lebens», denn «welche Mutter würde ihre Kinder fressen, welche Mutter würde mit ihrem Messer den angreifen, der aus ihr hervorgegangen ist?» (vgl. Kap. VI). Diese verschiedenen Anrufungen der Sachmet sollen den Betenden vor den Plagen des Jahres verschonen; sie sind nicht nur zum Schutz des Königs geeignet, sondern dienen auch dem Privatgebrauch, wie es ein magischer Papyrus der Ramsessidenzeit belegt.

Im Gegensatz zu seinen Untertanen hat der König nicht nur eine defensive Rolle. Indem er den Kult der Göttin ausübt, setzt er durch die Opfergaben und das Rezitieren von Litaneien ihre positive Kraft frei und bewirkt, daß sie ihre Wohltaten über Ägypten ergießt. Bei seiner Ankunft in Memphis, der Heimat der Sachmet, führt der letzte nubische König, Tanutamun (ca. 664), in aller Form das Ritual aus, das die Löwengöttin versöhnen soll: «Seine Majestät kam nach Memphis (...) Er trat in den Tempel von Ptah-der-südlich-seiner-Mauer-ist und machte ein großes Opfer für ihn, Ptah-Sokar, dann befriedigte er Sachmet mit dem, was sie begehrte». Die beiden Gottheiten werden verschieden behandelt, und es zeigt sich deutlich, daß der weibliche Teil des Paares hier der gefährlichere ist und daß ihre Gewalt jederzeit losbrechen könnte. In ptolemäischer Zeit befand sich in der Bibliothek des Tempels von Edfu das Buch vom Besänftigen der Sachmet. Indem der Pharao den Kult vor den zwölf den Monaten entsprechenden Hathorengruppen ausübt, wendet er sich gleichzeitig zwölfmal an eine Gruppe von acht oder neun Göttern. An die blutige Herrschaft der Sachmet und ihr glückliches Ende, wie sie der Mythos von der Himmelskuh berichtet, erinnern neben den üblichen Gesten der Anbetung und des Beweihräucherns auch das Opfer von Gänsen und Antilopen und das Darbringen von berauschenden Getränken und Musik. Den Zyklus beendet das Darbringen einer Maat-Statuette an die Götter als Zeichen für den Sieg der Ordnung über das Chaos wie beim «ersten Mal».

Der Unterhalt der Götter

«Die Tempel der Götter und Göttinnen von Elephantine bis zu den Sümpfen des Deltas waren zerstört und fielen in Vergessenheit; ihre Kapellen waren verwüstet, sie waren zu öden Orten geworden, an denen Gras wuchs. Das Land lag am Boden, weil die Götter es verlassen hatten. Wenn man Armeen nach Phönizien schickte, um die Grenzen Ägyptens zu erweitern, so hatten sie keinen Erfolg.»

Im Jahr 4 seiner Regierungszeit entwirft Tutanchamun (ca. 1347–1338) das Bild eines Landes, das sich auf den Abgrund zubewegt, weil es die Götter verlassen und den Unterhalt ihrer Tempel zugunsten von Aton aufgegeben hat. Um diesem Unglück abzuhelfen, müssen in erster Linie die notwendigen Bedingungen für die Produktion göttlicher Energie wiederhergestellt werden. Außer einer goldenen Statue für Amun «machte Seine Majestät auch Denkmäler für die andern Götter; er ließ ihnen Statuen aus echtem Bernstein machen und ihre Heiligtümer wieder instandsetzen für die Ewigkeit, indem er sie für alle Zeiten mit Gütern versorgte».

Der König als Bauherr

Die Bautätigkeit zeigt in erster Linie die religiöse Wirksamkeit einer Regierung an und dient erst sekundär dem persönlichen Ruhm des Herrschers. Die aus «schönem weißen Stein der Ewigkeit» gebauten Tempel bezeugen die vollständige Übereinstimmung zwischen Ägypten und seinen Göttern, was das Land seinem König verdankt. Deshalb investieren die Pharaonen einen großen Teil ihres Reichtums in Bauvorhaben, mit denen sie dann den Erfolg ihrer Politik umfassend zur Schau stellen. In ihrem Tempel in Deir el-Bahari läßt Hatschepsut (ca. 1490–1468) unter anderen Ereignissen ihrer Regierungszeit darstellen, wie zwei für den Tempel des Amun-Re bestimmte Obelisken aus Assuangranit herbeigeschafft werden, und ein Relief in ihrer Kapelle in Karnak (Abb. 38) zeigt die Königin, wie sie ein zweites Paar Obelisken dem Gott darbringt: «Der König selbst richtete zwei große Obelisken für seinen Vater Amun-Re auf. Sie sind mit Gold bearbeitet, ihre Höhe reicht bis in den Himmel, und sie strahlen über beide Länder wie die Sonnenscheibe. Niemals hat man seit dem Beginn des Landes etwas Ähnliches gemacht».

Dabei reicht es nicht aus, einfach die Monumente seines Vorgängers wiederzubenutzen, denn jeder Regierungsantritt eines Königs läßt einen neuen Zyklus beginnen. Daraus erklärt sich auch die ungeheure Größe der Tempelanlage von Karnak, wo entsprechend der zunehmenden Bedeutung des Amun seit dem Mittleren Reich immer neue Gebäude ineinander verschachtelt werden. In den Erweiterungen und Verschönerungen von Gebäuden, aber auch im Einsetzen des eigenen Namens in die Kartusche eines Vorgängers drückt sich nicht der Wille eines Königs aus, das Werk eines Vorgängers zu zerstören, sondern es in seine eigene Politik zu integrieren, indem er es in seine Obhut übernimmt und seine Wohltaten erneuert. «Seine Majestät befahl, eine neue Schnur um diesen Tempel zu spannen, der sich in schönem weißen Sandstein erhebt.» Die symbolische Wiederholung des Schnurspannens, eines wichtigen Vorgangs beim Gründungsritual, erlaubt eine Erweiterung der wohltätigen Wirkung, die aus dem Allerheiligsten ausgeht, und gleichzeitig deren Einbindung in die neue Regierung.

Die Priester der Spätzeit schrieben die Formulierung des

Gründungsrituals Imhotep (ca. 2660) zu, dem ersten bekannten Architekten der Geschichte, dem der Tempelbezirk Djosers mit der Stufenpyramide in Sakkara zu verdanken ist. Die Herleitung von einem so berühmten Mann zeigt, wie ernst man die Bedeutung der Zeremonien nahm. Das Ritual ist seit der 1. Dynastie (ca. 3000–2800) sporadisch bezeugt und besteht in seiner jüngsten Fassung aus zehn Szenen, die immer gleich aufgebaut sind: der König handelt meist allein vor der Gottheit des Tempels, die alles unbeweglich über sich ergehen läßt. Die Bemühungen wenden sich zuerst der exakten Ausrichtung des Tempels nach dem Großen Bären (also nach Norden) zu. «Es lebe der vollkommene Gott (...), der den Himmel sieht, der die Sterne prüft, der sich dem Großen Bären gegenübersetzt und den großen Platz seines Vaters Re gründet.» Nachdem die Maße und der Grundriß des Tempels genau festgelegt sind (Abb. 39), beginnt der König mit den eigentlichen Erdarbeiten: er hebt die Baugrube aus, er formt einen Ziegel für den Bau der Umfassungsmauer, er füllt den Hohlraum mit Sand, legt den ersten Stein und so fort.

Jede Handlung weist auf eine wichtige Etappe beim Bau hin und beschreibt auch schon die symbolische Rolle des künftigen Tempels. Weil in ihm alle Harmonien zusammenfließen sollen, werden seine Maße in «Königsellen» angegeben, deren Zahl die religiöse Bedeutung des Tempels ausdrückt: «Ich kenne die Ellen im Tempel (...) Ich studiere die Ellen seiner Umfassungsmauer: 300 – so wird das Kind anwesend sein; 400 – so wird die Schlange ausgeschlossen.» Solche Aussagen beruhen auf dem Gleichklang der Zahlen und der Wortfolgen, die sie erklären, und zeigen auch die Übereinstimmung von Geometrie und Maat. Der Schöpfungsplan und die aus ihm abgeleitete Dualität von der Ankunft des göttlichen Kindes und von der Vernichtung der chthonischen Kräfte ist im Tempelbezirk eingeschrieben. Während er mit seiner Hacke die Erde bis zum Grundwasser abträgt, um ein exakt horizontales Niveau zu erhalten, erklärt der Pharao: «Ich habe für dich die Erde bis zur Grenze des Nun (Urgewässer) abgetragen.» Folglich ist der sich auf reinem Sand erhebende Tempel auch ein Abbild der Lotusblüte, die im Moment der Schöpfung aus dem Chaos auftaucht.

Die Ikonographie zeigt, wie im Ritual die Arbeitswelt in den Tempel eingeführt wird, aber es ist typisch, daß dabei neben dem Pharao als dem obersten Künstler-Handwerker keine Hilfskräfte abgebildet werden. So ist es unwichtig, ob der König bei der Gründungszeremonie tatsächlich anwesend war oder nicht: das Bild drückt noch bis in die griechisch-römische Zeit – wo wegen der großen Distanz zum politischen Machtzentrum häufig lokale Priester die Initiative und Organisation der Bauten übernahmen – klar aus, daß der Herrscher letztlich für den Ablauf der Szenen verantwortlich ist. Anderseits stellt der König als Bauherr den magischen Schutz und zugleich seinen eigenen Besitzanspruch auf den Tempel sicher, wenn er bei der Grundsteinlegung die Gründungsgaben, nämlich Nahrungsmittel, Materialmuster und Werkzeuge, an allen vier Ecken des Gebäudes eingräbt.

Das Gründungsritual wird mit der Reinigung des vollendeten Gebäudes abgeschlossen; aber erst nach einer feierlichen Einweihung kann der Kult im Tempel aufgenommen werden. Diese Kulthandlungen zur Belebung und magischen Aufladung jedes Reliefs und jeder Statue werden von den Priestern ausgeführt, solange es sich um Bilder handelt, die noch nicht von der göttlichen Kraft bewohnt sind. Nachdem diese Kraft dem ganzen Tempel einwohnt, kann nur noch der König oder der in seinem Namen handelnde Stellvertreter «das Haus seinem Herrn zurückgeben», wenn die großen Tempelfeste, die auch Volksfeste sind, stattfinden.

Die Litanei der Opferszenen

Während seiner triumphalen Fahrt nilabwärts übt der auf seine Legitimität gegenüber den Prinzen des Deltas sehr bedachte Nubier Pianchi (ca. 730) bei seinem Halt in Heliopolis das dem König vorbehaltene Privileg des Öffnens des Götterschreines aus: «Der König selbst blieb allein. Das Siegel des Schlosses brechen, die beiden Türflügel öffnen, seinen Vater Re in seinem heiligen Benben-Schloß, in der Morgenbarke des Re und in der Abendbarke des Atum betrachten. Die beiden Türflügel schließen, Ton darüberkleben und mit dem königlichen Siegel versiegeln. Dem Priester erklären: Ich habe das Siegel gesetzt. Kein anderer hat hier Zutritt, auch wenn er sich König nennt.» Im Zusammenhang mit dem Kreuzzug des Pianchi ist das «Enthüllen des göttlichen Gesichts» politisch bedeutsam; normalerweise geht dieser Gestus der Feier des rituellen täglichen Kultes voraus. Genau in dem Augenblick, in dem die Morgensonne nach ihrer nächtlichen Reise am Horizont erscheint, erblickt auch der König oder der Hohepriester als sein Stellvertreter die von Kerzenlicht beleuchtete Götterstatue in ihrer beeindruckenden Erhabenheit. Nachdem der Kult beendet ist und die Türen des Tabernakels wieder verschlossen und versiegelt sind, bleibt die Statue bis zum nächsten Morgen wieder unsichtbar. Die beiden andern Gottesdienste, die mittags und abends stattfinden, sind ein etwas abgekürztes Morgenritual, bei dem sich der Gott nicht zeigt.

In den Tempeln wird das Ritual meistens in isolierten Szenen dargestellt, die sich auf den magischen Austausch zwischen König und Gott beziehen. Dem ägyptischen Denken ist eine strenge und ausführliche lineare Darstellung der Liturgie eher fremd. In gewissen Tempeln der Ramessidenzeit finden wir aber doch einige ausführlichere Beschreibungen. Daneben haben wir zum Glück noch die ziemlich vollständigen Beschreibungen auf Papyrus, die als Text- und Handlungsvorlagen für die den Kult ausübenden Priester zusammengestellt wurden. In allen Fällen wird bewußt die handelnde Person zweideutig dargestellt; das Ritual des Amun aus der 22. Dynastie zählt 66 Formeln auf, die der «Hohepriester» zu rezitieren hat, während er das Ritual der Götter im Amuntempel ausübt; an anderen Stellen identifiziert der gleiche Ritualtext den Gesprächspartner des Gottes mit dem König. Die Idee des Rituals bleibt bis in die ptolemäische Zeit die gleiche; Unterschiede bestehen vor allem in der Reihenfolge der Szenen. Wir versuchen hier nur das grobe Muster wiederzugeben.

Nach der Ikonographie zu schließen, werden für die Begegnung zwischen Gott und König alle im Tempelbereich vertretenen Berufsgruppen, die Bäcker, Bierbrauer, Künstler, Schreiber, Sänger, Gabenträger und Priester, aufgeboten. Vor dem verschlossenen Götterschrein (Naos) erhebt der Herrscher anbetend die Hand und bereitet das Brechen des Siegels und das Herausziehen des Riegels vor. Nachdem er Kerzen angezündet hat, bittet er den Gott, die irdischen Opfergaben anzunehmen, indem er Gebete spricht und die Statue mit seinen Händen berührt. Dann sorgt er mit verschiedenen materiellen Gaben für die Neubelebung und Kräftigung der Statue: er bringt ihr gebratenes Fleisch und Brote, manchmal auch Kuchen dar, versieht sie mit Kosmetika und Kleidung, Perücken und Salben. Das ganze Opfer wiederholt das Darbringen der Maat und ist von rituellen Reinigungen begleitet: dem Ausgießen von Wasser und dem Räuchern. Im Tempel des Amun-Re in Karnak wird der durch den Kult bewirkte Wechsel von der nächtlichen Lethargie der Gottesstatue zum Erwachen ihrer Lebenskräfte auch im Bild deutlich: der Darstellung des Amun in seinem verschlossenen Schrein entspricht in dem Moment, wo der Blick des Königs auf ihn fällt, ein ithyphallischer Amun-Min voller Fruchtbarkeit. Nach dem die Kräfte der Gottheit wiederbelebenden Ritual schließt der König die Türen des Götterschreins und befestigt das Tonsiegel, eine Handlung, die im Bild nicht wiedergegeben wird. Bevor nun das Allerheiligste wieder in einem geheimnisvollen Schatten liegt, beräuchert der Herrscher in einer letzten Verbeugung den Naos mit der einen Hand, während er mit der andern die Spur seiner Schritte im Staub mit einem Laubbesen verwischt, wodurch er alle üblen Kräfte, die das Heiligtum stören könnten, verjagt. In denjenigen Tempeln, die dem Kult eines Gottes und dem des Königs geweiht sind, folgt nun das Ritual des Opfers zugunsten des Herrschers und seiner Vorfahren. In einer langen, feierlichen Prozession werden dabei Opfergaben ins Allerheiligste getragen, auf dem Altar niedergelegt und nach ihrer rituellen Verwendung unter die Priesterschaft und die um den Tempel herum wohnenden Familien nach altem Recht verteilt: «Man lebt von der Versorgung der Götter; so heißt das, was auf dem Altar übrigbleibt, nachdem der Gott damit zufriedengestellt ist.» Der Mechanismus des Austausches von Opfergaben und göttlicher Energie ist über den Tempel hinaus gültig.

Von der praktischen Seite des Tempellebens zeigt die Ikonographie nur einen kleinen Ausschnitt und schweigt sowohl über die vorbereitenden Arbeiten für die Opfergaben wie über die große Menge der Prozessionsteilnehmer und über die von den übriggebliebenen Opfergaben Profitierenden. Alle Opferszenen sind nach dem gleichen Prinzip aufgebaut. Der Pharao steht aufrecht vor dem Gott und reicht ihm die Opfergabe (Lebensmittel, Getränke, Parfums, Schmuckstücke, Stoffe usw.) dar. Der Text unter dem ausgestreckten Arm des Königs erläutert den Vorgang. Über seinem Kopf steht ein Teil seiner Titulatur als Ausdruck seines heiligen Wesens, dem er es verdankt, daß er an der Lebenskraft des Universums teilhaben kann. Hinter der Darstellung des Gottes stehen die begehrten Eigenschaften: «Ich gebe dir alles Leben, alle Gesundheit, jede Herzensfreude wie Re für immer.» In jeder Handlung des Opferrituals offenbart sich zugleich die Schöpferrolle.

Die Litanei der Opferszenen betont den immer gleichen Ablauf der Zeremonien, die die Anwesenheit des Gottes im Tempel garantieren. Daneben verewigt hier der König aber auch die außergewöhnlichen Ereignisse seiner Regierungszeit. Mit einem Szepter in ihrer rechten Hand weiht Hatschepsut (ca. 1490–1468) große Mengen Gold für Amun (Abb. 40). Mit dem Metall, das «vom Tribut aller Fremdländer genommen» wurde, sollen ihre Kapelle in Karnak und die großen Obelisken, die sie für Amun gestiftet hat (Abb. 38), verkleidet werden. Bei anderen Gelegenheiten werden auf dem Opfertisch ganze Berge von Fleisch, Getränken und Gemüse aufgetürmt. Bei besonderen Anlässen findet das «große Opfer» statt, zum Beispiel krönt es die wichtigsten Stationen der Götterprozession oder unterstreicht ein besonders wichtiges Bittgesuch des Königs in einer schwierigen Situation. Auf diese Weise erbittet und erhält Thutmosis IV. (ca. 1412–1402) durch ein Orakel die Hilfe Amuns von Karnak gegen einen Aufstand in Nubien. Die spontane oder provozierte göttliche Zustimmung bildet die letzte Rechtfertigung aller königlichen Aktionen. Während der Regierungszeit von Hatschepsut (ca. 1490–1468) und Thutmosis III. (ca. 1490–1436) findet das Orakel Eingang ins politische Leben, noch bevor es von Privatleuten in Anspruch genommen werden kann. Seit der 19. Dynastie wandten sich während den Festlichkeiten für den vergöttlichten Amenophis I. die Arbeiter von Deir el-Medine mit ihren vorher aufgeschriebenen Fragen über Streitigkeiten in ihrer Gemeinschaft an das Bild des Königs. Gegenüber dem König aber eröffnet der Gott seinen Willen im Traum oder in der Abgeschiedenheit des Allerheiligsten. So hört Hatschepsut den Befehl, «die Wege nach Punt zu suchen», und Thutmosis IV. erfährt von Amun, der mit ihm «wie ein Vater mit seinem Sohn spricht», wie er gegen seine Feinde in Nubien vorgehen soll.

Wenn es um die Auswahl des Thronfolgers oder der Kandidaten für wichtige Ämter des Landes geht, äußert sich der göttliche Wille anläßlich von Festlichkeiten vor einer großen Menge Zeugen, die vor der unwiderruflichen Wahl des Orakels erstarren. Als Ramses II. (ca. 1290–1224) beschließt, einen fremden Priester an die Spitze der thebanischen Priesterschaft zu setzen, unterbindet er jeden möglichen Widerstand gegen seine Wahl, indem er seinen Kandidaten vor seinem ganzen Hofstaat am Opferfest durch das Amunsorakel bestätigen läßt. Aber auch wenn keine politischen Entscheidungen anstehen, stärken die religiösen Feste das Bild der Monarchie, ob der König nun persönlich die Prozession anführt oder ob er nur magisch mit der Bedeutung der Zeremonien verbunden ist.

Die Götterprozession

In seiner Beschreibung Ägyptens weist Herodot den Festen eine bedeutende Rolle zu (II 40 und 58–63), und er nennt eine beeindruckende, wenn auch vermutlich übertriebene Zahl von Teilnehmern und berichtet von den Ausschreitungen der Menge. Für einen aus der Fremde kommenden Beobachter, der das Geheimnis des täglichen Kults im Tempel nicht kennt, sind die Volksfeste, die die Götterprozession begleiten, der einzige Hinweis auf das religiöse Leben des Landes. Herodot kannte den Sinn dieser Feste für die Institution der Monarchie nicht, und so interessierte er sich um so mehr für ihre offensichtlichen Bedeutungen für das Volk, als in dieser Zeit der Perserherrschaft die theoretische Rolle des Königs und seine praktische Bedeutung stark auseinanderklafften.

Über das ganze Jahr verteilt, feiern die Feste kosmische Phänomene, Schlüsseldaten des landwirtschaftlichen Zyklus oder erinnern an mythologische Ereignisse. Einige Feste sind für das ganze Land bedeutsam, andere sind nur von lokalem Interesse. Jeder Tempel verfügt über sein eigenes liturgisches Programm, dessen Umfang von der Bedeutung des in ihm verehrten Gottes abhängt. Im Neuen Reich gelten in Medinet Habu 66 Tage als Festtage. Jedes Fest wiederum unterliegt einem strengen Programm, zu dem nicht unbedingt eine Götterprozession gehört. Die Götterprozession besteht im Herumtragen der Götterstatue in einer Tragbarke. Das Ritual, das die Götterstatue beim ersten Sonnenstrahl am Morgen mit neuer Kraft aufladen soll, verlangt, daß «alle Türen (des Tempels) und auch alle Tore der Umfassungsmauer geschlossen sind». Während auf dem Tempeldach die «Vereinigung mit der Sonnenscheibe» stattfindet, geben die das Vorgehen begleitenden Gesänge und der Geruch des Weihrauchopfers und des gebratenen Fleisches den Menschen um den Tempel herum das Signal für den Tagesbeginn. Zudem haben die zusätzlichen Opfergaben an den Festtagen eine üppigere Verteilung an die Bewohner in Tempelnähe zur Folge. So gibt es in Ägypten kein religiöses Ereignis, das nicht auch seine politischen und wirtschaftlichen Auswirkungen hätte.

Die ägyptischen Bilddokumente zeigen uns den Pharao als den obersten Priester, bis er in griechisch-römischer Zeit durch einen «Priester des Königs» mit langem Kleid und Doppelkrone ersetzt werden kann. In der Organisation des Landes und im Feiern der religiösen Feste bieten sich dem König die Gelegenheiten, vor den Augen aller seiner Untertanen seine Vorrechte als Priester wahrzunehmen. Im Neuen Reich gilt das Anführen der großen Götterprozessionen in Theben als eine seiner Regierungspflichten. Auf einem Altar (Abb. 41 und 42), den Hatschepsut (ca. 1490–1468) in Karnak für die Barke des Amun errichten ließ, sehen wir die Szenen des Opetfestes, während dem der Gott seinem «südlichen Harem», dem Luxortempel, einen Besuch abstattet, und auch Szenen vom «schönen Fest des Tales», bei dem jeweils im zehnten Monat der Gott den «Tempel der Millionen Jahre» auf der Westseite besucht und bei dem auch die Privatleute über den Fluß setzen, um ihre Verstorbenen am andern Ufer zu ehren. Auf dem Weg zwischen Karnak und Luxor ließ die Königin sechs Stationskapellen für die Barke bauen und ihren Eingang mit königlichen Kolossalstatuen schmücken. Zu seinen frommen Taten rechnet Ramses III. (ca. 1184–1153) den Bau einer Flußbarke für Amun, eines schwimmenden Tempels aus Zedernholz von 130 Ellen Länge (ca. 69 m); und die Reliefs im zweiten Hof von Medinet Habu bezeugen den besonderen Glanz, den er den Festen von Min und Sokar verlieh. Daraus kann man natürlich nicht ableiten, daß der König jedes Jahr den entsprechenden Zeremonien beiwohnte, aber es ist doch anzunehmen, daß dies von Zeit zu Zeit geschah. Auch wenn im Neuen Reich die Könige ab Thutmosis III. (ca. 1490–1436) bevorzugt im Norden des Landes residieren, erscheinen sie doch wenn immer möglich zum Opetfest in Theben, ganz sicher aber in ihrem ersten Regierungsjahr. Dabei dient das langsame Ansteigen des Nils als Vorwand für die Demonstration der königlichen Macht. Daraus erklärt sich auch die Bedeutung von lokalen Festen. Ramses II. (ca. 1290–1224) und Ramses III. sind am Gebel Silsile anwesend, wenn das Wasser zu steigen anfängt, und viel später noch begibt sich Ptolemäus IX. Soter II. (88–80) persönlich nach Elephantine zum Fest der Überschwemmung. Einer Schiffsreise des Königs auf dem anschwellenden Nil scheint zumindest in dieser Zeit nichts entgegengestanden zu haben; es ist also nicht sehr wahrscheinlich, daß in römischer Zeit ein solches Verbot bestand, obwohl Plinius der Ältere behauptet: «Währenddem der Nil ansteigt, hält man es für unfromm, daß Könige oder Präfekte auf dem Nil fahren» (Naturgeschichte, V 9 [10]). Wenn er selbst nicht reisen kann, muß der Pharao seine Macht delegieren. Er wählt mit größter Sorgfalt denjenigen aus, der ihn vertreten soll, und versieht ihn mit reichen Mitteln, damit er überall den Namen des Königs bekanntmacht. Mit der Ermächtigung Sesostris' III. (ca. 1877–1840) und großen Mengen Gold aus den nubischen Feldzügen ausgerüstet, steht Ikhernofret dem Osirisfest von Abydos als Stellvertreter des Königs vor und ist sichtlich erfüllt von der Würde seiner Mission und den hohen Anforderungen, die sie an ihn stellt.

Aus der Bedeutung, die die Pharaonen ihrer direkten oder indirekten Teilnahme an den Festen beimessen, lassen sich die zugrundeliegenden politischen Gründe erschließen. Der Platz, den Hatschepsut Thutmosis III. in den Prozessionen in Theben zuweist, ist genau kalkuliert; indem sie ihren Rivalen ins Ritual integriert, kann die Königin ihren Willen zur Versöhnung demonstrieren, ohne dabei auf ihren Anspruch auf die führende Rolle und auf den Thron verzichten zu müssen: sie geht an der Spitze vor Thutmosis III., sie trägt die Weiße Krone des Südens und überläßt ihm die Rote Krone des Nordens, und sie führt alle entscheidenden Handlungen aus (Abb. 41), wodurch sie ihren Begleiter zu ihrem Gehilfen macht. In einem ganz anderen Zusammenhang benutzt Pianchi (ca. 730) seinen kurzen Aufenthalt in Theben, um die Liturgie des Neuen Jahres zu feiern und im nächsten Monat beim Opetfest die Amunstatue persönlich zu ihren verschiedenen Stationen zu tragen. Damit demonstriert er, daß ihn der Gott zum König erwählt hat.

Über die reine Königspropaganda hinaus erinnern und aktualisieren die Feste zu Ehren der Götter den gleichmäßigen Rhythmus der kosmischen Einbettung des Königtums. Sie beruhen auf einer ewigen Wiederholung, indem sie den Lauf der Zeit aufheben und eine zyklische Folge von Regierungen sichern. Auf den Wänden des Ramesseums und in Medinet Habu begleiten die Statuen der früheren Herrscher des Landes die Darstellung des regierenden Königs beim Minfest; und genau gleich verbinden sich am Neujahrsfest in Edfu die verstorbenen Königspaare mit dem regierenden. Im Tempel der Millionen Jahre auf der thebanischen Westseite mischen sich die Barken der verstorbenen Könige, die mit einer Erscheinungsform von Amun gleichgesetzt werden, beim schönen Fest des Tals unter die Prozession, die der König bis zu seinem eigenen Tempel führt. In jeder Dekade erhalten die Könige der Vergangenheit ein feierliches Opfer, das ihnen das Überleben sichern soll – und gleichzeitig dem König den Anspruch auf das Erbe des Schöpfergottes. Die ägyptischen religiösen Feste sind nicht auf das Feiern der Vergangenheit beschränkt, auch wenn sie Bestattungsriten enthalten. Das Andenken an das «erste Mal» enthält als letzten Sinn die Regeneration der königlichen Macht in bezug auf die dynastische Linie und in bezug auf die heilige Ordnung. Der Triumph des Gottes, der mit den siegreichen Zyklen der Natur verbunden wird, ist das Vorbild für die Weltherrschaft des Königs. Deshalb gehören auch Szenen wie das Schlagen der Feinde und das Abschießen der Pfeile in die vier Himmelsrichtungen zur Liturgie der Tempel, und deshalb auch wurden die den chthonischen Mächten gewidmeten Feste schon früh mit der Königsideologie verbunden. Seit der Thinitenzeit bezeugt ist das Fest des Sokar, das unmittelbar vor der Aussaat den Gott der memphitischen Nekropole feiert. In diesem Fest vermischen sich Totenbräuche, Acker- und Königskulte besonders eng. Wegen des schon sehr frühen Synkretismus zwischen Sokar und Osiris enthalten die Zeremonien auch Teile der Passion des Gottes von Abydos: die symbolische Vernichtung von Seth und seinen Gefährten, deren Blut die Erde auf magische Weise befruchten soll, die Einbalsamierung und Beerdigung einer Gottesstatue, und als Höhepunkt schließlich die Wiedergeburt, die mit einer großartigen, vom König, seiner Familie und den Würdenträgern des Landes angeführten Prozession endet. Mit dieser Prachtentfaltung wird gleichzeitig die bevorstehende Aussaat, die ewige Macht des Königs und der Sieg des Gottes über die Kräfte des Todes gefeiert. In der Regel finden die Zeremonien in den dem Königskult geweihten Heiligtümern statt.

Es wäre mühsam, alle Festliturgien nun aufzuzählen, denn sie alle unterscheiden sich zwar durch den Ablauf, haben aber immer den Sinn, die Institution der Monarchie zu verherrlichen und ihre Dauerhaftigkeit rituell zu stärken. Eine etwas besondere Bedeutung hat nur das thebanische Opetfest, das sich im Neuen Reich, obwohl es zu Ehren Amuns stattfand, so eng mit dem Königskult verbunden hatte, daß Haremhab (ca. 1333–1306) sich an ihm krönen ließ. Zum ersten Mal belegt ist das Opetfest aus der Regierungszeit von Hatschepsut (ca. 1490–1468). Es wird immer länger gefeiert, bis es unter Ramses III. (ca. 1184–1153) vierundzwanzig Tage lang dauert. Die religiöse Bedeutung des Fests liegt in der Verschmelzung des Amun von Karnak mit Amun von Luxor «an der Spitze seines südlichen

Harems», also mit der ithyphallischen Form des Gottes, die seine Fruchtbarkeit ausdrückt. Dabei führt der König persönlich die Prozession an. Eine Barke mit der Ka-Statue des Königs, also mit seinem göttlichen Anteil, der sich von Regierung zu Regierung überträgt, begleitet die Barken der thebanischen Triade (Amun, Mut und Chons). Während des Aufenthalts im Luxortempel wiederholt sich die rituelle Zeugung des Königs durch den Gott, wodurch sein physischer Körper von neuem mit dem Ka gefüllt wird. Das Fest überträgt so die Handlungen der Götterhochzeit, wie sie auf den Wänden dieses Tempels dargestellt sind, auf den erwachsenen König. Diese Interpretation wird noch durch die Anwesenheit einer Priesterin bestätigt, die den Titel «Gottesgemahlin» trägt: «Sie ist gekommen, sie ist gekommen, sie wird den König lobpreisen». In dieser symbolischen Verbindung mit dem weiblichen Prinzip, das die Priesterin als Königin und Göttin gleichzeitig spielt, findet die Erneuerung des Königs als irdischer Verkörperung Amuns statt. Die übernatürliche Herkunft des Königs wird in Luxor jedes Jahr durch den Mythos des Kamutef («Stier seiner Mutter») gefeiert. Der Hymnus, mit dem die Prozession an ihrem Bestimmungsort empfangen wird, fordert Amun auf, seine Rolle als Herrscher beizubehalten: «Du erhebst dich in deiner Vollkommenheit, Amun-Re, wenn du in deiner Userhat-Barke bist (...) Dein geliebter Sohn, der deine Brust geöffnet hat, läßt sich nach Opet zurückrudern. Gib ihm eine unbegrenzte Dauer als König der beiden Länder».

Im Rhythmus der Jahre, Jahreszeiten und Dekaden wiederholt sich die ewige Wiederkehr der Naturphänomene und bestätigt sich auch die Dauerhaftigkeit des Königtums. Umgekehrt werden die Abschnitte der königlichen Laufbahn von der Krönung bis zum Regierungsjubiläum auch bevorzugt in Übereinstimmung mit den kosmischen Ereignissen gefeiert. Als Teil der Schöpfung unterliegt der König dem Zyklus der Zeit, als Vertreter des Schöpfergottes kontrolliert er sie aber auch.

Wenn der König für den täglichen Kult oder für eine feierliche Liturgie sich in den Tempel begibt, so geht diesem Besuch ein ganzes Zeremoniell voraus. So wie der diensthabende Priester eine ganze Reihe von rituellen Voraussetzungen erfüllen muß (vgl. Herodot, II 37), so muß auch der König in seiner Priesterfunktion seinen menschlichen Charakter ablegen und ganz in seine heiligen Wesensteile eintauchen. Auf jeder Etappe seines Eroberungszuges nilaufwärts erfüllt Pianchi (ca. 730) «alle dem König vorgeschriebenen Handlungen», bevor er die Gottheit des Ortes, an dem er sich aufhält, mit seinem Besuch beehrt. Auf den Reliefs in den Tempeln sind die verschiedenen Stufen der Annäherung an den Gott verzeichnet. Vom Tempeltor bis zum Eingang des Allerheiligsten unterwirft sich der Pharao einer symbolischen Wiederholung der wichtigsten Handlungen des Krönungsrituals (Abb. 57): der Auszug aus dem Palast, die Reinigung, die göttliche Führung, das Aufsetzen der Kronen, der Aufstieg des Königs und die Inthronisation. Der König verwandelt sich durch den Zuwachs an übernatürlicher Kraft und nähert sich dem Aufenthaltsort des Gottes. Vor dem Schrein hält er an und nimmt die Haltung der Anbetung mit gegen den Boden gedrehten Handflächen an, die er dann gegen das Gesicht seines göttlichen Gesprächspartners hebt, bevor er mit der Litanei der Opferszenen beginnt. Langsam nähern sich dann die Gestalten einander, damit der Gott dem König das Lebenszeichen an die Nase halten kann, und zuletzt umarmen sie sich. In der Äthiopenzeit (25. Dyn.) und Saitenzeit, als auch die «Gottesgemahlin des Amun» solche Rituale ausführen darf, deuten die Bilder diskret eine sexuelle Vereinigung zwischen Amun und seiner Gottesgemahlin an und illustrieren damit die alte theologische Vorstellung, daß der Urgott seine Kraft durch die Frauen erneuern kann. Der Gott und seine Partnerin werden dann in einer innigen Umarmung dargestellt. Die sie verbindende Vertrautheit wird besonders deutlich in einer Statuengruppe, die Amenirdis I. (ca. 730–690) auf den Knien Amuns sitzend zeigt, während er sie zärtlich umfängt. Gefühle und Gesten werden in Ägypten auch in der religiösen Darstellung ernstgenommen; deshalb entsprechen die Umarmung des Gottes und seines Sohnes oder des Gottes und seiner irdischen Gefährtin den Familienszenen, wie wir sie aus den Dokumenten des Alltags kennen.

V Das Charisma des Königs

Der König verwendet die göttlichen Qualitäten, die er mit seiner Geburt erworben hat und die er im körperlichen Kontakt mit den Göttern immer wieder erneuert, zugunsten seiner Untertanen, denen er Wohlergehen und Sicherheit verleiht. In einer Weisheitslehre aus dem Mittleren Reich wird er in dieser Rolle mit dem Gott Chnum vom ersten Nil-Katarakt verglichen. Theologisch betrachtet verweist dieser Vergleich mit Chnum auf die Schöpferkraft des Herrschers, der zugleich das männliche und das weibliche Prinzip in sich vereinigt und jede Form des Lebens spendet. Seit dem Mittleren Reich kann der Pharao auch mit weiblichen Gottheiten identifiziert werden, etwa mit Sachmet, Bastet oder Renenutet; umgekehrt beruft sich die Königin Hatschepsut (ca. 1490–1468) in ihrer Königsrolle auf das Prinzip der männlichen Fruchtbarkeit: «Die beiden Länder sind voll mit den Kindern deiner Kinder; groß ist die Menge deines Samens.» Von daher erklärt sich auch die vielzitierte «Krankheit» von Amenophis IV.-Echnaton (vgl. Abb. 9). Seine am Anfang seiner Regierungszeit im Atontempel von Karnak aufgestellten Kolossalstatuen zeigen ihn androgyn mit dickem Bauch und breiten Hüften, ähnlich wie Hapi, der Gott der Nilüberschwemmung (Abb. 1), dargestellt wird. Eine dieser Statuen stellt den König gar nackt und geschlechtslos dar. Ein solches Bild scheint paradox, gemessen an den Naturgesetzen und am traditionellen Bildkanon, der die Nacktheit nur der Darstellung von Kindern vorbehält, bei denen aber das Geschlecht deutlich gekennzeichnet ist. Das Paradox erklärt sich aber aus den Hymnen zu Ehren Atons, als dessen perfekte Verkörperung sich Echnaton sieht: «Du bist es, der den

Keim in den Frauen wachsen läßt, und du schaffst den Samen der Männer.» Die Angleichung des Königs an Chnum oder Hapi weist darauf hin, daß die Fruchtbarkeit Ägyptens nur dank der vom König vermittelten Ordnung, des Friedens und der Fülle garantiert ist.

Die nährende Funktion

Auch wenn im 1. Jahrtausend die Pharaonen gewisse ihrer priesterlichen Privilegien an die aus der Königsfamilie ausgewählte Gottesgemahlin des Amun abtraten – schon um die Priesterschaft Thebens besser kontrollieren zu können –, so blieb es doch ihr alleiniges Recht, ihren königlichen Namen mit der Nilüberschwemmung zu verbinden, denn auch noch in dieser Epoche «war zweifellos der Pharao auf eine unantastbare und unteilbare Weise der Garant für das Wohlergehen Ägyptens» (J. Leclant, 1965, S. 383).

Die Nahrung Ägyptens

Die ägyptischen Texte zeigen uns deutlich, daß man niemals annahm, der König könne mit seinen übernatürlichen Kräften über die Nilüberschwemmung gebieten; man verstand aber das Ansteigen des Wassers als ein Geschenk der Götter an den König, der ihnen dafür den Gewinn zurückzuerstatten hatte. Durch Gebete und einen untadeligen Lebenswandel erreicht der Nubier Taharka (ca. 690–664), daß ihm Amun im 6. Regierungsjahr eine außerordentlich große Nilüberschwemmung gewährt, indem «Regengüsse in Nubien die Berge erglänzen lassen; (...) äußerst glücklich über das, was sein Vater getan hat», macht er sich sofort daran, seine Dankbarkeit durch «Opfergaben zugunsten aller Götter» zu bezeugen. Ein kleines Ex-voto aus Bronze (Abb. 10) erinnert an die religiöse Bedeutung dieses Ereignisses und zeigt den knienden König mit zwei runden Vasen in der Hand vor dem Falkengott Henem, einem Zwittergott des dritten Katarakts, der häufig mit der Überschwemmung verbunden wird. Damit reiht sich Taharka in die lange Liste seiner Vorgänger ein, die ihre priesterliche Funktion als Darbringer des Opfers in solchen Bildern darstellen lassen.

Die Gewohnheit, die Höhe der Nilüberschwemmung jedes Jahr zu notieren, geht auf die Anfangszeiten der Monarchie in Ägypten zurück. Auf dem Palermostein, der die Liste der ägyptischen Könige bis zu Neferirkare in der 5. Dynastie (ca. 2430) zurückführt, wird die Überschwemmungshöhe jedes Jahr genannt. Diese Messungen geschahen mit Hilfe von Nilometern an bestimmten strategisch wichtigen Punkten des Flusses. Sie waren notwendig, um die Ernte zum voraus abzuschätzen und die Steuern festzulegen. Im Gedächtnis der Menschen galten sie auch als direkte Gradmesser für das Ausmaß der göttlichen Gnade, die einem bestimmten Pharao zugekommen war. Auf der im 1. Jahrtausend beim Zusammenfluß des Nils und des Kanals in Karnak errichteten Tribüne sind die Namen der libyschen, nubischen und saitischen Könige und die in ihrer Regierungszeit erreichten Überschwemmungshöhen aufgeführt, wobei das Nullniveau genau der Bodenhöhe des Säulensaals entspricht, was beweist, daß es sich hier nicht um einen jemals funktionierenden Nilometer handelt. Die Bedeutung des Monuments liegt vielmehr in der Verherrlichung der Macht des Flusses und des Königs als Träger des Kultes. Bei gewissen Angaben wird betont, daß die Überschwemmung dem König «von seinem Vater Amun (gegeben wurde), um damit seine Zeit zu verschönern». Die Dekoration auf der von Taharka errichteten Zugangsrampe zeigt die rituelle Neujahrsprozession, bei der heiliges Nilwasser auf das Ufer gegossen wurde, und betont somit noch einmal die religiöse Bedeutung des Bauwerks und die Wichtigkeit des Kults zu Ehren des

Flusses. Als oberster Priester des Landes handelt der König denn auch, wenn er das «Fest der Flut» anführt und Brot, Kuchen, Blumen, Früchte und Hapistatuetten ins Wasser wirft, um damit dessen fruchtbare Kraft zu erhöhen, oder wenn er während einer ungenügenden Überschwemmung zusätzliche Opfer darbringt. Die Tradition dieser Feste wird bis in die islamische Zeit hinein andauern; die Zeremonien, die am 18. August 1798 vor Bonaparte und der französischen Garnison stattfanden, entsprechen denen der pharaonischen Zeit, nur daß jetzt Allah um seinen Segen gebeten wurde: «Wir haben Gott gebeten, uns die Fülle seiner Wohltaten, seiner Gnade und seiner Großzügigkeit zukommen zu lassen. Wir danken ihm für das, was er uns gegeben hat, und wir danken ihm dafür, daß das Nilwasser die Höhe von sechzehn Ellen und fünf Zoll erreicht hat», sprach der Kadi dabei.

Die Beinamen und Darstellungen des Herrschers als des Verantwortlichen für die Sättigung des Landes sparen häufig die Leistung der Götter aus, um dadurch die Wirksamkeit seiner Regierung noch deutlicher hervorzustreichen. Wir werden uns deshalb jetzt den Themen zuwenden, die den König als Ernährer des Landes preisen, und diese Funktion mit der Rolle vergleichen, die die Zentralmacht bei der Verteilung der Güter tatsächlich spielte.

Neuere Untersuchungen über die natürliche Umwelt Ägyptens neigen dazu, die starke Korrelation zwischen den Bewegungen des Nils und dem Zustand des Landes zu betonen (K. W. Butzer, 1976). Während der Überschwemmungszeit wären im Niltal große, ein wenig höher gelegene Gebiete vom Wassersegen ausgenommen, wenn der Mensch nicht mit künstlicher Bewässerung eingriffe. Diese ergänzt denn auch schon seit prädynastischer Zeit die natürliche Bewässerung, doch scheint dieser Eingriff keine tiefergreifenden Veränderungen der sozialen oder wirtschaftlichen Organisation zur Folge gehabt zu haben. Im Lauf der Zeit entwickelte sich die aus den Anfängen bekannte Technologie der Bewässerung nur wenig; grundlegend blieb der

Unterhalt des vom Fluß geformten Geländes durch die Festigung der Ufer, das Anlegen von Deichen und die Reinigung der Kanäle. Jedes Jahr wurden beim Ansteigen des Wassers die Deiche geöffnet und vor seinem Abfließen wieder geschlossen. Der Pump-Brunnen (Schadûf) wurde erst in der 18. Dynastie und das von einem Tier angetriebene Eimerwerk (Sâkija) erst in der Perserzeit eingeführt, wodurch sich eine Vergrößerung der Anbaufläche und eine Erhöhung des Ertrages ergab. Doch gegen eine ungenügende Überschwemmung hätte nur die den Pharaonen noch unbekannte ganzjährige Bewässerung Vorsorge treffen können. Die Benützung der Nilometer erlaubte noch keine Eingriffe in das Bewässerungssystem als solches; dazu fehlten die nötigen Techniken und auch die schnelle Informationsübermittlung. Hohen Überschwemmungswerten ist häufig ein Lebenszeichen *(ʿnḫ)* beigeschrieben, was eben auch bedeutet, daß man bei einer ungenügenden Überschwemmung weiterhin recht hilflos war.

Hungersnöte bilden denn auch in den schriftlichen und bildlichen Quellen eine der am meisten gefürchteten Gefahren für Ägypten. Im Aufweg des Unas (ca. 2300) in Sakkara sind unterernährte und fast schon verhungerte Wüstenbewohner, die im Niltal nach Nahrung betteln, dargestellt: wir sehen in sehr realistischen Bildern, wie ihnen die Rippen hervorstehen, wie ein völlig entkräfteter Greis von seinen Kindern gestützt wird, oder wie eine Frau ihre eigenen Läuse ißt. Zweimal erwähnen Berichte über die Hungersnot sogar Menschenfresserei als letzten Ausweg: «Die Bewohner waren soweit gekommen, daß sie sogar ihre Kinder aufaßen», schreibt ein Gaufürst in der ersten Zwischenzeit. Noch Diodor (1. Jh. v. Chr.) scheint dies vernommen zu haben: «Man berichtet, daß während einer Hungersnot die Bewohner Ägyptens begannen, sich gegenseitig aufzufressen, daß sie aber die heiligen Tiere unberührt ließen.» (I 84). Solche Nachrichten sind nachträglich schwer nachprüfbar, denn es kann sich sowohl um tatsächliche Geschehnisse handeln wie um

Übertreibungen, die nur dazu dienen sollen, eine schreckliche Zeit besonders nachdrücklich zu schildern oder, wie bei Diodor, zu zeigen, zu welch absurden Situationen die ägyptische Tierverehrung führen konnte. Aber wenn es auch nicht ganz so schlimm kam, so wiederholten sich doch mit einer bestimmten Regelmäßigkeit ungenügende Nilüberschwemmungen, die zu Hungersnöten im ganzen Land führten. Viele Texte berichten dann über die Gebrechlichkeit der Kinder und Greise und über die Unmöglichkeit, die große Zahl der Opfer würdig und mit allen Ritualen zu begraben. Der Mangel an Opfergaben führte dazu, «daß die Tempel geschlossen waren und die Heiligtümer unter dem Staub verschwanden». Das Gefühl der Unsicherheit wurde noch verstärkt durch die aus Not überall herumziehenden Räuberbanden: «Männer verstecken sich im Gebüsch und warten in der Dämmerung auf Reisende, um ihnen ihre Güter und alles, was sie auf sich tragen, abzunehmen. Sie schlagen sie (die Opfer) mit Stöcken und bringen sie um.» Dazu ist das Land vom Aussterben bedroht, denn «die Frauen sind steril und empfangen nicht mehr. Chnum modelliert nicht mehr, wenn das Land in diesem Zustand ist.» Der Zusammenhang zwischen Mangelernährung und Sterilität, den europäische Forscher in den letzten Jahren aufzeigten (z. B. E. Le Roy Ladurie, 1969), war den Ägyptern schon damals bewußt. Die Ursachen der Veränderungen während der ersten Zwischenzeit und am Ende des Neuen Reichs liegen wohl in wiederholten ungenügenden Nilüberschwemmungen und der Unfähigkeit der königlichen Macht, deren dramatische Folgen unter Kontrolle zu bringen. Umgekehrt konnte natürlich auch eine allzu starke Überschwemmung zerstörerische Kräfte entwickeln. Im 3. Regierungsjahr von Osorkon III. (ca. 777–749) stand nach einem Deichbruch der Hof des Tempels von Luxor 94 cm tief unter Wasser: «Alle Tempel von Theben waren wie Sümpfe.» Die Wirksamkeit der menschlichen Anstrengungen zeigt sich also in der Vorsorge gegen zu hohe Überschwemmungen und in der Regulierung der Kanäle. Deshalb erstaunt es auch nicht, daß viele Metaphern für die königliche Propaganda dem Bereich der Bewässerung entstammen. Die Vergleiche des Herrschers mit «einem Deich aus Stein» oder «einem Kanal, der die Strömung eindämmt» gehören zum großen Thema der Beherrschung der Natur, ohne sich selbst auf eine bestimmte Funktion festzulegen. Die Regulierung des Wassers war ursprünglich die Aufgabe der lokalen Gemeinschaft, die die notwendigen Techniken von ihren Vorfahren gelernt hatte. Darüber legte sich dann die Verwaltung des Landes mit der Festsetzung der Steuern. Das Gauzeichen ist eine Hieroglyphe, die ein regelmäßiges Gittermuster von mit Deichen versehenen Bassins darstellt, während die älteste Bezeichnung für den Gaufürsten «der die Kanäle gräbt» ein technischer Titel ist, der auf die lokale Tradition zurückgeht.

Daß die Wasserregulierung nicht mit dem historischen Beginn des Pharaonentums zusammenfällt, bedeutet nicht, daß sich die Staatsmacht nicht für Bewässerungsarbeiten interessiert hätte. Noch vor der Reichseinigung um 3000 entstand eine Keule, auf der König Skorpion gezeigt wird, wie er mit einer Hacke einen Kanal gräbt; gleichzeitig macht das Dokument aber deutlich, daß er seine Stellung seinen Qualitäten als Krieger und Jäger verdankt. Herodot berichtet, daß Menes, als er Memphis als Ort für die neue Hauptstadt bestimmte, «mit einem Erdwall eine Krümmung absperren ließ, die der Nil einige hundert Stadien flußabwärts gegen Süden machte», um die Stadt selbst vor Überschwemmungen zu schützen, und daß «noch heute die Perser diese Krümmung überwachen, um den Fluß in seinem Bett zu halten, und daß sie jedes Jahr den Deich verstärken» (II 99). Im Alten Reich ordneten die Könige in der Gegend von Memphis auch den Bau von Becken und Kaimauern an, um den Transport der für den Bau ihrer Totentempel notwendigen Materialien zu erleichtern; und die Könige der 12. Dynastie ermöglichten die landwirtschaftliche Entwicklung des Fayums, indem sie einen natürlichen Seitenfluß des Nils in einen Kanal umwandelten, mit dem sie die Überschwemmung regulieren konnten. Aus strategischen Überlegungen wurde in der 6. Dynastie auf der Höhe des ersten Katarakts mit dem Bau eines Kanals begonnen, der aber erst unter Sesostris III. (ca. 1877–1840) vollendet wurde. Der «Pharaonenkanal», der im östlichen Delta Bubastis mit dem Roten Meer verband, entstand erst in der Perserzeit, als Darius I. (522–485) die verschiedenen Regionen seines Reiches besser miteinander verbinden wollte. Das Projekt dazu stammte allerdings noch von einem König der vorhergehenden Dynastie, Necho II. (610–595), der Ägypten für die mediterranen Einflüsse öffnen wollte. Als noch 80 km fehlten, «brach er die Arbeiten ab, weil ihm ein Orakel verkündet hatte, daß er zugunsten der Barbaren arbeite», berichtet Herodot (II 158).

Außer diesen einzelnen größeren Unternehmungen galt die Aufmerksamkeit des Pharao der Vorsorge. Beim Eintreffen der Überschwemmung in Assuan wird dank den Ablesungen am Nilometer in Elephantine eine erste Abschätzung der zu erwartenden Ernte möglich. Wenn das Wasser langsam zurückweicht, durcheilen die königlichen Schreiber das Land, um es neu zu vermessen und die für die Bepflanzung geeignete Fläche abzuschätzen, von der dann die Höhe der Steuern abhängt. Dabei wird allen lokalen Eigenheiten Rechnung getragen: schlammigen Feldern ebenso wie neu angelegten Feldern oder erschöpften und verwilderten Böden.

Wenn unglücklicherweise «der Nil nicht zu seiner Zeit kam», bildeten die Vorräte des Königs und der Reichen die letzte Ernährungsquelle. In der ersten Zwischenzeit rühmen sich einige Gaufürsten, sie hätte ihren Reichtum nur dank dem Überfluß in ihren Speichern erhalten können, weshalb sie in dieser Zeit der Machtkämpfe jetzt auch von ihren Kunden treu unterstützt würden. Geradezu zu einem Leitmotiv wird denn auch der Ausdruck «ich bin es, der die Gerste machte, der von Neper (dem Getreidegott) geliebt wird» in den Autobiographien, die die Wände der Gräber dieser Zeit schmücken. Der privaten Literatur dieser

Epoche entlehnten später die Pharaonen des Mittleren Reichs das Motiv des Überflusses und verglichen sich «mit den Göttern, die dem Getreide, dem Vieh und den Textilien vorstehen» (G. Posener, 1969, S. 121). Seit dem Mittleren Reich gilt deshalb das Bild Ägyptens, das dank der königlichen Vorsorge blüht, als das genaue Gegenteil des Elends, das die Hungersnot bewirkt.

Jetzt ist es nicht mehr nötig, auf Nahrungssuche umherzuirren, betont die Weisheitslehre für Amenemhat (ca. 1990–1960): «In meinen (Regierungs-) Jahren herrschte kein Hunger, und man hatte keinen Durst, sondern man blieb sitzen, dank dem, was ich getan hatte». Ramses II. (ca. 1290–1224) verspricht später ein Ende der Kindersterblichkeit: «Ich bin derjenige, der (...) die jungen Generationen wachsen läßt, indem ich ihnen zu leben gebe. Nahrungsmittel werden euch überschwemmen, und es wird keinen Wunsch mehr geben, die Nahrung um euch herum zu mehren.» Die Weisheit und die Gerechtigkeit des Königs bilden folglich den Schutz gegen alle Not: Sethos I. (ca. 1304–1290) ist es, «der die Magazine füllt, die Speicher erweitert und Güter an diejenigen verteilt, die nichts haben».

Die Untersuchung des Königs als Ernährer zeigt die Verbindung der Geschichte mit der Königsideologie. Nachdem er aus der ersten Zwischenzeit seine Lehren gezogen hat, läßt sich Amenemhat III. (ca. 1837–1789) in der 12. Dynastie erstmals als Gabenträger abbilden, der in seinen Händen einen Tisch voller Nilfische und Wasserpflanzen trägt (Abb. 44). Im Neuen Reich nimmt Thutmosis III. (ca. 1490–1435) dieses Bild wieder auf, und auch von Scheschonk I. (ca. 945–924) in der Libyerzeit gibt es solche Darstellungen. Amenophis IV.-Echnaton (ca. 1364–1347) führt dieses Thema in die königliche Phraseologie ein, indem er sich selbst als «großer Nil (Hapi) des ganzen Landes und Nahrung für sein ganzes Volk» bezeichnet; gleich seinem Gott erklärt er sich damit für die Gaben der Natur verantwortlich. Diese zunehmende Vereinnahmung der Fruchtbarkeit des Flusses durch die Institution des Königtums formuliert eigentlich eine Regierungsmoral, die aus der Ethik der Familie herausgewachsen ist. Gegenüber seinem Volk ist der vollkommene Herrscher dank seinem Reichtum und seinem Gerechtigkeitssinn «wie ein Vater, der seine Kinder unterstützt», er ist der Garant des allgemeinen Wohlstands, der für die Armen sorgt. Die Bilder, die ihn beim Verteilen der Reichtümer zeigen, können aber auch aus andern Bereichen stammen. So ist er auch «ein Hirte, der zu erleichtern weiß» oder «ein warmer und trockener Platz im Winter»; immer bildet er die letzte Zuflucht. Er verfügt, welche Summe dem Staatsschatz entnommen wird. Im Neuen Reich entwickelt sich der Bezug auf die von Chnum übernommene Schöpferkraft zum Prinzip wohltätiger Gerechtigkeit weiter, die nun vom Königtum wahrgenommen wird. So nennt sich Sethos I. (ca. 1304–1290) «Chnum der Menschen, der die Waisen formt und die Armen bereichert».

Die pharaonische Produktionsweise

QUELLEN UND STRUKTUREN: EINE KRITISCHE ANNÄHERUNG

Die Studien, die sich mit der pharaonischen Wirtschaft beschäftigen, stellen am Schluß meistens mehr Fragen, als daß sie etwas Sicheres feststellen. Dieses enttäuschende Resultat rührt einerseits von den sehr verstreuten Quellen her und anderseits von der Art der Dokumente, die uns überhaupt überliefert sind. Da eine zeitliche Kontinuität der Quellen fehlt, sind Aussagen immer nur für einzelne Zeiträume, einzelne Orte oder soziale Gruppen möglich. Aber sogar in diesen Fällen ist die Interpretation oft unsicher, weil die ägyptischen Texte weder die verwendeten juristischen Begriffe noch das allgemeine Funktionieren des Wirtschaftssystems erläutern. Auch wissen wir nicht, inwieweit diese Texte von religiösen Motiven oder von den Anforderungen der königlichen Administration oder irgend einer andern Instanz beeinflußt sind.

Im Alten Reich ließen die Herrscher in ihren Totentempeln eine Liste der Stiftungen anbringen, die sie mit Opfergaben versorgen sollten. Privatleute erinnern in ihren Gräbern an ihre irdischen Besitzungen, von denen sie im Jenseits weiterhin zu profitieren hoffen, und stellen dar, was diese Ländereien an Opfergaben aufbringen sollen, um mit dem Bild auf magische Weise ein allfälliges Versagen der Lebenden wettzumachen. In der 20. Dynastie wurde Ramses III. (ca. 1184–1153) ein Papyrus ins Grab mitgegeben, der eine Liste aller seiner großzügigen Geschenke an Götter und Menschen enthält. Dieser *Papyrus Harris* ist der größte uns bekannte Papyrus und enthält natürlich auch noch andere Texte. Mit seiner Hilfe ist es möglich, für das Ende des Neuen Reichs eine Karte Ägyptens mit dem Wert der Besitzungen jedes Tempels aufzustellen. Verstreute Dokumente geben uns auch Hinweise auf die Mittel, über die die Heiligtümer verfügen, und die Art ihrer Verwaltung; dazu kommen noch königliche und private Schenkungsurkunden, die Grundstücke in den Besitz der Tempel übergehen lassen und genau bestimmen, wie ihr Ertrag verteilt werden muß. Besonders wertvolle Informationen liefert uns das Archiv des Totentempels von Neferirkare (ca. 2430) in Abusir (vgl. P. Posener-Kriéger, 1976). Für den internen Gebrauch enthält dieses Archiv die Dienstpläne des Personals, Listen der Kultobjekte vor und nach dem Gebrauch und Abrechnungen über die täglichen und monatlichen Lieferungen. Dagegen ist der *Papyrus Wilbour* aus der Zeit Ramses' V. (ca. 1150) ein Register der Zentralverwaltung, das nach 23tätigen Vermessungen das Einkommen verschiedener Institutionen, Tempel und privaten Einrichtungen in Mittelägypten einschätzt (vgl. B. Menu, 1970).

Trotz der mit dieser kurzen Übersicht angedeuteten Heterogenität der Quellen ist es möglich, einige Grundzüge der ägyptischen Wirtschaft zu beschreiben. Unser Ziel ist es, die Rolle des Pharaonentums bei der Aneignung und Verteilung der Güter zu erfassen. Dabei sind uns die Ostraka und Papyri von Deir el-

Medine nur indirekt hilfreich, weil sie vor allem das Berufs- und Alltagsleben der Arbeiter im Tal der Könige erhellen.

Die wirtschaftlichen Strukturen des alten Ägypten unterliegen seit den Anfängen der Monarchie religiösen Vorstellungen über die Macht und nicht etwa den technischen Anforderungen, wie sie in einer von der Bewässerung abhängigen Kultur, in der der Herrscher als Meister des Wassers eine strikte wirtschaftliche Kontrolle ausübt, üblich sind (K. Wittfogel, 1957). Die Planung der Landwirtschaft ist weitgehend den Bauern selbst überlassen. Dazu zeigen die Gaufürsten, die während der ersten Zwischenzeit in ihrem Einflußgebiet die wirtschaftliche Organisation an sich reißen, daß eine starke Zentralregierung nicht das einzig mögliche Modell für Ägypten darstellt.

DIE AUSBEUTUNG DER BODENSCHÄTZE

Die beiden Länder bilden eine theoretisch untrennbare Einheit, die den Göttern, die sie geschaffen haben, und dem Pharao gemeinsam gehört. Während der ganzen Geschichte bleibt die Ausbeutung der Minen und Steinbrüche Sache des Königs. Aufwendige Expeditionen unter der Führung einer hohen, vom König selbst auserwählten Persönlichkeit zogen mit Hunderten oder gar Tausenden von Arbeitern in die Wüste. Dabei waren Soldaten und Polizisten, gutausgebildete Steinhauer und Metallarbeiter, Geisterbeschwörer und Einbalsamierer. Das Unternehmen war wegen der harten Reise und der strengen Arbeitsbedingungen tatsächlich so gefährlich, daß mit vielen Toten zu rechnen war. Ihre Zahl wird nirgends genannt, da die unterwegs angebrachten Inschriften ja dem Ruhm des Königs zu dienen haben, aber zwischen den Zeilen schimmert doch einiges von der harten Realität durch: «Und die Soldaten marschierten ohne einen Verlust zu erleiden, kein Mann kam um, kein einziger Esel brach seinen Rücken, kein einziger Handwerker starb». Die Ausbeutung der Bodenschätze ist die Frucht des durch die Götter vermittelten technischen Wissens. Um über die Eröffnung eines

Steinbruchs im Wadi Hammamât zu entscheiden, studiert Ramses IV. (ca. 1153) die Archive des Gottes Thot, wie es der ägyptische Glaube an die Allmacht der heiligen Schriften verlangt. Noch in der Ramessidenzeit wacht der Herrscher persönlich über die Ausstattung der Karawanen in die östlichen Wadis mit ihrem goldhaltigen Quarz, damit unterwegs niemand verdurstet. In Redesiya, in der Ebene von Edfu, inspiziert Sethos I. (ca. 1304–1290) persönlich das Gelände, bestimmt den Standort des heilbringenden Brunnens und weiht die für die Goldwäscher neu erbaute Stadt ein. Die heimgebrachten Materialien sind in erster Linie für die königlichen Ateliers und Bauten bestimmt. Als Besitzer des Erdinnern und für seine Nutzung und Ausbeutung einzig Verantwortlicher ist auch nur der König befugt, Privatleuten das Privileg eines Grabes oder einer Statue zuzusprechen: «Ich bat Seine Majestät, meinen Herrn (Pepi I.), daß man für mich einen Block weißen Tura-Stein für meinen Sarkophag bringe. Seine Majestät ließ den Kanzler des Gottes mit einer Arbeitsmannschaft den Nil überqueren, um mir diesen Sarkophag aus Tura zu bringen; dieser kam damit in einem großen Kahn des königlichen Palastes zurück», erwähnt ein Unas in seiner Aufzählung der ihm zuteil gewordenen Privilegien.

BODENVERWALTUNG UND GÜTERVERKEHR

Die Einzelheiten der Bodenverteilung durch die politische Macht zugunsten ihrer Repräsentanten unterliegen komplizierten Mechanismen. Dabei zeigt sich, daß die königliche Politik auf die Veränderungen der internen sozialen Kräfte und auf die durch die Eroberungen bewirkten Umwandlungen reagierte. Grundlegend für das System ist das Prinzip der Schenkung. Dabei wird auf königliche Anordnung eine Produktionseinheit in den Dienst eines Tempels gestellt, oder einem Privatmann wird der Ertrag eines Gutes als «Lohn» für ein bestimmtes Amt zugeteilt. Dabei sind die Grenzen zwischen diesen beiden Formen der Landzuweisung nicht immer klar zu ziehen.

Vielleicht seit der 2. Dynastie, sicher aber seit der 4., leben die Totentempel der Könige vom Ertrag der über das ganze Land verteilten Landgüter. Die Reliefs in den Tempeln des Alten Reichs zeigen geographisch geordnet lange Prozessionen von Frauen, die mit dem Namen des Gaues, den sie verkörpern, bezeichnet sind. Sie bringen einen Opfertisch herbei oder tragen einen Korb mit Opfergaben auf dem Kopf. Auch Untertanen können von der Vorsorge für das Jenseits profitieren; dabei wird ihnen ein ewiger Anteil an Gütern vom Herrscher direkt zuerkannt, oder aber sie haben sich ihn durch die Bearbeitung bisher brachliegender Felder selber erarbeitet. Auf den Wänden der Mastabas, der Gräber der Privatleute im Alten Reich, finden wir ähnlich wie in den Königsgräbern eine lange Reihe von mit der Landwirtschaft verbundenen Gottheiten; dabei wechseln männliche und weibliche Gestalten ab. Als dritte Möglichkeit kann der Pharao jemandem eine Art «Rente» für das Jenseits zuweisen, indem er verfügt, daß ihm ein bestimmter Anteil seiner eigenen Opfergaben zukommt. Nachdem der Bauer von der Ernte seinen lebensnotwendigen Teil behalten hat, ist der Überschuß einer langen Kette von Zuweisungen unterworfen, bis er schließlich den Berechtigten, vor allem der Priesterschaft, als Nahrung dient. Die Archive von Abusir lassen uns in einem Einzelfall alle diese komplizierten Abläufe nachvollziehen. Die hier angelieferten Lebensmittel stammen vom benachbarten Sonnentempel, wo ein Teil davon bereits Re geopfert wurde. Dieses Heiligtum mit seinen Vorratsräumen und Schlachthöfen stellt selbst eine Art Umschlagplatz dar. Es wird von der Residenz, dem Palast und einer Organisation, deren genaue Funktion unbekannt ist, mit Gütern versorgt. Die Güter stammen aus dem Grundbesitz, dessen Überschuß der Herrscher dem Tempel zugewiesen hat. Nachdem sie den Dienst für den König geleistet haben, wenden sich die Priester mit den für die Privatleute vorgesehenen Opfergaben den Mastabas zu, für die sie ebenfalls verantwortlich sind. Dabei sind die Quantitäten beträchtlich, verzeichnet doch der

Schreiber einen monatlichen Verbrauch von 660 Stück Geflügel und 30 Stieren.

In diesem speziellen Fall ist die enge Zusammenarbeit der beiden Heiligtümer nicht überraschend, weil ihre religiöse Funktion praktisch die gleiche ist. In beiden findet der Kult statt, der den Sonnen- respektive den Osiris-Aspekt des verstorbenen Königs wiederbeleben soll. Neben den Bedürfnissen des Toten sind aber auch die Ansprüche der Götter zu berücksichtigen. Wenn ein König in seiner Priesterfunktion den Bau eines Tempels beschließt, so ist er auch für den späteren Unterhalt verantwortlich. Während Taharka (ca. 690–664) ein memphitisches Amunheiligtum restauriert, zieht er nicht nur Architekten und Bauarbeiter bei, er versieht es auch mit den benötigten Kultgegenständen und legt seine materielle Versorgung in Form von Renten für lange Zeit fest. Dazu überläßt er ihm die Verwaltung des Viehbestandes und von Grundbesitz, und zusätzlich werden ihm noch regelmäßig eine Summe von Fischen und die Versorgung mit Ölen zugesprochen (vgl. D. Meeks, 1979 [2]). Die Zuteilung von Ländereien für den Götter- und für den Totenkult verläuft nach dem gleichen Schema; und ein Gut kann auch mehrere Dienstbarkeiten nebeneinander aufweisen. Von der ursprünglichen Menge der produzierten Lebensmittel erreicht nur ein ganz kleiner Teil tatsächlich ihren Bestimmungsort, da sie auf jeder Station unterwegs wieder die Priester ernähren müssen.

Schenkungs-Stelen wurden gleichzeitig als Grenzmarkierung verwendet. Sie enthalten die Abtretung des Feldes, auf dem sie stehen, an die lokalen Priester oder an spezielle Mitglieder der Priesterschaft, und sie bilden ein homogenes Textkorpus für die Zeit von der 17. bis zur 26. Dynastie. Ob der Schenkende der König oder ein Privatmann ist, spielt keine große Rolle, denn das Eigentumsrecht geht auf jeden Fall auf den Pharao zurück. Dies zeigt sich auch im Bild, wo einzig der König dem Gott das Landzeichen darbringen kann. Bei einer solchen Transaktion profitieren alle Parteien. Die Gottheit erhält zusätzliche Opfergaben, allerdings meist nur wenig: so etwa bekommt Bastet nach der Schenkung einer Fläche von 42 Aruren (1 Arure = 2736 m^2) nur gerade einen zusätzlichen Krug Bier täglich. Damit sichert sich der Schenkende sein Überleben im Jenseits, während die Beschenkten, also die Priester, die Wahl haben, das zusätzliche Land direkt dem göttlichen Gebiet einzuverleiben oder es ihrerseits weiterzuverpachten.

Es stellt sich hier nun die Frage, wie die Privatleute zum Grundbesitz gekommen sind, den sie auf diesen Stelen weitervermachen. Während dem ganzen Alten Reich gibt es keine Spur eines Privateigentums an Grund und Boden, außer gerade dem kleinen Stück Land, auf dem das Haus und vielleicht noch ein kleiner Garten steht. «Wenn du ein ehrenwerter Mann bist, so gründe ein Haus *(pr)*» rät der Wesir Ptahhotep seinem Sohn in einer der ältesten Weisheitslehren. All die in den Gräbern dargestellten Landgüter *(pr-ḏt)*, auf denen eifrig das Land bebaut oder ein Handwerk betrieben wird, sind ihren «Besitzern» nur auf Lebenszeit zum persönlichen Gebrauch übergeben worden. Der Boden bildet tatsächlich in Ägypten die Basis für Belohnung oder für Bezahlung von Dienstleistungen, aber nach dem Tod des Begünstigten fällt sein Besitz wieder an die Zentralmacht. Bis in die erste Zwischenzeit bilden die vom Pharao zugewiesenen Güter für den Totenkult die einzige Grundlage für einen Privatbesitz, der an die Erben weitergegeben werden kann. Im Mittleren Reich erst werden die strengen Bestimmungen gelockert, wenn eine Familie durch königliche Gunst in den vererbbaren Genuß von Grundeigentum kommt *(jmjt-pr)*. Eine tiefergreifende Änderung des Bodenrechts erfolgt erst in der 18. Dynastie. Nach der Vertreibung der Hyksos und den großen Eroberungen vor allem in Vorderasien spielen die Militärs eine immer wichtigere Rolle. Ihre Loyalität wird mit der Landzuweisung belohnt und garantiert. In der Zeit von Ahmose (ca. 1552–1527) erhält Ahmes, Sohn des Abana, der treue Chef der Matrosen, der alle siegreichen Kriegszüge seines Herrschers mitmacht, als Belohnung zweimal im Verlauf seiner Karriere 5 Aruren in der Nähe seiner Heimatstadt. In der Ramessidenzeit sind die Dokumente dann etwas ausführlicher. Es scheint, daß ein kleiner privater Grundbesitz von einigen Quadrat-Ellen auf die Bauern beschränkt war, die für einen Tempel arbeiteten. Dafür werden den Soldaten, den libyschen Händlern und kleinen Beamten (Stallvorsteher, Schreiber, Hirten) vom König 3–5 Aruren zugeteilt, die unveräußerlich, aber vererbbar sind. Bis zu Ramses II. (ca. 1290–1224) geht der Pachtzins in die königliche Schatzkammer, später dann erhalten ihn die Tempel.

Während der 19. und 20. Dynastie stärkten die Könige die wirtschaftliche Stellung der Tempel – eine für den Fall einer schwachen Zentralmacht gefährliche Politik, da sie leicht zu einem «Staat im Staat» führen kann. Solange aber die Regierung die Tempel streng kontrolliert, bilden sie für den Anspruch des Königs auf allen Grundbesitz keine Einschränkung. Der Tempel verwaltet nun wie eine Amtsstelle die ihm unterstellten Produktionseinheiten. Statt wie früher die Steuern auf diesem Boden an den Staatsschatz abzuliefern, der sie dann später an die Tempel weiterverteilt, liefern die Landgüter ihre Produkte direkt beim Tempel ab. In einem System, in dem alle wirtschaftlichen Abläufe durch religiöse Überlegungen mitbestimmt sind, gibt es nur wenige Mißbräuche. Der Opferkalender von Medinet Habu zeigt, daß 600 Familien von den täglichen Opfergaben lebten und daß bei besonderen Festen von den zusätzlichen Opfern auch noch die Bewohner von Deir el-Medine verköstigt wurden. Der *Papyrus Harris* aus der Zeit Ramses' III. (ca. 1184–1153) verzeichnet für den Tempelbezirk von Karnak einen Grundbesitz von etwa 2400 km², der 86 486 Personen ernähren sollte. Trotz dieser beeindruckenden Zahlen waren die Tempel wirtschaftlich nicht unabhängig. Obwohl das Alte Testament (Genesis 47,26) und Diodor angeben, daß der Besitz des Tempels nicht dem Pharao unterstellt war, ist es für uns unsicher, ob die Tempel trotzdem Steuern zahlen mußten oder nicht. Die Quellen schweigen zu diesem Punkt. Ohne Zweifel mischte sich die öffentliche Verwaltung auf allen Ebenen in die Tempelorganisation ein. So sind die dem Tempel zur Nutznießung überlassenen Besitztümer absichtlich über das ganze Land verstreut, damit sich nicht unversehens selbständige Produktionseinheiten zugunsten des Tempels bilden, und nach dem *Papyrus Wilbour* behalten die königlichen Beamten auf jeden Fall ein Aufsichtsrecht über die Tempel. Nach der Bestandsaufnahme aller Ländereien kann der König innerhalb einer bestimmten Frist gewisse Ländereien, die bisher von den Tempeln verwaltet wurden, wieder zurückfordern, um sie einer effizienteren Nutzung zugänglich zu machen. Dazu kann auch die Aussaat bestimmter Pflanzen befohlen werden (vgl. B. Menu, 1970). Alle Schenkungsverträge werden von einem Verwaltungsbeamten auf ihre Gesetzeskonformität überprüft. Weil dem Pharao das Recht auf das ganze Land zukommt, hat er auch die Möglichkeit, Anordnungen seiner Vorgänger wieder aufzuheben oder ihre Stiftungen für sich selbst zu beanspruchen. Damit nimmt die Zentralverwaltung gleichzeitig eine gewisse Kontrolle über das Gleichgewicht zwischen dem Staatsvermögen und den Aufwendungen für den Totenkult wahr.

Mit den königlichen Schenkungen zugunsten der Priesterschaft übt die Zentralregierung auch eine wirtschaftliche Steuerung und Entwicklung aus. Mit der Zuweisung eines Teils des Grundbesitzes an die Tempel sind diese auch gezwungen, die Böden zu bearbeiten, um für ihren eigenen und den Bedarf des Kultes genug zu produzieren. Deshalb enthalten Schenkungen von Boden meistens auch eine Klausel, die zu regelmäßigen Opfergaben verpflichtet – was nur durch seine sachgerechte Bearbeitung möglich ist. Durch diese Mittel bleibt das fruchtbare Land Ägyptens vor der Vernachlässigung durch seine Besitzer und Pächter geschützt, und es besteht sogar der Anreiz, es zu vermehren. So wurden in der Ramessidenzeit zusätzliche nubische Gebiete landwirtschaftlich genutzt, und im 1. Jahrtausend, als sich der Nillauf nochmals veränderte, wurde das fruchtbare Land im Delta entscheidend vermehrt.

Die Produktionsbedingungen der Pharaonenzeit lassen sich vielleicht am einfachsten durch negative Aussagen charakterisieren. Ägypten entspricht weder dem Modell einer Bewässerungsgesellschaft, noch dem einer Sklavenhaltergesellschaft oder eines Feudalsystems. Der einfache Bauer oder Arbeiter ist zwar zu Frondienst verpflichtet, aber er behält seinen Rang als freier Mensch. In Deir el-Medine zeigt sich deutlich, daß die Diener, die Wasser, Lebensmittel und Arbeitsmaterial herbeischaffen mußten, wegen ihrer wirtschaftlichen Unterlegenheit zwar nicht im Dorf selbst wohnten, daß sich ihre juristische Stellung aber in nichts von der der Dorfbewohner unterschied (vgl. D. Valbelle, 1985). Daneben werden die Sklavinnen, die der König der Gemeinde für bestimmte Aufgaben zuweist, wie alle andern Angestellten entlöhnt. Die ägyptische Sprache kennt zwar ein Wort für «Sklave», aber eine genauere Untersuchung zeigt, daß damit vorwiegend Kriegsgefangene gemeint sind, die meistens sehr schnell ihre Freiheit wiedererlangen und ohne Einschränkungen Besitz erwerben und darüber verfügen können. Mit der Stellung eines Sklaven in anderen Kulturen läßt sich dies keineswegs gleichsetzen. Das ägyptische Modell unterscheidet sich aber auch von dem aus dem Mittelalter bekannten. Obwohl der König Untergebene, die sich in politischen oder religiösen Ämtern verdient gemacht haben, mit der Zuweisung von Land belohnen kann, bleibt dieser Vorgang doch im gesamten gesehen eher selten – der Großteil der Ländereien wird in den Dienst der Tempel gestellt –, und er impliziert kein Verhältnis gegenseitiger Abhängigkeit, wie dies zwischen Lehensherr und Vasall im Feudalsystem der Fall war. Trotz der Pracht ihrer Villen in Amarna mit ihren großen Speichern versorgen sich die Höflinge von Amenophis IV.-Echnaton (ca. 1402–1364) aus ihren eigenen Gütern und hängen nicht von den Staatsfinanzen ab.

In einer ländlichen Gesellschaft mit ihrer Subsistenzwirtschaft sind die Marktgesetze unbedeutend, und Geschäfte finden im Tauschhandel statt. Hier hat nun das Pharaonentum ein Verteilersystem geschaffen, das auf der Aufgabe des bäuerlichen Überschusses (oder einer Steuergabe für bestimmte Berufe) sowie seit dem Neuen Reich auf den Tributleistungen der unterworfenen Gebiete beruht. Alle diese Güter gelangen zuerst in das Schatzhaus und in die königlichen Speicher. Dann werden sie nach dem Gesichtspunkt der politischen Notwendigkeit verteilt. Die Priesterschaft, die Beamtenschaft und das Militär, deren Mitarbeit und Kontrolle für die Monarchie unabdingbar ist, werden direkt vom Staat bezahlt. Über Zuwendungen an andere Berufsgruppen wissen wir wenig; die einzige Ausnahme bildet die Arbeitersiedlung von Deir el-Medine, die aber einen ganz speziellen Status zu haben scheint: ihre Arbeiter gelten als direkte Angestellte des Pharao, und der Hof zahlt ihnen ihren monatlichen Lohn aus. So verspricht Ramses II.: «Ich werde für alle eure Bedürfnisse aufkommen, da ihr mit Liebe für mich arbeitet: (...) Getreide, (...) Brot, Fleisch, Kuchen, (...) Sandalen, Kleider, Salben (...). Ich habe viele Leute angestellt, die euch vor Hunger bewahren sollen: Fischer, (...) Gärtner, (...) Töpfer». Allerdings kam es in Deir el-Medine vor, daß der Staat mit seinen Zahlungen im Rückstand war. Deshalb brach im 29. Regierungsjahr von Ramses III. der erste Arbeiterstreik der Geschichte aus, der sich mit ähnlichen Folgen noch manches Mal wiederholen sollte. Wie ihre Kollegen fast 3000 Jahre früher dachten auch die streikenden Bauern 1789, daß die Ursache darin liege, daß Ludwig XVI. über ihre Lage nicht informiert sei, und daß er nun sofort Abhilfe schaffen würde. Die ersten streikenden Ägypter verlangten «von Hunger und Durst getrieben, daß man in dieser Sache dem Pharao, unserem guten Herrn, schreiben solle (...), und daß man auch dem Wesir, unserem Vorgesetzten, schreibe, damit er uns das zum Leben Nötige gebe». So bleibt der Herrscher in den Vorstellungen, aber auch in der politischen Realität, für den Unterhalt seines Volkes verantwortlich.

Das Recht

«Es scheint merkwürdig (...), daß der König weder ein Urteil fällen noch jemanden bestrafen kann aus Vergeltung oder Leidenschaft oder aus irgend einem andern Grund, sondern nur nach den für jeden Einzelfall festgelegten Gesetzen» (Diodor I 71,1). Dieser Bericht Diodors widerspiegelt die engen Grenzen, die der pharaonischen Rechtssprechung gesetzt sind. Die Idee der Willkür ist dem Pharaonentum fremd, der König als Garant der Maat, der Weltordnung, regiert nicht als Tyrann.

Die gesetzgebende Überlieferung und die geschriebenen Gesetze

Nach den Berichten von Herodot und Diodor läßt sich eine Liste der gerechten und Recht setzenden Könige Ägyptens aufstellen. Menes, der erste König, überzeugte die Menschen davon, daß sie die Gesetze aufschreiben sollten (Diodor I 94,1). Ein zweiter, Sasychis genannter König – vielleicht Schepseskaf oder Scheschonk – vervollständigte die schon vorhandenen Gesetze (Diodor I 94,3), was Herodot (II 136) bestätigt. Diodor (I 94,4) schreibt die Teilung Ägyptens Sesoôsis zu, den spätere Autoren mit Sesostris verwechselten, womit aber eine Koseform des Namens von Ramses II. gemeint ist. Schließlich hat Bocchoris, den Herodot fälschlicherweise mit Mykerinos gleichsetzt, den Ruf eines «Weisen»: er habe die Regeln des Umgangs mit der Macht wieder eingesetzt und die Rechtspraxis und die Privatverträge genau umschrieben, dazu seien seine Urteile außerordentlich gerecht gewesen (Diodor I 94,5). Nach Bocchoris folgt Schabaka in der Liste, den Diodor als frommen König und Gesetzgeber bezeichnet (I 95,1), während Herodot seine Urteile, die in jedem Fall die Schwere des Fehlers berücksichtigten, lobt (II 137). Die Überlieferung schreibt Amasis die Neuorganisation der Verwaltung in der Saitenzeit zu. Er widmete sich speziell der aus der Ramessidenzeit stammenden Gaueinteilung (Diodor I 95,1), worauf dann nach Herodot (II 177) Solon auf die Idee gekommen sei, dieses Gesetz auch in Athen einzuführen. Darius, der Perser auf dem Pharaonenthron, respektierte die Gesetze des Landes sehr und befahl, sie alle zu sammeln – Diodor (I 95,4) meint, er sei deshalb als einziger Perserkönig von den Ägyptern geschätzt worden. Wenn Philostrates einen Zauberer zu Vespasian sagen läßt: «Ich habe dich zum König gemacht, als ich von den Göttern einen gerechten König erbat» (Das Leben von Apollonius von Tyana, V 28), so könnte dies gut seine Quelle in einem ägyptischen Text über das Königtum haben. Die Krönungsstele von Aspalta betont jedenfalls: «Re weiß, daß sein Sohn auf seinem Thron gute Gesetze erlassen wird». Sicher prägten die Gesetze die Organisation des Staates. Sie stammen im Prinzip vom König, von dem alle gesetzgeberischen Anstöße ausgehen, und ihr Einfluß auf die Menschen wird positiv bewertet: «Sie behielten ihre politische Organisation bei und waren so lange glücklich, wie ihre Gesetze in Kraft waren» (Diodor I 71,5).

Die Rolle des Königs als Gesetzgeber begegnet uns zuerst in ägyptischen Texten, die den König als Ursprung der Gesetze ansehen. Der Gott erinnert die Königin Hatschepsut an die Pflichten und Rechte des Königs: «Du erläßt die Gesetze, du unterdrückst die Unordnung, du beendest den Bürgerkrieg. Du regierst die Lebenden, und sie gehorchen deinen Anordnungen», worauf die Königin antwortet: «Ich bin ein König, der den Gesetzen Nachachtung verschafft, der richtet und der die Aufständischen bestraft», womit sie sich als Gesetzgeber und Richter gleichzeitig darstellt. Der König hat im allgemeinen die Aufgabe, die Gesetze zu «stärken», zu «vollenden», zu «verkünden» und «anzuwenden».

Die Achtung vor den Gesetzen *(hpw)* ist beständig. Sicher waren sie schriftlich fixiert. Der Gott Thot, dem alle intellektuellen Leistungen und auch die Schrift unterstehen, trägt auch den Beinamen «Herr der Gesetze», ein Titel, den auch der Pharao beanspruchte. Diodor (I 94,1) überliefert, daß Hermes (der Thot entspricht) Menes, dem ersten König der Menschen, die aufgeschriebenen Gesetze übergeben habe. In seiner Klage bedauert Ipuwer, daß die Gesetze nicht mehr gelten und daß das Recht mit den Füßen getreten würde, was in dieser Formulierung ebenfalls darauf hinweist, daß jene in schriftlicher Form überliefert wurden. Der Wesir Montuhotep spricht Recht, indem «er beide Parteien das Gericht nach seinem Urteilsspruch zufrieden verlassen läßt, denn er trug die Schriften Thots auf seiner Zunge»; er wendet also geschriebenes Recht an. Während seiner Amtseinsetzung als Wesir unter Thutmosis III. wird Rechmire auch über seine juristischen Aufgaben belehrt. Dabei wird auch eine Kammer erwähnt, in der die früheren Urteile und die anzuwendenden Gesetze aufbewahrt werden. Einige Forscher vermuten, daß die Gesetze in den vierzig vor dem Wesir niedergelegten Lederrollen oder *šmw* enthalten waren, andere aber interpretieren diese als Lederstreifen, mit denen die Schuldigen ausgepeitscht wurden. Haremhab, der nach der Amarnazeit eine Restaurationspolitik betreibt, sagt über seine von ihm eingesetzten Wesire, den späteren Ramses I. und seinen Sohn Sethos I.: «Ich habe ihnen mündliche Anweisungen gegeben und ich habe die Gesetze aufschreiben lassen». Erst in der Spätzeit wurden die Gesetze nach Gruppen geordnet auf acht Rollen aufgeschrieben und vor den Richtern niedergelegt, wie uns Diodor berichtet (I 94,1). Aber auch wenn die Gesetze aufgeschrieben waren, so bedeutet dies noch lange nicht, daß sie systematisiert oder in einer vernünftigen Reihenfolge aufgeführt waren (vgl. Theodorides, 1967, S. 137); es scheint auch, daß es noch keine Unterteilung in Zivilrecht, Strafrecht und Verwaltungsrecht gab. In unserem Sinne gab es deshalb auch keine Gesetzbücher oder eine Verfassung, die die politische Macht organisiert hätten. Aber auch alle diese Begriffe sind natürlich nicht ägyptisch. Wir müssen uns die Gesetze vielmehr als die Wiedergabe der juristischen Praxis vorstellen, in der die notwendigen Formeln, die Regeln für die Ausstellung von

Dokumenten, Beispiele für Reden, das Vorgehen vor Gericht, die Aufklärung und Anhörung der Parteien, die Durchsuchung, die Rekonstruktion der Vorfälle und die Einvernahme von Zeugen dargestellt wurden.

Obwohl wir über die genauen Vorgänge noch recht wenig wissen, müssen wir annehmen, daß die Einführung der Schrift und das Zusammenleben von größeren Menschenmengen in Städten am Anfang des Pharaonentums standen. Die politische Macht und die Techniken der Kontrolle und Verwaltung von Menschen bedingen und verstärken sich gegenseitig. Ganz deutlich wird dies im alten Ägypten. Die Kenntnis der Schrift befindet sich ganz in der Hand der Vertreter der Macht, also der Priester, Offiziere und Verwaltungsbeamten. Die Schrift ist die täglich angewendete und bevorzugte Technik, die der Kontinuität der Macht dient. Umgekehrt aber stammen alle deutlichen Zeichen der Macht, also die Gewaltausübung, die Hierarchie in der Verwaltung und die üppigen Zeremonien, aus anderen Lebensbereichen.

Die Verwaltung des Königreichs

Das Funktionieren des Landes ist durch die vom König erlassenen Gesetze *(hpw)* geregelt. Ihr Inhalt wird durch Dekrete *(wḏ-njswt)* bekanntgemacht. Diese Bezeichnung umfaßt alles, was der König schriftlich anordnet, also auch seine gesamte Korrespondenz. Durch alle diese Texte hindurch ergibt sich ein Bild der königlichen Kompetenzen: Ernennungen und Abberufungen, die Verkündigung einer neuen Regierung, medizinische Verordnungen zur Volksgesundheit, Anweisungen an das Wesirat, Dekrete zum Bau des Kanals beim 1. Katarakt. Andere Texte beschäftigen sich mit Privilegien und Dispensen für die Priesterschaft und für Privatpersonen, mit Verordnungen, die die wirtschaftliche Macht der Tempel stärken oder einschränken sollen oder den Totenkult an den Vorgängern des Königs betreffen. Einige dieser Akten haben allgemeinen Charakter, die meisten aber beziehen sich auf Einzelfälle. Von all den Schriften ist uns kein einziges Original bekannt, das die Kanzlei verlassen hat; alle unsere Informationen stammen von den im Archiv aufbewahrten Kopien. Gelegentlich werden sie von einer juristischen Ankündigung auf einer Stelle, einer Andeutung in der Autobiographie eines Privatmannes oder in Texten der königlichen Propaganda bestätigt.

Über das Zustandekommen dieser Akten heißt es bei Haremhab: «Seine Majestät hielt Rat mit ihrem Herzen». Trotzdem werden die Entscheidungen normalerweise erst nach Beratungen mit den Vornehmen des Landes und den Höflingen und nach der Konsultation der alten Schriften gefällt. Ein Dekret von Thutmosis III. beginnt so: «Königliches Dekret des Horus, der seine Geburten erneuert, für die Vornehmen und für alle Höflinge, um zu machen, was die Götter in diesem Land zufriedenstellt, um die Blinden zu schützen, um die kriminellen Elemente zu vertreiben, und um den zu heilen, der an einer körperlichen Krankheit leidet; nachdem Seine Majestät ein schützendes Buch aus der Zeit der Vorfahren gesehen hat wegen dem Leiden der Armen ...» (Vernus, 1979, S. 176). Leider ist nur der Anfang dieses Dokuments erhalten, und so wissen wir nicht, welche Maßnahmen der König nun konkret anordnet. Ausdrücklich bezieht sich diese Einleitung auf die Rolle des Königs als Garant für eine Wiedergeburt; sie betont im übrigen seine wichtige Funktion für das Wohlergehen seiner Untertanen.

Die Ausführung der königlichen Entscheidungen ist die Aufgabe der Verwaltung. Der ägyptische Verwaltungsapparat ist schon öfters genauer beschrieben worden, so daß wir uns auf einige Punkte beschränken. Wir wenden uns zuerst einigen Titeln zu. Direkt unter dem König steht der Wesir *(ṯ3tj)* – manchmal auch zwei –, der allen öffentlichen Ämtern vorsteht: «Du wirst im Audienzsaal des Wesirs wachen müssen und aufpassen auf alles, was sich dort tut, denn das ist die Stütze des ganzen Landes. Siehst du, Wesir sein (...), das ist manchmal bitter wie Galle. Schau, der Wesir ist das Kupfer im Hause seines Herrn; er neigt sein Haupt nicht vor den hohen Beamten und Richtern», so rät Thutmosis III. seinem Wesir Rechmire bei der Amtseinsetzung. Im besonderen ist der Wesir, der mit dem Priestertum der Maat verbunden ist, der oberste Richter des ganzen Landes, so daß man ihn fast mit einem Justizminister vergleichen könnte. Von ihm aus verästelt sich die Macht; und er hat sich durch seine Untergebenen im Verwaltungsapparat, deren Zahl und Leistung nur schwer abzuschätzen ist, mit allen möglichen Problemen zu befassen, zum Beispiel mit der Eintreibung der Steuern, der Einteilung zu Arbeitsgruppen, dem Verteilen des Werkzeugs, mit Streitigkeiten unter den Arbeitern und vielem anderen mehr.

Jede vom König angeordnete Maßnahme, die dann über den Wesir den ganzen Verwaltungsapparat durchläuft, bis sie im Volk realisiert wird, bedeutet das in der Zeit realisierte Gegenstück zur Weltordnung, die der Schöpfer am ersten Tag eingesetzt hat. Dies ist auch das Ziel des Königs als Gesetzgeber, was in vielen Beinamen ausgedrückt wird: Eje ist «der Herrscher der Maat», Scheschonk I. und Osorkon II. nennen sich beide «derjenige, der die Götter zufriedenstellt, indem er die Maat vollbringt»; Rudamon und sein ferner Vorgänger Amenemhat II. «freuen sich über die Maat», und Amasis ist «derjenige, der die Maat festlegt». Dies sind nur einige Beispiele.

J. Yoyotte (1969 [2] S. 11) betont die Analogie zwischen jeder politischen Restauration und dem Schöpfungsakt, zwischen den Rhythmen der Natur und den sozialen Normen. So wie die durch Maat verkörperte göttliche Kraft im theologischen Konzept als Mutter oder Tochter des Re nicht ganz eindeutig definiert ist, und ebenso wie sie viele Rollen innehat (Zerstörerin der Feinde der Schöpfung, Friedensstifterin oder Nahrung der Götter), so ist auch ihr Wesen nicht viel präziser zu fassen. Sie ist mit der Genauigkeit, dem Gleichgewicht und der Wahrheit verbunden und hat als Gegensatz die Lüge, die Unordnung und das Ungleichgewicht. Der König hat die Pflicht, über die Werte der Maat zu wachen, indem er Wahrheit und Lüge voneinander trennt. Dabei fällt übrigens auf, daß eine Art Tabu die Ägypter daran hinderte, den Ursprung des Bösen zu untersuchen, denn die Aussage, daß Seth, der Gott der Gewalt, «den Gesetzen den Rücken zuwendet», erklärt noch lange nicht, wie das Böse in die Schöpfung Einzug gehalten hat. Die Maat hat eine juristische und eine moralische Bedeutung. Sie ist keine abstrakte, unveränderliche Norm, sondern eine immer wieder bedrohte Energie, die es zu erhalten gilt. Ihr soll das Bemühen des Königs um «gute Gesetze» zugute kommen. Damit sind auch schon die Grenzen der königlichen Allmacht angedeutet, denn der König hat dafür zu sorgen, daß die Welt mit dem Schöpfungsplan übereinstimmt.

So ist die Realisierung der Maat den Menschen, und unter ihnen in erster Linie dem König, vorbehalten. Die Maat ist ein allgemeiner Wert, und nicht etwa ein explizites religiöses Gesetz wie im Judentum (vgl. Morenz, 1962, S. 166, 277). Deshalb sind auch so viele unterschiedliche Interpretationen möglich, die sich je nach der Regierung, nach den politischen Notwendigkeiten oder je nach der Persönlichkeit des Königs recht stark voneinander abheben. Die Grundlage für die Realisierung der Maat ist immer die menschliche Erfahrung, wie sie sich auch in den Weisheitslehren niedergeschlagen hat, und nicht etwa ein göttlicher Befehl: «Wenn du ein Vorgesetzter bist, bleibe ruhig, wenn du die Worte eines Bittstellers anhörst, stoße ihn nicht zurück, bevor er sich von dem erleichtert hat, was er dir mitteilen wollte». Die Maat, die Amenemhat I. am Anfang des Mittleren Reichs «liebt», unterscheidet sich von der Maat seiner schwachen Vorgänger ebenso sehr wie von der Maat von Amenophis IV.-Echnaton, der sie in der Natur wiederfindet.

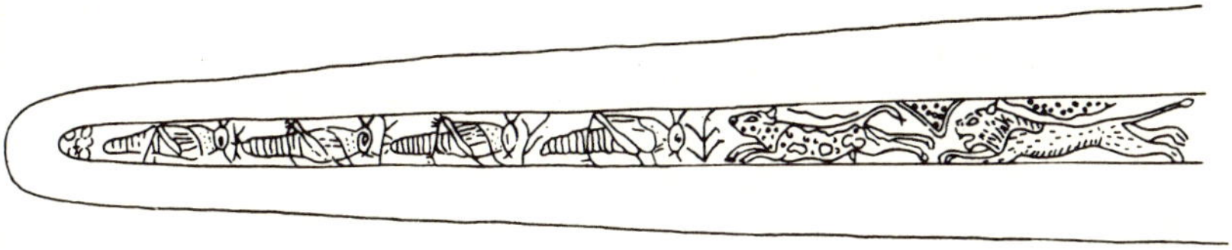

Abb. 48: Dolch des Königs Ahmose. Vier Heuschrecken stellen die Armee des Pharao dar, die sich den verderblichen Kräften in der Gestalt eines Stiers, der von einem Löwen verfolgt wird, entgegenstellen. 18. Dynastie (ca. 1552–1527 v. Chr.). Bronze mit Elektron. Kairo, Ägyptisches Museum.

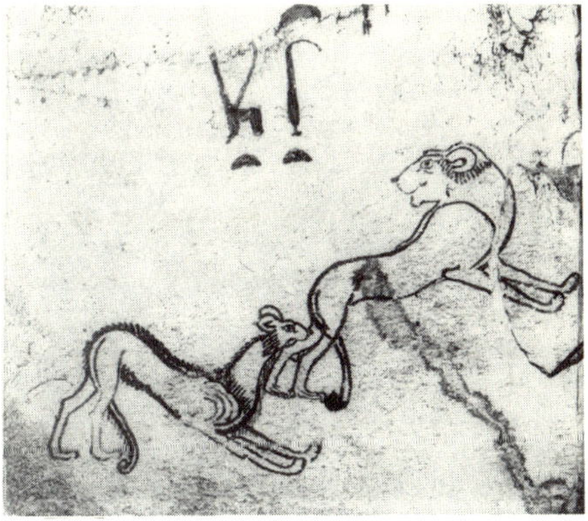

Abb. 49: Satirisches Ostrakon. Ein Löwe mit dem Titel «König von Ober- und Unterägypten» wird von einer Hyäne angegriffen. Dies ist eine Umkehrung des Themas des königlichen Siegs. 20. Dynastie (ca. 1153–1070 v. Chr.). Kalkstein. Kairo, Ägyptisches Museum.

Abb. 50: Strichzeichnung eines Ostrakons. Ein Löwe hält den Kopf eines gefangenen Nubiers in seinem Maul. Es handelt sich um das Thema der Jagd und des Königs, der über die Nubier triumphiert. Neues Reich. Kalkstein. Kairo, Ägyptisches Museum.

Abb. 51: Rechteckiges Siegel. Seite A: Der König steht als Bogenschütze in seinem Kriegswagen und überfährt zwei Asiaten. Seite B: Amenophis II. packt einen Löwen am Schwanz und schlägt ihn mit einem Stab. 18. Dynastie (ca. 1438–1412 v. Chr.). Jaspis. Paris, Louvre.

Abb. 52: Deckel eines Kästchens aus dem Grabschatz von Tutanchamun. Der König in seinem Kriegswagen schießt mit riesigen Pfeilen auf eine Herde Löwen. Hinter dem König folgt seine Eskorte. 18. Dynastie (ca. 1347–1338 v. Chr.). Holz mit bemaltem Gips. Kairo, Ägyptisches Museum.

Abb. 53: Statuengruppe von Ramses IV. mit seinem Löwen; der König hält das abgeschnittene Haupt eines Libyers in der Hand. 20. Dynastie (ca. 1153–1070 v. Chr.). Granit. Kairo, Ägyptisches Museum.

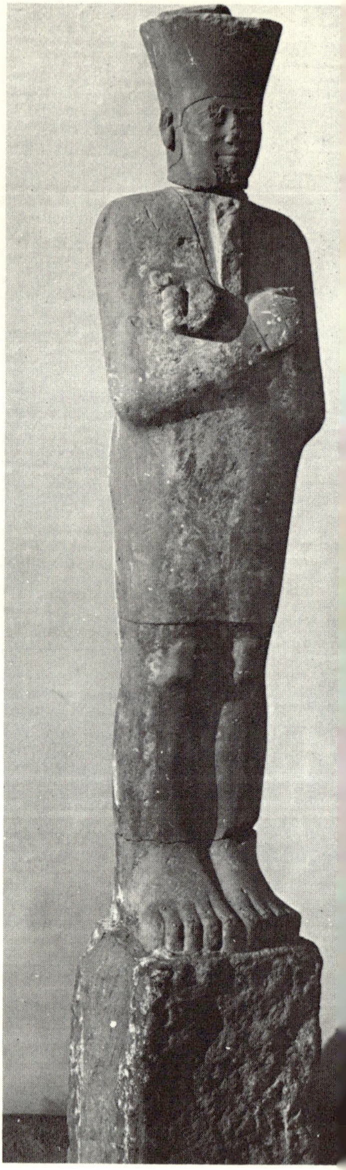

Abb. 54: «Osiris-Statue» von Mentuhotep. Er trägt die Rote Krone und den kniekurzen Sed-Festmantel. 11. Dynastie (ca. 2040 v. Chr.). Sandstein. New York, Metropolitan Museum of Art.

Abb. 55: Liste der besiegten Nordvölker: der Oberkörper eines Gefangenen ist über einer Festung mit eingeschriebenem Namen angebracht. Neues Reich. Sandstein. Karnak.

Abb. 56: Das Ritual des Verbrennens der Feinde. Die Gottesgemahlin des Amun und der Gottesvater stecken ihr Bild in Brand und lassen es dann in der Flamme verbrennen. Dabei handelt es sich wohl um die magische Vernichtung der Feinde Ägyptens. 18. Dynastie (ca. 1490–1468 v. Chr.). Quarzit. Der Reliefblock stammt aus der Roten Kapelle von Hatschepsut in Karnak.

Abb. 57: Reliefblöcke aus der Roten Kapelle von Hatschepsut in Karnak: Szene 1 (rechts): die Königin auf dem Weg zum Tempel. Szene 2 (Mitte): Horus und Thot reinigen die Königin mit Wasser, das als Lebenszeichen aus einer langen Vase fließt. Szene 3 (links): die gereinigte Hatschepsut vollzieht den königlichen Aufstieg. Horus und Thot begleiten sie. 18. Dynastie (ca. 1490–1436 v. Chr.). Quarzit.

Abb. 58: Refliefblock aus der Roten Kapelle von Hatschepsut in Karnak: Das Aufsetzen der Roten Krone Unterägyptens. Der Gott Amun krönt die Königin Hatschepsut, die vor ihm kniet. Sie wendet ihm den Rücken zu und blickt in die gleiche Richtung wie er. Ihnen gegenüber stehen die Schutzgöttin von Unterägypten, Uto, und ganz links ein Iunmutef-Priester. 18. Dynastie (ca. 1490–1468 v. Chr.) Quarzit.

Abb. 59: Relief mit Darstellung des Sed-Festes von Sesostris III. Abgebildet ist der Höhepunkt des Rituals mit dem Aufsetzen der Kronen Ober- und Unterägyptens im königlichen Erscheinungspavillon. 12. Dynastie (ca. 1850 v. Chr.). Kalkstein. Kairo, Ägyptisches Museum.

Abb. 60: Relief aus dem Sonnentempel von Niuserre in Abu Gurob: Der König hat den Sed-Festmantel abgelegt und vollzieht nun im kurzen Schurz mit langen Schritten den Kultlauf. 5. Dynastie (ca. 2400 v. Chr.). Kalkstein.

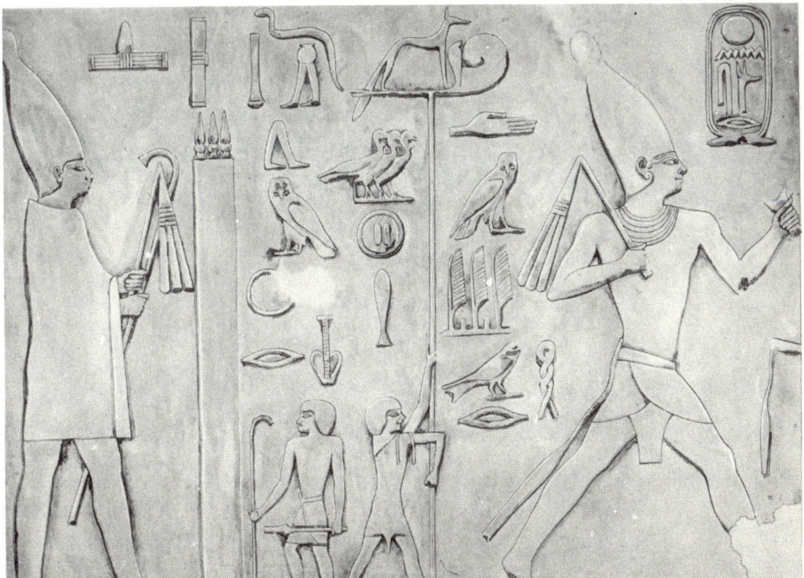

Abb. 61: «Osirispfeiler» im Tempel Ramses' III. in Karnak. Der König hält Krummstab und Geissel in den über der Brust gekreuzten Armen; der Körper ist mumienförmig dargestellt. 20. Dynastie (ca. 1180 v. Chr.). Sandstein.

Die Ausübung der Gerechtigkeit

Mehr als die genaue Organisation des Rechtswesens, die Rechtswissenschaft, die polizeilichen Ermittlungen und die Strafen, die von der Todesstrafe über Verstümmelung und Zwangsarbeit bis zur Auspeitschung reichten, interessiert uns die Rechtsprechung und die Beziehung zwischen der Exekutive und dem Richter.

«Die Gerechtigkeit ist wunderbar, ihre Vortrefflichkeit (ist) hart. Seit der Zeit von Osiris hat sie sich nicht verändert, und man bestraft den, der die Gesetze vernachlässigt», lehrt der Wesir Ptahhotep seinen Sohn. Wie waren nun aber diese Gesetze? Sicher scheint, daß es grundsätzliche Gesetze gab, von denen dann speziellere abgeleitet wurden. Auch wird von den Richtern und vom Wesir immer wieder verlangt, daß sie in ihren Entscheidungen auch den Präzedenzfällen Rechnung tragen. Im Rahmen einer Untersuchung muß Rechmire alle Parteien anhören, «wie es dieses Gesetz, das er in der Hand hält, verlangt». Die von Haremhab erlassenen Gesetze sollen sich in den schon vorhandenen Rahmen einfügen und vor allem punktuelle Mängel abdecken. Da die Gesetze aber nicht jeden Einzelfall aufführen konnten, lag es immer wieder am König, dem Wesir oder andern Richtern, die grundsätzlichen Bestimmungen zu interpretieren. Hier liegt denn auch eine gewisse Freiheit des Wesirs. Er ist für die Einhaltung der Grundgedanken des Rechts zuständig und wacht über ihre Auslegung: «Ich habe jedes Geschäft unter dem Gesichtspunkt der Maat beurteilt und erreicht, daß jeweils beide Parteien mit zufriedenem Herzen das Gericht verließen».

Selbstverständlich übte dabei der König einen großen Einfluß aus, indem er dem Wesir direkte Anweisungen geben konnte. Haremhab sagt über seine beiden Wesire Ramses und Sethos: «Ich habe verschwiegene Männer geprüft (und ausgewählt), Männer mit gerechtem Charakter, die fähig sind, die Gedanken zu ergründen, indem sie die Befehle des Palastes und die Gesetze des Hofes befolgen. Ich habe sie ernannt, damit sie in den beiden Ländern richten». Die für uns heute so selbstverständliche Gewaltentrennung im Staat in die exekutive, die legislative und in die richterliche Gewalt kannten die Ägypter nicht. Immer wieder kam es vor, daß der Pharao in ein laufendes Verfahren eingriff, ob es sich nun um einen Ehebruch – wie dies ein Märchen aus dem *Papyrus Westcar* berichtet – oder um Staatsverbrechen handelt. Dazu paßt, daß die königliche Phraseologie dem König die Verkündigung der Gesetze zuschreibt. Damit liegt die oberste legislative und richterliche Gewalt beim Pharao. In beiden Funktionen unterstützt und ersetzt ihn nach Bedarf der Wesir. In Ägypten führte die Verbindung der Kompetenzen aber nie zu einer Tyrannei, wie dies nach den Theorien der Aufklärung ja im Falle der fehlenden Gewaltentrennung im Staat anzunehmen wäre. Auch wenn es gelegentlich vorkommt, daß die Bestrafung eines Übeltäters auch seine Nachkommen einschließt, bemühen sich die Richter doch, sowohl dem Einzelfall Rechnung zu tragen als auch alle Parteien zufriedenzustellen. «Du bist es, der darüber wacht, daß alle Dinge in Übereinstimmung mit den Gesetzen und dem Recht getan werden, indem du jedem Menschen Gerechtigkeit widerfahren läßt. Ein Richter muß ohne Verstellung leben, denn Wind und Wasser berichten überall, was er tut».

War eine Partei mit dem Urteil unzufrieden, so konnte sie entweder die nächsthöhere Instanz anrufen, eine Eingabe beim Wesir machen oder sich an ein Götterorakel wenden.

Die Grenzen der königlichen Macht

Obwohl in Ägypten eine Verfassung in unserem Sinne fehlt, folgt die Regierung doch dem grundsätzlichen Plan, den die Götter den Menschen übergeben haben. Ziel jeder Regierung ist es, die Maat zu verwirklichen. Erstaunlicherweise begrenzt das Königtum mit diesem Konzept seine Macht selbst.

Dazu kommt noch, daß der Platz, den im ägyptischen Denken der Mensch innerhalb der Schöpfung einnimmt, viele Machtmißbräuche verhindert. Ein schönes Beispiel dafür finden wir in einem Märchen aus dem *Papyrus Westcar*. Da wird berichtet, daß König Cheops sich langweilte. Einer seiner Söhne ließ deshalb einen Zauberer kommen, um ihn aufzuheitern: «Da fragte Seine Majestät: ‹Ist es wahr, was erzählt wird, daß du einen abgeschnittenen Kopf wieder aufsetzen könntest?› Djedi antwortete: ‹Ja, ich kann es, König, mein Herr.› Da sagte Seine Majestät: ‹Man bringe mir den Gefangenen her, der im Gefängnis ist, auf daß er hingerichtet werde.› Aber Djedi sagte: ‹Doch nicht an einem Menschen, König, mein Herr. Es ist doch verboten, so etwas an der Heiligen Herde (Gottes) zu tun.›» Daraufhin führt Djedi seine Zauberkünste an einer Gans, einem Rind und einem Löwen vor. Interessant ist aber, daß es ein ganz gewöhnlicher Privatmann ist, der hier den Herrscher an den Rang menschlichen Lebens erinnert – und daß sich der König daran hält. Umgekehrt kommt es aber auch vor, daß der König sich in seiner Großzügigkeit über die Meinung seiner Familie und der Höflinge hinwegsetzt. So gewährt in der Geschichte von Sinuhe aus dem Mittleren Reich Sesostris I. dem Sinuhe, der nach einer Haremsverschwörung nach Asien geflüchtet ist, Verzeihung und ermöglicht ihm damit die ersehnte Rückkehr nach Ägypten, obwohl die königliche Familie ihm feindlich gegenübersteht.

Wenden wir uns nun der Thronfolge zu. In der 10. Dynastie (ca. 2130–2040) erinnert König Cheti seinen Sohn Merikare daran, daß Blutsverwandtschaft allein nicht immer zur Thronfolge berechtigt habe: nicht immer folge der Sohn seinem Vater in das höchste Amt nach. Deshalb ist auch schon die These einer Wahlmonarchie aufgestellt worden, die aber noch zu beweisen wäre. Der Allmachtsanspruch des Königs würde durch die Tatsache, daß er seine Macht von Menschen erhält, doch entscheidend geschwächt. Es zeigt sich, daß solche Ansätze höchstens in Niedergangszeiten vorhanden sind, in denen die Autorität des

Königs sehr schwach ist. In diesen Perioden konnte das Königtum dank dieser Anpassung zumindest als Idee überleben.

Immer wieder können wir feststellen, wie sehr sich der König mit dem ganzen Land identifiziert. So betont Hatschepsut: «Ich weiß, daß ich ein vollkommener König bin. Ich habe gepackt, was er (der Gott) vor mein Gesicht gegeben hat: alle Länder halte ich in meiner Hand, alle neun Bogen, ohne daß etwas fehlt. Meine Macht reicht bis zur Grenze der beiden Länder. Ich habe mich des Mutes des großen Schreiers (Seth) bemächtigt, und meine Macht ist über das ganze Land ausgebreitet». Das Königtum läßt sich nicht ohne das dazugehörige Land denken; die Grenzen der königlichen Macht und des Territoriums fallen zusammen. Deshalb kann der König auch nicht das kleinste Stückchen Land wirklich weggeben, da dies seine Macht verringern würde. Die enge Verbindung zwischen dem Herrscher und seinem Staatsgebiet drückt sich in einer aus dem Verwandtschaftsbereich stammenden Metapher aus. Ramses II. nennt sich einen «Schutzwall aus Feuerstein um das ganze geliebte Land herum (...), den Gatten Ägyptens, der es stärker macht als alle anderen Länder». Das Bild der Ehe unterstreicht, daß der König und das Land zusammen ein Ganzes bilden und wie sehr beide voneinander abhängen.

Die Kriegerfunktion des Königs

Wir werden im folgenden nicht alle Aspekte des Krieges berücksichtigen, sondern nur die, die den Kampf und die Berichte über die kriegerische Kraft des Königs betreffen. Wirtschaftliche Aspekte, militärische Unternehmungen ganz allgemein, Eroberungen, Strategien, Kriegskunst und Kriegshandwerk, Waffen, das Kriegsrecht und schließlich die Anfänge eines internationalen Rechts werden wir nicht behandeln. Dafür werden wir das

Motiv des Kampfes und einige Aspekte der kriegerischen Funktion des Königs genauer untersuchen. Besonders interessiert uns die Symbiose zwischen dem Körper des Königs und dem Körper der wilden Tiere, die Beziehungen zwischen der Kindheit des Königs und der Bestätigung der Macht, und der Parallelismus zwischen Jagd und Krieg. Zuletzt werden wir uns mit den Umständen der Aneignung der Welt beschäftigen.

Anthropologische und kosmogonische Grundlagen des Kampfes

Diese Grundlagen beruhen auf der Stellung des Menschen innerhalb der Schöpfung, der hervorragenden Stellung der Ägypter unter den Menschen, und auf dem Zweck des Kriegs, nämlich der Wiederherstellung von Recht und Ordnung durch den König.

DER ÄGYPTER UND DIE ANDERN MENSCHEN

Wenn der Ägypter sich anderen Lebewesen gegenübersieht, seien das nun Fremde oder Tiere, so neigt er dazu, jeden Bereich in Bezug auf den je andern zu definieren. Diese Definitionsversuche geben uns einen interessanten Einblick, wie sich die Ägypter die Schöpfung der Welt vorgestellt haben.

Das älteste Zeugnis über den Ursprung der Welt und der Götter finden wir in den Pyramidentexten, die das älteste Korpus der Menschheit mit Jenseitsvorstellungen bilden. Von da an können wir die theologischen Weiterentwicklungen dieser Gedanken über 3000 Jahre hinweg verfolgen. Dabei stehen verschiedene Schulen nebeneinander, die sich gegenseitig immer wieder beeinflussen. Die Theologien von Heliopolis, Hermopolis, Memphis, Theben oder Esna geben uns Hinweise über die Entstehung der Erdoberfläche, der Gestirne, des Nils, der Götter, der Menschen, der Pflanzen und der Tiere. Von diesen Gedankengebäuden, die den Ursprung des Menschen mit der Entstehung der Welt verbinden, lassen sich zwei grundsätzliche Züge ableiten.

Einerseits variiert die Reihenfolge der Elemente der Welt und der sie bevölkernden Lebewesen von einer Tradition zur andern, und es läßt sich keine eindeutige Hierarchie ablesen. Anderseits existiert kein Wesensunterschied zwischen den verschiedenen Produkten der Schöpfung. Die Kosmogonie von Esna aus der Zeit Hadrians zeigt dies deutlich: «Wach auf, Gott der Umdrehung (der Töpferscheibe = Chnum), der du die Menschen, die großen und die kleinen Tiere, die Schlangen, Skorpione, Fische und Vögel modellierst, der du die Glieder, Farben und Haut trennst und ihre Zungen, mit denen sie sich ausdrücken, verschieden drehst», und weiter: «So waren alle, wie sie sind, geformt auf seiner Scheibe». Alles was aus dem Schöpfer hervorgeht, also das ganze Universum und das, was es enthält, steht auf der gleichen Ebene. Die verschiedenen Vorgehensweisen, die die Schöpfung bewirken (Erzeugen, Schaffen oder Schöpfung durch das Wort), beziehen sich jeweils auf alle ihre Teile. Das Universum und alle Lebewesen entstammen dem gleichen Schöpfer und werden alle gleichzeitig auf die selbe Art geschaffen. Dieser Akt findet beim vielzitierten «ersten Mal» statt (Sauneron und Yoyotte, 1959).

Der Mensch ist also eine Gattung unter vielen, der sich durch seine Ernährung von anderen Arten unterscheidet:

«Die Falken leben von kleineren Vögeln,
die Hunde von ihren Diebstählen,
die Schweine von der Wüste,
die Nilpferde von den Sümpfen,
die Menschen vom Getreide,
die Krokodile von den Fischen,
die Fische von dem, was im Wasser ist.
(All dies) wie Atum (der Schöpfer) es angeordnet hat».

Innerhalb der Aufzählung scheint der Mensch eine bescheidene Stellung einzunehmen, aber er ist der einzige, der von der Landwirtschaft lebt. Diese Eigenheit, die ihn dazu zwingt, seine materielle Umgebung zu verändern, hebt ihn aus der Masse der

Lebewesen heraus. Tatsächlich hat sich die Rolle des Menschen in der Schöpfung verändert. Seit den Pyramidentexten aus dem Alten Reich, die maßgeblich von der theologischen Tradition von Heliopolis geprägt sind, ist der Bezug auf den Menschen implizit ausgedrückt, wenn der Schöpfer die Götter aus seinen Körperflüssigkeiten (Speichel oder Sperma) bildet, also aus Substanzen, die er mit dem menschlichen Körper gemeinsam hat. Das Bild geht von der Voraussetzung aus, daß letztlich die Herkunft des Menschen erklärt werden soll, wie sich denn auch alle ägyptischen Schöpfungsmythen diesem Ziel unterwerfen. Deutlich zeigt sich dies in der *Weisheitslehre für Merikare* vom Ende der ersten Zwischenzeit: Das materielle Universum ist für den Menschen geschaffen worden und enthält alle Elemente, die er zum Leben braucht. «Die Menschen, die Herde Gottes, haben ein bevorzugtes Schicksal. Er (der Gott) hat den Himmel und die Erde für sie geschaffen, er hat für sie die Bedrohung der Gewässer vertrieben, er hat den Wind gemacht, damit ihre Nasen leben können; denn sie sind sein Abbild, das aus seinen Gliedern hervorgegangen ist; für sie leuchtet er am Himmel, so wie er auch für sie die Pflanzen, die Tiere und die Fische gemacht hat, um sie zu ernähren».

In diesem Text unterwirft sich die ganze Schöpfung dem Menschen und wird für ihn zum Lebensraum oder zur Nahrungsquelle. Kurz vor unserer Zeitrechnung geht ein memphitischer Priester sogar noch weiter und formuliert in einem Text über die Schöpfung, daß das Getreide aus dem Menschen selbst hervorgegangen ist: «Er (der Schöpfer) ist Vater und Mutter. Er ließ die Gerste aus dem Mann und den Weizen aus der Frau wachsen». Wir wissen nicht, ob dieses Bild auf einem Wortspiel zwischen «Vater» und «Gerste» (beide *jt* geschrieben) und zwischen «Mutter» *(mwt)* und «Weizen» *(btj)* beruht; interessant ist auf jeden Fall, daß hier die Entstehung des Menschen der des Getreides vorausgeht.

Vom Rest der Menschheit unterscheiden sich die Ägypter im

Laufe der Zeit immer mehr, obwohl alle Menschen vom gleichen Schöpfer abstammen. In einem Hymnus zu Ehren Atons beschreibt Amenophis IV.-Echnaton ihn als Schöpfer der Menschen und Tiere und führt dabei die verschiedenen Rassen ausdrücklich auf den göttlichen Willen zurück: «Die Länder Syriens, Nubiens und Ägyptens hast du jedes an seinen Platz gestellt und für ihre Bedürfnisse gesorgt; jedes hat seine Nahrung und seine ihm zugeteilte Lebenszeit. Die Zungen sind in verschiedenen Sprachen aufgeteilt, so wie es auch die Menschenrassen sind; (die Farbe) ihrer Haut ist unterschiedlich, weil du die Völker verschieden gemacht hast». Trotz der Unterschiedlichkeit ihrer Sprechorgane, die die verschiedenen Sprachen verursachen, wird hier doch sehr klar auf den gemeinsamen Ursprung aller Menschen hingewiesen.

Ganz im Gegensatz zu den Griechen, welche die nur zu Knurrlauten fähigen «Barbaren» verachteten, und auch zu den Arabern, die alle Völker, die eine andere Sprache als arabisch sprachen, kurzerhand als «Stumme» bezeichneten, respektiert das Konzept, wie es sich im Aton-Hymnus zeigt, die ethnischen und kulturellen Eigenarten der verschiedenen Völker. Dieses Prinzip wird aber auch in Ägypten immer wieder verändert und den politischen Verhältnissen angepaßt. Im Neuen Reich dient den Eroberern die Herkunft aller Menschen vom ägyptischen Schöpfergott auch als Vorwand, diese dem ägyptischen Reich einzuverleiben. In den Gräbern der Ramessidenzeit finden wir als Bild für die allesübergreifende Macht des Pharao die Darstellung der vier den Himmelsrichtungen zugeordneten Menschenrassen: Ägypter, Asiaten, Nubier und Libyer (Abb. 45). Gleichzeitig scheint es aber doch immer wieder Gradunterschiede innerhalb der «Gottesherde» zu geben. Die königlichen Totentexte des Neuen Reichs erklären, daß die Ägypter beim Schöpfungsvorgang als erste geschaffen worden und deshalb allein als «Menschen» *(rmṯ)* zu bezeichnen seien, weil nur sie aus den Tränen *(rmjt)* von Horus entstanden seien. Mit ähnlichen Wortspielen werden dann die anderen Menschenrassen erklärt. Die Bezeichnung «Mensch» ist also den Ägyptern vorbehalten. Hinter dem Prinzip der Gleichheit versteckt sich doch ziemlich viel Stolz und Überlegenheitsgefühl gegenüber den andern Völkern, was sich auch in der Beurteilung der Topographie ausdrückt: «Du (Gott) hast die Bergländer Syriens und Nubiens geschaffen und auch die Ebene Ägyptens». Die ganze Welt wird wiederum in dualistischen Begriffen erfaßt: Ägypten und die Fremdländer. In dieser geographischen Unterscheidung ist immer auch schon eine ideologische Wertung enthalten, indem die angrenzenden Gebiete mit den feindlichen Regionen der Wüste verbunden werden. Das gleiche geschieht nicht nur mit dem Lebensraum der «anderen», sondern auch mit den Bewohnern, die schnell einmal als Feinde eingestuft werden. Der Deckel eines Kästchens aus dem Grabschatz des Tutanchamun zeigt den jungen König als Krieger und als Jäger (Abb. 52), wobei die Darstellung ganz bewußt die Unterschiede der Landschaften betont, indem sie dem wilden Durcheinander der Fremde und der wilden Tiere die geordnete Welt der Nillandschaft und des ägyptischen Heeres gegenübersetzt.

Auch in der Beziehung zwischen Mensch und Tier zeigt sich ein Aspekt des Verhältnisses der verschiedenen Völker untereinander.

Die Ägypter bemühten sich auch darum, die Herkunft der Tiere zu erklären. Sie nahmen an, sie seien ebenfalls vom Schöpfer auf die gleiche Art wie die Menschen und auch zur selben Zeit geschaffen worden. Die Tiere werden als Teil der natürlichen Umwelt und damit auch als dem Menschen untergeordnet gesehen, in dem Maße, wie sich der Mensch als Zentrum der Schöpfung betrachtet. Gleichzeitig aber können die Tiere als Teil des Universums auch das Gefäß werden, in dem sich die Gottheit manifestiert. Damit stehen sie über den Pflanzen, Steinen oder Metallen, in denen eine solche Offenbarung nicht möglich ist. Die heiligen Tiere des Tempels und die Haustiere wurden gut betreut und erhielten nach ihrem Tod ein Grab, in das ihnen die gleichen Texte und Opfergaben wie den Menschen mitgegeben wurden. Wenn auch im Schöpfungsvorgang selbst zwischen Menschen und Tieren unterschieden wird, so sind doch die Beziehungen zwischen Göttern und Tieren und zwischen Menschen und Tieren vielfältig und von gegenseitiger Achtung geprägt.

Für das Abbild der Götter können sich Menschen- und Tierkörper vermischen; im Gegensatz zu den meisten Kulturen ist diese Verwischung der Grenze zwischen Mensch und Tier von keinem Tabu belegt und findet sich sowohl in Texten wie bildlichen Darstellungen häufig. Mit der Abbildung solcher Mischwesen sollte keineswegs eine biologische Wirklichkeit wiedergegeben werden, sondern sie sollte eine gedankliche Realität widerspiegeln, in der die Götter die besten Eigenschaften ihrer Geschöpfe besitzen und sich zugleich durch diese ausdrücken.

In den Metaphern drückt sich die Verwandtschaft von Mensch und Tier immer wieder aus. Wie der Mensch bewegt sich das Tier, es gibt Laute von sich, besitzt einen Körper mit Gliedern und kann seine Stimmungen ausdrücken. Dazu übersteigen aber seine physischen Fähigkeiten diejenigen des Menschen. Dieses Bild des Überflusses an äußeren Qualitäten, verbunden mit einer geheimnisvollen Undurchdringlichkeit, diente als Modell für die Wiedergabe des Wesens der Götter und gewisser Aspekte der Könige, denn auch sie verfügen über Fähigkeiten, die die Möglichkeiten des menschlichen Körpers übersteigen. Der als Tier beschriebene König ist kein reales Tier, sondern die Summe der «lebenden Bilder» des Tieres, in dessen Gestalt er sich gerade verkörpert. Die Verbindung ist jederzeit lösbar. Die Symbiose zwischen königlichem und tierischem Körper meint keine ontologische Ähnlichkeit, sondern sie ist metaphorisch. Wenn sich der König als Löwe, Krokodil, Falke, Stier oder Heuschrecke darstellen läßt, so eignet er sich dadurch bestimmte Tugenden dieser Tiere an.

Für den Ägypter, der sich als Mensch immer in das Schöpfungsgeschehen eingeordnet fühlte, ist besonders das «erste Mal» wichtig, da sich in ihm die Dynamik der Schöpfung am deutlichsten zeigt. Die anthropozentrische Theologie der Ägypter stellte den Menschen und speziell den König in das Zentrum des Interesses. Wir wenden uns nun den Modellen zu, aufgrund derer der Pharao seine Vormachtstellung erhielt.

In erster Linie vermitteln uns die Schöpfungsmythen den notwendigen Hintergrund. Als Beispiel betrachten wir den Schöpfungsmythos von Edfu (vgl. J.-Cl. Goyon, 1985). Neben dem allgemeinen Schema jedes Schöpfungsberichts, wo das Chaos das Gleichgewicht der Welt vom ersten Moment an bedroht und so zu einem ständigen Kampf führt, interessiert uns auch das Abwehrsystem der Götter, wie es speziell in Edfu dargestellt ist. Dabei werden sich einige Analogien zwischen dem in den Mythen beschriebenen Kampf der Urmächte und den Kriegen der Menschen ergeben.

Eine zentrale Episode des Mythos beschreibt den gnadenlosen Kampf, den der geheimnisvolle Schöpfergott gegen ein chthonisches Monster, eine aus dem Nichts entstandene Schlange, führen muß. Nach einer ersten Niederlage erscheint der Feind von neuem. Um die Schlange endgültig zu besiegen, entnimmt der göttliche Falke seinem eigenen Wesen vier kriegerische Wesen in Tiergestalt: Falke, Löwe, Schlange und Stier, die er je an die Spitze einer Gruppe gleicher Wesen stellt, denen die Kontrolle einer Himmelsrichtung untersteht. Sie siegen, indem sie sich zu einem Viereck zusammenstellen; nachher bewachen sie die Behausung des Gottes.

Die Bedeutung der kriegerischen Wesen liegt darin, daß sie die defensiven und offensiven Kräfte des Schöpfers ausdrücken. Indem der Gott ihnen ihre Namen verleiht, gibt er ihnen die angesprochenen Fähigkeiten und die entsprechenden Waffen. Die löwengestaltigen Genien heißen etwa «der, der köpft» oder «der,

der Blut trinkt»; die Schlangen tragen Namen wie «die mit starken Muskeln», «die die Kehle durchschneidet», «die Panik verbreitet» oder «die mit schnellem Arm». Nach dem gleichen Prinzip werden auch Falke und Stier benannt. Die körperliche Überlegenheit der tiergestaltigen Wesen wird noch dadurch verstärkt, daß sie durch das Wort des Schöpfers entstanden sind. Zusammen vertreten sie als Fleischfresser (Löwe), Reptilien (Schlange), Vögel (Falke) und Pflanzenfresser (Stier) das ganze Tierreich.

Die Heftigkeit des Kampfes wird dann sehr eindrücklich beschrieben: «Ich spieße die Eingeweide derer auf, deren Herz sich gegen dich erhoben hat», sagt etwa ein Stierwesen; und ein Löwenwesen bestätigt: «Ich trinke das Blut derer, die sich gegen dich auflehnen». Die Ikonographie zeigt diese Wesen mit Messern und Harpunen bewaffnet, mit denen sie die Kräfte des Bösen überwinden.

Den Menschen kommt bei der Erinnerung an dieses Urgeschehen eine wichtige Rolle zu. Indem diese Ereignisse des «ersten Mals» durch Rituale und Kriege wiedererinnert und vergegenwärtigt werden, behalten sie ihre Gültigkeit und Wirksamkeit. Die in den Ursprungsmythen beschriebenen göttlichen Kämpfe können durch die Menschen Kontinuität erhalten. Dabei geht es in Ägypten nie um die Liebe zu Krieg und Kampf als solchen, aber diese sind nötig, um die Schöpfung am Leben zu erhalten.

Es lassen sich drei Typen von Krieg unterscheiden, in denen sich die historische Rolle des Königs als Stellvertreter des Schöpfergottes mit der des Menschen vermischt. Die Kriege, die der König außerhalb Ägyptens führt, zielen auf die Herrschaft über die Grenzgebiete, wodurch eine Art Schutzring um Ägypten selbst gelegt werden soll, der die zerstörerischen Energien fernhält. Auf diese Art Krieg beziehen sich viele Beinamen des Königs, die ihn etwa «eine Mauer aus Erz um Ägypten» oder «Held, der die Grenzen erweitert» nennen. Die Sicherheit des Landes hängt von der kosmischen Harmonie ab. In der Ebene von

Megiddo nördlich von Galiläa erscheint Thutmosis III. (ca. 1490–1436) seinem Feind, dem Prinzen von Kadesch, «auf seinem goldenen Kriegswagen in seiner Rüstung» wie die Sonne in der Morgendämmerung. Der König kann aber außer der Sonnenkraft auch die aggressive Seite der göttlichen Macht verkörpern und Gewalttätigkeit und Grausamkeit ausstrahlen. Diesen ebenfalls notwendigen Aspekt ihres Wesen verbanden die Könige des Neuen Reichs mit dem Gott Seth.

Demgegenüber werden die Bürgerkriege als ein Ende der Welt verstanden: «Die Sonne wird sich von den Menschen entfernen. Sie werden zwar zur Zeit aufstehen, aber sie wissen nicht, wann Mittag ist (...) Das Gesicht wird nicht mehr geblendet, wenn man sie (die Sonne) anschaut (...) Sie wird wie ein Mond am Himmel stehen.» Die *Prophezeiung des Neferti* spiegelt in der Entfernung der Sonne von den Menschen die Gegensätze hell – dunkel und Sonne – Mond, um dann zu schließen: «Re bleibt es nur noch übrig, mit der Schöpfung neu anzufangen». In dieser Zeit erscheint ein rettender König, der als Mensch die Aufgabe des Schöpfergottes am Anfang der Zeit übernimmt, das Ungleichgewicht verscheucht und Ägypten unter seiner Herrschaft vereinigt.

Neben den Eroberungskriegen und den Bürgerkriegen müssen die Könige gegen einwandernde Völker auch defensive Kriege führen. Das langsame und friedliche Eindringen Fremder führt dabei nicht automatisch zu einer Militäraktion, obwohl die Schreiber die Anwesenheit dieser Leute im Tal und gar auf dem Thron als großen Fehler betrachteten. Manchmal werden solche Invasionen auch verdrängt und vergessen. So findet sich in ägyptischen Dokumenten überhaupt keine Spur von Assurbanipals Zug nilaufwärts. Normalerweise wird aber das Eindringen benachbarter Völker als eine Fortsetzung der Mythen der Urzeit interpretiert. Dabei können die Fremden mit den schädlichen Kräften verbunden gedacht werden. Die Perser (525–404 und 334–332) wurden so mit Seth, dem Feind des Osiris, identifiziert. Auch Alexander der Große (332–323), den die Ägypter freundlich aufnahmen, trägt hinter seinem Namen in der zweiten Kartusche ein Fremdlandzeichen. Es kommt aber auch vor, daß sich die Fremden so gut in die einheimische Theologie einfügen, daß sie in Bild und Text nicht mehr als solche zu erkennen sind. Dies geschieht etwa in der Äthiopenzeit (713–664), wenn sich die nubischen Könige im Kampf gegen ihre südlichen Brüder und auf den Pylonen der Tempel als Sieger über die Neger darstellen lassen.

Trotz vieler realistischer Äußerungen über den Krieg, trotz der Darstellung der gefesselten Feinde unter den Füßen des Herrschers und trotz einer Fülle von militärischen Szenen in der bildenden Kunst ist der Krieg nie Selbstzweck, sondern dient der Aufrechterhaltung und Fortführung der Schöpfung.

Aspekte der Kriegerfunktion

In prähistorischer Zeit war der Kampf zwischen Tieren und später auch zwischen Tieren und menschlichen Jägern auf den Paletten aus Schist ein häufig dargestelltes Motiv. Auf der Narmer-Palette sehen wir, wie der als Mensch oder Tier abgebildete König über seine todgeweihten Feinde triumphiert (Abb. 18 und 19). Ursprünglich war der König der Anführer auf der Jagd und wurde erst später zum Führer im Krieg. Aus dieser Zeit behält er durch die Jahrtausende hindurch seine Herrschaftsattribute, die Keule und den Tierschwanz, die sich in ähnlichen Formen in ganz Afrika wiederfinden.

Aus dieser Zeit stammt die Betonung der physischen Kraft des Königs. Krieg und Jagd werden als parallele Vorgehen gesehen, und die Beschreibung der Gefangennahme von Feinden geschieht in Metaphern der Jagd. Um die Kraft des Königs im Kampf zu steigern und ihn vor seinen Feinden zu schützen, finden spezielle Schutzrituale statt.

Die Kraft des Königs, auf die ständig Bezug genommen wird, zeigt sich im Diesseits und im Jenseits.

Im Jenseits erweist sich der König gegenüber den Lebenden als feindlich, die ihn dorthin begleiten möchten, wo nur er allein Zutritt hat. Er richtet sich aber auch gegen den Himmel, dessen Mauern er einstürzen läßt, damit ihm die Tore geöffnet werden. Tatsächlich wird der Zugang zum Himmel wie die Eroberung einer belagerten Stadt beschrieben. Die schwierige Ablösung des Königs von der Erde schafft in der Götterwelt Unordnung und Spannungen, die sich in Gewittern, Stürmen und Hagel äußern (Leclant, 1983–1984, S. 591). Auf diese durch die Ankunft des Königs im Jenseits bewirkten Störungen beziehen sich auch die Beschwörungsformeln gegen Atum: «Wenn dem König auf diesem Weg Hindernisse begegnen, so wird auch Atum Hindernissen begegnen» (Leclant, 1982–1983, S. 541). Der König beansprucht auch im Jenseits die ungeteilte Macht.

Auf der Erde wenden die Könige ihre körperliche Gewalt gegen alles Lebendige. Dies können Tiere sein, die in sich üble Kräfte beherbergen, oder Menschen, vor allem natürlich die Feinde Ägyptens.

Die königliche Kraft im Dienste des Kampfes wird speziell ausgebildet. Schon als Kind übt sich der Kronprinz in Sport und Athletik. Die sportliche Ausbildung der Prinzen ist wohlbekannt. Schon im Alten Reich nimmt König Sahure (ca. 2470) seinen ältesten Sohn mit auf die Jagd in die Wüste. Später berichtet der Gaufürst Cheti in seinen Jugenderinnerungen, daß ihn der König zusammen mit seinen Kindern schwimmen lehrte. Als typisches Beispiel für die Jugendjahre eines Kronprinzen kann die Erziehung von Amenophis II. (ca. 1438–1412) gelten. Man kennt seinen Waffenmeister Min, der ihm beibringt, wie er den Bogen spannen und zielen muß, damit der Pfeil die Scheibe trifft: «Spanne den Bogen bis zu deinen Ohren. Stärke deinen Arm (...), Königssohn Amenophis». Die Erziehung scheint erfolgreich verlaufen zu sein, galt der spätere König doch als einer der besten Bogenschützen seiner Zeit, der fähig war, bei 300 Bogen nacheinander die Sehne zu spannen, um ihre Qualität zu prüfen, und der von seinem fahrenden Streitwagen aus auf 10 m entfernte Scheiben von 7,5 cm Größe traf. Auch lernte er Pferde zureiten und aufziehen und mit einem Schiff umgehen.

Die Ausbildung in Jagd und Sport soll den König auf den Krieg vorbereiten. Dazu verfügt er auch über einige angeborene Eigenschaften. Die richtige Einstellung zum Kampf gilt als ihm von Re vererbt: «Seine Glut (im Kampf) brennt heftiger als ein Feuermeer; er verbrennt bei seinem Kommen mehr als richtiges Feuer», preist ein Hymnus aus dem Mittleren Reich den König. Das Bild des Feuermeers finden wir auch im Neuen Reich wieder; dort bezieht es sich auf Kamose, der die Hyksos aus Ägypten vertreibt: «(...) und meine wachsame Armee marschierte mit mir wie ein Feuerhauch». König Cheti (ca. 2100) unterstreicht die kosmische Natur seiner kriegerischen Fähigkeiten, indem er seine Militäraktion als «eine Wolke, die sich entleert» beschreibt. Auch die Zeit Ramses' II. (1290–1224) verwendet ein ähnliches Bild: «Seine Schönheit liegt in seinem Körper, wie das Wasser und der Wind». Noch Jahrhunderte später vergleicht Pianchi (ca. 730) seine Eroberung der Stadt Memphis mit einem auf sie niederstürzenden Wolkenbruch. Die Metaphern aus dem Bereich der Meteorologie vergleichen den König mit der Kraft eines Wassereinbruchs. Immer wieder wird betont, daß sich diese Kraft des Königs physisch äußert. Dazu wird dann die Stärke seines Arms gerühmt und beschrieben, wie er seine Feinde niederschlägt.

In einer Welt, in der sich Menschen und Tiere nicht grundsätzlich unterscheiden, sind es die den wilden Tieren fehlenden Eigenschaften, die den König zusätzlich auszeichnen.

Wir wenden uns nun zuerst dem Sitz der außerordentlichen Kraft des Königs zu. Dabei vermischen sich einige der königlichen mit tierischen Körperteilen, was dem König Fähigkeiten vermittelt, die ihn von der Masse der Menschen unterscheiden.

Zwischen dem machtvoll ausgestreckten Arm des Königs und den mächtigen Vorderbeinen des Stiers, zwischen den Fingern des Menschen und den Krallen des Löwen, zwischen den Zähnen der Menschen und denen der Raubtiere, und zwischen der menschlichen Stimme und dem Muhen der Stiere oder dem Schreien des Löwen lassen sich viele Übereinstimmungen feststellen; ebenso zwischen dem menschlichen Gesicht und dem Gesicht des Falken oder des Stiers. Manchmal entlehnt das Bild des Königs auch tierische Körperteile, für die der menschliche Körper kein Gegenstück hat. So kann sich der König auch mit den scharfen Hörnern der Boviden abbilden lassen, mit denen er dann seine Feinde in Stücke reißt; dabei scheint das Horn mit dem königlichen Bogen gleichgesetzt zu werden: «Wende dein Horn ab und lege deinen Bogen nieder» (Sinuhe B 274). Auch erleichtern dem König Flügel anstelle seiner Arme den Aufstieg zu den Göttern.

Diese körperliche Heterogenität betrifft nicht alle Körperteile in gleichem Maße. In erster Linie sind davon der Kopf und die Glieder betroffen.

Erleichtert wird die Auswechselbarkeit menschlicher und tierischer Körperteile durch das Schriftsystem der Ägypter und durch viele Metaphern. Einige davon dienen dazu, den Körper des Kriegers zu beschreiben. Bei vielen andern unterlegt der Gebrauch eines bestimmten Determinativs einem Wort oder Ausdruck einen zweiten Sinn, der zwischen Menschen und Tieren engste Verbindungen herstellt. Um zum Beispiel die Hitze eines Kampfes und seine Wirkungen auszudrücken, nützen die Schreiber die speziellen Möglichkeiten der Hieroglyphenschrift aus. So schreiben sie «Kraft» *(pḥtj)* mit zwei Löwenköpfen oder dem Hinterteil eines Löwen, «Zorn» *(nšnj)* determinieren sie mit dem Seth-Tier oder mit dem Zeichen für Regen, und der Hals eines Caniden dient als Phonogramm für *wsr* «stark, mächtig». In den Pyramidentexten finden wir den gebundenen Opferstier als Determinativ des Verbes *ḫr* «fallen, niedergeschlagen werden»; der Ersatz des üblichen menschlichen Körpers durch den tierischen verweist auf die Ähnlichkeit zwischen Opfertier und dem überwältigenden Feind. Auch die Ausdrücke, die die Wirkung des kraftvollen Auftretens des Königs im Feindesland beschreiben, sind mit tierischen Determinativen versehen: *snḏ* «Furcht» mit der Ente mit umgedrehtem Hals, *nrw* «Angst» mit dem Geierkopf, und *šfjt* «Ruf» mit dem Widderkopf. Die Macht des Königs wird also durchaus physisch interpretiert.

Immer wieder werden der König und seine Feinde in Texten und Bildern als Tiere bezeichnet. Auf der Libyerpalette erkennen wir die Gründung von Städten durch die königlichen Tiere: Falke, Löwe und Skorpion, die mit der Hacke ausgestattet sind, die sonst der König benutzt. Analog wird schon in prädynastischer Zeit auch das Bild des kämpfenden Stiers mit dem König verbunden. Auf der sogenannten «Stier-Palette» steht ein Stier mit seinen Vorderbeinen auf einem liegenden Mann und stößt mit seinen Hörern zu; und auf der Rückseite der Narmerpalette (Abb. 19) zerstört ein Stier mit seinen Hörnern eine Festung und zerstampft mit einem Fuß einen unter ihm liegenden Feind. Diese Darstellungen des Königs im Bild sind älter als die königlichen Beinamen, die dann später im Neuen Reich genau dasselbe ausdrücken, wenn sie den König als «starken Stier», «der mit scharfen Hörnern» oder «der sich auf dem Kampfplatz aufrichtet» bezeichnen. Die sogenannte «Geier-Palette», ebenfalls aus prädynastischer Zeit, zeigt einen Löwen, der als Beute einen unter seinen Pranken liegenden Mann auffrißt. Der Vergleich zwischen dem Löwen und dem ihm im Kampf gegenüberstehenden König stammt aus der genauen Kenntnis der Lebensgewohnheiten des Tiers. Auf diese Tradition gehen auch die Texte aus dem Neuen Reich zurück, in denen Ramses II. als «ein mächtiger Löwe mit ausgestreckten Krallen und einem gewaltigen Brüllen, der seine Stimme im Wadi ertönen läßt, wo die Wüstentiere sind», beschrieben wird. Die Vermenschlichung des den siegreichen König ersetzenden Tiers zeichnet sich schon auf der Narmerpalette ab. Gegenüber dem seinen Feind schlagenden König sehen wir einen Falken auf einem Papyrusbündel sitzen, mit einer (menschlichen) Hand einen Strick haltend, der an der Nase eines Gefangenen befestigt ist (Abb. 18). Bedeutsam ist auch, daß mehrere Könige der Frühzeit auch einen Tiernamen tragen, zum Beispiel König Skorpion, König Narmer («schlimmer Wels») oder König Schlange. In der folgenden Zeit werden dann die Tierbezüge des Königs präzisiert und auch vervielfacht. In den Pyramidentexten erscheint der verstorbene König als Stier *(ng3)*, der aus seiner Festung tritt; ihm zugeordnet sind der Schakal *(wpjw)* und die Heuschrecke, deren Sprungkraft der König braucht, um in den Himmel zu gelangen. In einem Text aus dem Neuen Reich wird die Königin Hatschepsut mit einem Falken, einem Schakal und verschiedenen Krokodilen gleichgesetzt. Der Falke vermittelt ihr seinen mächtigen Flug, der Schakal die Fähigkeit, sehr schnell zu rennen, und das Krokodil steht dafür, daß es auf unvorhersehbare Weise reagiert, wenn es gereizt wird:

«Ich bin ein wilder Stier mit spitzen Hörnern, der vom Himmel kommt, nachdem er seine Anordnung gesehen hat.

Ich bin ein Falke, der über das Land fliegt, der sich auf der Erde niederläßt und seine Grenzen festigt.

Ich bin ein Schakal mit schnellem Schritt, der in einem Augenblick um das ganze Land herum rennen kann.

...

Ich bin ein wütendes Krokodil, das mit Gewalt zupackt, das ganz sicher zupackt und dem keiner entkommen kann.

Ich bin ein gefährliches Krokodil, das alles ausplündert und das den Wasserarm überquert, den keiner überqueren kann. Ich bin ein verborgenes Krokodil, ich bin ein heimtückisches Krokodil, das den Schatten sucht und das sich im Weideland versteckt hält.»

Aus den charakteristischen Zügen jedes Tieres lassen sich die einzelnen Züge von Kraft und List analysieren, die der Pharao für seine kriegerischen Unternehmungen benötigt.

Das Bild des Königs als Greif (Abb. 46) faßt den zusammengesetzten Charakter des königlichen Körpers recht gut zusammen. Der Greif erscheint graphisch in Szenen des Aufmarsches von Tieren und in Tierkämpfen, später dann auch in der Darstellung des triumphierenden Königs (Abb. 47). Der Greif als phantastisches Tier begegnet uns erstmals in vordynastischer Zeit auf der Palette von Hierakonpolis. Dargestellt wird er mit dem Körper eines Löwen und dem Kopf und den Flügeln eines Vogels, der eine Antilope angreift. Später kann ein Menschenkopf den Vogelkopf ersetzen; der Körper bleibt aber aus Löwe und Falke zusammengesetzt, was ihm die Fähigkeit vermittelt, seine Feinde auf der Erde und in der Luft zu überwältigen. Der Mensch bewundert und fürchtet das ihm überlegene Tier; indem er sich seine zerstörerische Kraft aneignet, versucht er das Chaos besser zu überwinden. Ganz einer Idee entsprungen, veranschaulicht der Greif die Vorstellung am besten, die sich der Mensch von seinem König macht: nämlich als die Summe der Tiere, die die Erde bevölkern. Das bedeutet, daß der Mensch den intellektuellen Anspruch erhebt, daß in ihm die Summe aller Fähigkeiten auch der andern Lebewesen enthalten ist. Die Wildheit des Königs im Kampf veräußerlicht seine zweite Natur in einem Bild aus der Tierwelt.

Die aggressive Kraft der Tiermetaphern kann sich aber auch umkehren: Auch der zu vertreibende Feind kann mit einem Stier verglichen werden, dessen Reizbarkeit zu vernichten ist: «Dein Kopf ist in der Hand von Horus, dein Schwanz ist in der Hand von Isis, und die Finger von Atum berühren dein Gehörn» (Leclant, 1985–1986, S. 603). In der Lehre von Amenemhat I. für seinen Sohn Sesostris I. (ca. 1990–1961) aus dem Mittleren Reich beschreibt ein Abschnitt auch die Feinde des Königs in Tierbildern: «Ich habe die Löwen gezähmt und ich habe die Krokodile gefangen; ich habe die Bewohner von Wawat bezwungen und die Leute von Medja gefangen genommen. Ich habe die Asiaten wie Hunde laufen lassen.» Löwen und Krokodile als Tiere der Wüste und des Wassers beziehen sich auf die Völker südlich von Ägypten, die Medjas in den südlichen Wüstengebieten und die Nubier von Wawat an den Ufern des Nils. Im Bild drückt sich vor allem das Dogma des Siegs des Pharao aus, und weniger eine konkrete Schlacht in Nubien. Das gleiche gilt auch für die Metaphern für die Bewohner Asiens. Der Vergleich der Asiaten mit Hunden kommt so häufig vor, daß sich während der Amarnazeit die Stammesfürsten im Vorderen Orient sogar selber als «Hunde» des Königs bezeichnen!

Die Darstellung der Kraft des Königs verfolgt verschiedene Ziele. Manchmal steht er als Garant der Einheit der beiden Länder, manchmal verbreitet er Zerstörung in den eroberten Gebieten, wenn er ihre Bewohner «schlägt», «zurückstößt», «zerdrückt», «niederschlägt», «tötet», «packt» und «unterwirft». In anderem Zusammenhang beschützt er die beiden Länder und macht sich zu ihrer «Mauer» oder «Festung» aus Macht und Stärke, aus Kupfer und Erz, um sein geliebtes Ägypten zu schützen. Für diese defensive Rolle des Königs finden wir auch das Bild des Schutzschilds.

Die königliche Durchschlagskraft dagegen zeigt sich im Bild des Königs als Bogenschütze, dessen Pfeil sein Ziel immer trifft. Man sagt deshalb auch vom König, daß «er nie zweimal zuschlägt, wenn er tötet». Sehr beliebt ist auch das Aufzählen aller kriegerischen Fähigkeiten des Königs. Dann wird als Beweis dafür minutiös aufgeführt, was er an Gefangenen und Gütern als Kriegsbeute heimgeführt hat, und die Bilder und Texte beschreiben den König als den, der im Kampf allein der Menge seiner Feinde gegenübersteht oder der allein vor einem Leichenhaufen oder abgeschnittenen Händen seiner Gegner dasteht. Die Menge der getöteten Feinde wird sehr stereotyp mit Tausend, Zehntausend oder einer Million wiedergegeben. In diesen Zahlen spiegelt sich der Ruhm des siegreichen Königs, während die Feinde hinter diesen ungenauen Zahlen verschwinden. Für das ägyptische Denken drücken die körperliche Gewandtheit des Königs und der in Zahlen ausgedrückte Erfolg seine Unbesiegbarkeit aus. Neben seiner physischen Kraft verfügt er aber auch noch über andere Stärken, die ihm den Sieg erleichtern. Seine Schönheit läßt sich mit der des Kriegsgottes Month vergleichen, und die Männlichkeit des Herrschers als «Gatte Ägyptens» ist das Pfand, das seinen Schutz garantiert.

Ein weiteres Attribut des Krieges ist die Röte, die den Körper des Königs überzieht: «Man gab rote Farbe auf seine Glieder, als Zeichen für die Macht von Month und den beiden Herren (= Horus und Seth)». Die Verbindung der Farbe rot mit der Wut wird häufig negativ vermerkt. Rot sind auch die Haut und die Haare von Seth und seinen Gefährten, und diese Farbe wird auch den Feinden Ägyptens, die die Wüste bewohnen, zugeschrieben. Doch umfaßt Rot auch positive Qualitäten, die sich der König aneignet, um unbesiegbar zu werden. Um seine Aufgabe zu erfüllen, benötigt der König auch die Eigenschaften, über die seine Feinde verfügen. Wenn es um den Sieg geht, verwandelt sich auch der Name des Königs in eine Waffe, die in den Fremdländern Angst und Schrecken hervorruft: «Sein Name ist wie sein Kriegsruf» und: «Die Berge zitterten wegen seines Namens», heißt es über Ramses III. In diesen Aussagen drückt sich auch die Macht des Wortes aus. In der Lehre für Merikare empfiehlt König Cheti seinem Sohn dieses Verhalten: «Sei ein Künstler mit Worten, um stark zu sein; die Macht eines Mannes liegt in seiner Sprache; Worte sind stärker als irgendein Kampf». Damit steht das Wort höher als jeder aggressive Akt. Schließlich enthält die Kraft des Königs auch einen theokratischen Aspekt. Zweimal drückt Königin Hatschepsut diese Idee aus: «Ich bin vom Himmel herabgestiegen, nachdem ich seine Macht und das, was in ihm enthalten ist, kennengelernt habe, denn er (der Himmel) hat mich unterrichtet. Und ich habe dieses Land im Zustand der Unterwerfung gepackt» (Historische Texte XIII, 2–4) und: «Ich bin ein wilder Stier mit scharfen Hörnern, der vom Himmel kommt, nachdem er seine Anordnung gesehen hat» (Historische

Texte XV, 2–3). Der König kommt also vom Himmel herunter, nachdem ihm dort eine Offenbarung zuteil geworden ist, wie er sein Land regieren soll.

JAGD UND KRIEG

Die enge Beziehung zwischen der physischen Kraft des Königs und der Kraft der Tiere geht auf die alte Zeit der Jägerkultur zurück. Deshalb wird auch die Gefangennahme von Feinden immer unter dem Gesichtspunkt einer Jagd dargestellt.

Manchmal tragen die Kämpfe des Königs Züge einer Jagd unter Tieren. Die Dekoration eines Dolchs von König Ahmose (Abb. 48) zeigt einen Löwen, der mit weit offenem Maul einen fliehenden Wildstier verfolgt: ein Bild für den den Feind verfolgenden König. Das Geschehen ereignet sich in einer hügeligen, sandigen Wüstenlandschaft. Die königliche Armee wird durch vier unbeweglich hinter je einer kleinen, kahlen Pflanze sitzende Heuschrecken dargestellt, die dem fliehenden Stier wie eine Sperre gegenüberstehen. In ihrer Vierzahl deutet sich die Universalität ihrer Rolle an. Das Bild des königlichen Löwen, der hinter dem Wildstier herrennt, meint den König, der den Feind aus Ägypten vertreibt. Die Heuschrecken stehen für die Hilfe, die dem König durch seine in vier Armeen organisierten Soldaten zuteil wird. Der Vergleich zwischen Heuschrecken und Soldaten ist sehr häufig; die Organisation dieser Insekten im Schwarm und ihre Gefräßigkeit entsprechen der Vorstellung der Masse und Wirksamkeit einer Armee. Auch das Alte und das Neue Testament verwenden dieses Bild: «Denn ein Volk ist wider mein Land herangezogen, stark und ohne Zahl; es hat Zähne wie ein Löwe, ein Gebiß wie eine Löwin» (Joel I, 6) und: «Und die Gestalten, die als Heuschrecken erschienen, waren gleich Pferden, die zum Krieg gerüstet sind, und auf ihren Köpfen (war es) wie Kränze gleich Gold, und ihre Angesichter (waren) wie Angesichter von Menschen. Und sie hatten Haare wie Frauenhaare, und ihre Zähne waren wie die von Löwen. Und sie hatten Panzer wie eiserne Panzer, und das Getöse ihrer Flügel war wie das Getöse von Wagen mit vielen Pferden, die in den Krieg laufen» (Off. IX, 7–9). Der Vergleich kommt sogar noch in der christlichen Symbolik des Mittelalters vor (C. Desroches-Noblecourt, 1984, S. 891). In unserm Beispiel beziehen sich die tierischen Vergleiche sicher auf den Befreiungskrieg, den Ahmose gegen die Hyksos führt.

In einigen Fällen lassen sich die Verfolgungsszenen unter Tieren aber nicht so einfach auf ein konkretes historisches Ereignis beziehen, etwa wenn der königliche Name nicht beigeschrieben ist. Dann illustriert das Bild vielmehr das Thema des königlichen Sieges. Aus Deir el-Medine ist ein Ostrakon bekannt, auf dem eine Hyäne einen Löwen verfolgt (Abb. 49). Der Löwe wird als «König von Ober- und Unterägypten» bezeichnet. Diese Umkehrung des Themas, wo der König der Tiere von einem Fleischfresser verfolgt wird, stellt die zerstörerischen Kräfte in der Welt dar und stammt sicher von einem Freigeist, der die Absurdität der Ideologie des Sieges aufzeigt, indem er den Jäger zum Gejagten macht. Ein anderes Ostrakon aus Deir el-Medine zeigt den königlichen Löwen, der mit seinen Zähnen den Kopf eines Nubiers gepackt hat und ihn wie eine Beute herbeischleppt (Abb. 50). Der Nubier ist als Gefangener dargestellt: er kniet und hat die Arme auf den Rücken gebunden. Er ist reich geschmückt. Der Gefangene scheint noch zu leben – der Jäger, dessen Blutrünstigkeit in den Texten immer wieder beschworen wird, läßt hier seine Menschlichkeit über die Regeln der Jagd triumphieren.

Die Ägypter beschränkten sich nicht darauf, menschliche Taten und Bemühungen in Tierszenen umzusetzen, sie stellten auch häufig die königliche Jagd und die Kriege des Königs parallel nebeneinander. Der Kampf des Königs gegen Tiere und sein von einer Armee unterstützter Kampf gegen andere Menschen wechseln sich auf Monumenten, Möbeln und Schmuckstücken häufig ab. Ein Beispiel dafür ist die beidseitig gravierte Gemme (Abb. 51) aus grünem Jaspis mit dem Namen Amenophis' II. (C.

Desroches-Noblecourt, 1950, S. 37–46). Die eine Seite zeigt den athletischen König, wie er mit der linken Hand einen Löwen am Schwanz hochhebt, eine aus der mesopotamischen Ikonographie wohlbekannte Haltung, die an die Reliefs von Assurbanipal erinnert. Auf unserem Siegel trägt der König die kurze Perücke und einen kurzen Schurz, der die kräftigen muskulösen Beine freiläßt. Der König mißt seine Kraft mit der Kraft des wilden Tiers. Auf der andern Seite ist er auf seinem Kriegswagen stehend abgebildet, wie er mit dem Bogen auf zwei Asiaten schießt. Das kleine Monument trägt den Namen «Aacheperre (Amenophis II.) der Tapfere». Eine Kombination des Jagd- und des Kampfmotivs finden wir auf einem Kästchen aus dem Grabschatz des Tutanchamun (Abb. 52). Auf den beiden Längsseiten und auf dem Deckel ist die ruhige Haltung des Königs und die Ordnung seines Gefolges gegenüber dem Durcheinander des Wilds und der Feinde dargestellt. Auf einer Seite des Deckels steht der König in heldenhafter Größe auf seinem Kriegswagen und jagt Antilopen, Strauße und Hyänen, während er auf dem anschließenden Bild die Syrier verfolgt. Auf der gegenüberliegenden Seite sehen wir den König im Kampf mit acht Löwen, und daneben durchbohrt er mit seinen Pfeilen die Neger, die seine Jagdhunde ergriffen haben. Das chaotische Durcheinander der Tiere und Feinde in der Wüste kontrastiert mit der ruhigen, fast unbeweglichen Haltung des Königs und seines Gefolges im fruchtbaren Land. Andere Beispiele kennen wir aus dem Tempel von Ramses III. in Medinet Habu, wo Jagdszenen mit wilden Tieren und der Aufzucht von Pferden mit Bildern von Seeschlachten, der Belagerung von Städten und der Opferung von Gefangenen für den Gott Amun abwechseln.

Dabei sind drei Punkte wesentlich:

1. Die Darstellung der Kämpfe auf der Schnittstelle zwischen Fruchtland und Wüste erlaubt ihre Lokalisierung an der Grenze des Landes. Die sich aufbäumenden Pferde, die den Kriegswagen ziehen, stehen mit ihren Hinterbeinen noch auf von Büschen

bewachsenem Land, während ihre Vorderbeine schon über sterbende oder erschlagene Tiere und Menschen ausgreifen, die in der Wüste liegen.

2. Die Kampfszenen bei der Jagd und im Krieg spielen mit zwei Gegensätzen: sie stellen die Menge dem Einzelnen und das Chaos der Ordnung gegenüber. Der Einzelne und die Ordnung entsprechen sich. Der König steht allein und unbewegt auf seinem Kriegswagen; dies ganz im Gegensatz zur griechischen Kunst, wo sich der Held direkt aus der Unordnung erhebt. Aber der Ruhe des Pharao entspricht auch eine disziplinierte Armee, die ihrerseits eine große Menge vertritt.

3. Ordnung und Chaos stehen nicht ganz auf der gleichen Stufe. Auf den Bildern mit Kampfszenen nimmt die geordnete Welt des Königs etwa zwei Drittel der Bildfläche ein. Den kleineren Teil des Bildes bedeckt die Darstellung des Durcheinanders der Feinde, die vor dem König zurückweichen. Auch darin zeigt sich, daß das Chaos nur um den Preis eines ständigen Kampfes zurückgedrängt werden kann.

Wenn die Jagd als Vorbereitung für den Krieg gilt und wenn Bilder und Texte den Krieg als Wiederholung der Jagd darstellen, so kann die Jagd aber auch als Verlängerung des Kriegs betrachtet werden.

Die Jagd gilt den wilden Tieren der Wüste jener Zeit, den verschiedenen Antilopen, Gazellen, Hyänen, Füchsen, Wildeseln und Wüstenspringmäusen. Daneben jagt der König auch Großwild: Elefanten, Nashörner, Strauße, Wildstiere und Löwen. Diese Jagd findet auch außerhalb Ägyptens statt, etwa an den Ufern des Euphrat, in Nubien, in der Wüste östlich von Heliopolis, in den Wasserlöchern am Rand des Gebirges und am Ausgang der Wadis. Von Thutmosis III. stammen verschiedene Berichte über die Jagd während seiner Kriegszüge in Asien und Nubien. Auf einer Stele in Armant bei Theben berichtet er:

«Er (Thutmosis III.) tötete sieben Löwen in einem Augenblick, indem er mit dem Bogen auf sie schoß. Er erlegte zwölf Wildstiere in einer Stunde und trug ihre Schwänze als Abzeichen. Er tötete zwanzig Elefanten im Lande Ni, als er von Naharina zurückkehrte. Er überquerte das verkehrte Wasser (den Euphrat), zerstörte die Städte an den Ufern, indem er sie für immer mit Feuer verbrannte; dann ließ er auf dem Ostufer eine Siegesstele aufstellen. Mit dem Bogen erlegte er in der südlichen Wüste Nubiens auch ein Nashorn».

Ein Offizier, der den König auf seinem Kriegszug in Asien begleitete, berichtet, wie er dem König bei diesen großen Jagden beistand:

«Ich verhalf einer andern Unternehmung des Herrn der beiden Länder in Ni zu einem glücklichen Ausgang. Er jagte dort 120 Elefanten wegen ihrer Stoßzähne. Ich bemächtigte mich des größten davon, der Seine Majestät angegriffen hatte. Ich schnitt seinen Rüssel ab, während er lebend vor dem König stand, indem ich mich im Wasser zwischen zwei Felsen versteckt hielt».

Die Entdeckung eines Jagdparks in Soleb, in der Nähe des großen Tempels von Amenophis III., liefert einen konkreten Beweis für die Jagdberichte. Dieser Park war rechteckig angelegt (600 m × 300 m) und wurde von je etwa drei Meter voneinander entfernten Fallen umfaßt, die wie eine Absperrung wirkten. Auf dem ganzen Gelände fand man behauene Feuersteine und Reste organischen Materials, wahrscheinlich handelt es sich dabei um Pfeilspitzen und um Exkremente der gejagten Tiere. In erster Linie fand hier wohl die Jagd auf Löwen vom Kriegswagen aus statt. Dabei lenkte der König den Wagen, indem er sich die Zügel um den Bauch band, denn so hatte er die Hände für das Bogenschießen frei. Ein Gedenkskarabäus von Amenophis III. bestätigt diese Annahme, indem er verzeichnet: «1. bis 10. Regierungsjahr: 102 wilde Löwen» (Leclant, 1981, S. 727–734).

Die Jagd diente gleichzeitig der Unterhaltung und dem sportlichen Training. Wenn sie auf Gedenkskarabäen oder anderen offiziellen Dokumenten aufgeführt wird, erhält sie einen mythisch-rituellen Wert. In der Opferhalle im großen Tempel des

Amun-Re in Karnak gibt es eine Szene, wo Thutmosis III., gefolgt von zwei Gottheiten der Sümpfe, in einem Papyrusdickicht voller Vögel rudert und die Halme vor Amun-Re bewegt. Diese Szene geht der Darstellung der Vogeljagd mit dem großen Netz voran. Eine der Gottheiten ist ein alter Gott des Fischens, dessen Körper sich aus lauter Enten zusammensetzt. Durch die Darstellung im Tempel ganz in der Nähe des Heiligtums erhält die Szene den Sinn eines symbolischen Opfers von Wasser- und Luftbewohnern. Der König drückt mit der Jagd gleichzeitig seinen Herrschaftsanspruch auch über die ungezähmte Natur aus. Solche Darstellungen kommen immer wieder vor. Wenn der König Wildstiere und Löwen am Rand der Wüste und in Nubien jagt, so führt er ein magisches Ritual aus, das die negativen Kräfte, die sich in diesen Tieren verkörpern können, unbeweglich und unwirksam macht.

DER ABWEHRZAUBER IM DIENST DES STAATES

Die Zauberei mit dem Ziel, die feindlichen Unternehmungen der Feinde des Königs und Ägyptens unwirksam zu machen, folgt ganz bestimmten Gesetzen. Diese Zauberei kann mit Hilfe von Bildern oder von Ritualen erfolgen. Die Gesetze der Magie wurden selbstverständlich nie ausdrücklich formuliert, aber sie lassen sich doch bestimmen. Dabei gibt es zwei Grundprinzipien. Nach dem *Gesetz der Kontiguität* entspricht der Teil dem Ganzen. Da die Persönlichkeit als ungeteiltes Ganzes gilt, bewirkt jede Einwirkung auf einen Teil des Körpers oder der Seele eine Veränderung des ganzen Menschen. Nach dem *Gesetz der Ähnlichkeit* entspricht der Ersatz dem Original. Das Bild ist also Wirklichkeit. Als Ersatz oder Stellvertreter für die zu bannenden Feinde taugen rote Vasen, die man zerbricht, Figürchen von Gefangenen und kleine Statuetten von Seth und Apophis, die man durchbohrt, zerbricht und verbrennt. Als Bindeglied zwischen dem Ersatz und dem zu treffenden Opfer wirkt der Name des Feindes. Dabei sind die Figürchen nie individuell gestaltet; sie vertreten ganze Menschengruppen und Völker, also den «Feind» ganz allgemein. Die Wirkung der Magie wird noch verstärkt, wenn die Figürchen mit Zauberformeln versehen werden, die ihre Zerstörung beschleunigen.

Im Gegensatz zu der oben beschriebenen Zauberei mit Hilfe des Bildes kann der Feind auch mit Ritualen geschädigt werden. In diesem Fall betrifft die Magie ein Volk, die Prinzen und die Namen der Fremdländer. Dieses Vorgehen wirkt präventiv, indem es die Rebellion der betreffenden Untertanen verhindern oder verlangsamen soll; es zielt also in die Zukunft.

Hier stellt sich nun die Frage, ob die Reliefdarstellungen in den Tempeln historische Tatsachen abbilden oder Scheinhandlungen von symbolischem Wert wiedergeben. Viele dieser Bilder zeigen den übergroßen König, wie er vor seinem Gott mit der Keule oder einem Messer eine große Menge gefangener, fliehender oder toter Feinde niederschlägt. Manchmal werden die Gefangenen auch in einem großen Netz dargestellt, das der König zusammenbindet, wie wenn er sich auf der Vogeljagd befände. In anderen Fällen hält er einen Strick, an dem viele zinnenbewehrte Ovale befestigt sind und über denen je ein Gefangener und der Name eines Volkes oder eines eroberten Landes steht. Die ganze Umgebung des Krieges, die Festungen, Armeen, Schlachtorte sind ganz klein dargestellt und werden vom königlichen Held dominiert. Normalerweise entsprechen die militärischen Darstellungen der Realität. Wenn sie aber so im Tempel abgebildet werden, erhalten sie eine zusätzliche Bedeutung, indem sie nun die verderblichen Kräfte bannen. Aus den Namen der im Bild unterworfenen Völker lassen sich ganze Listen der zu bannenden Völker bilden, deren Wirksamkeit durch die Wiederholung noch erhöht wird. Ziemlich sicher wurden nach einer erfolgreichen Expedition die Gefangenen im Lande selbst angesiedelt, und der König begnügte sich damit, ihre Abbilder zu opfern. Diesen geopferten Abbildern entsprechen vermutlich auch die neun Bogen, die die Gesamtheit der Feinde Ägyptens repräsentieren und die überall unter den Füßen des Königs abgebildet sind, oder auch die Bilder der Gefangenen, die auf den königlichen Hokkern die Beine verzieren, oder der Neger und der Syrer, die das untere Ende der Zeremonialstäbe von Tutanchamun schmükken.

Ein anderer Aspekt des Abwehrzaubers gegenüber möglichen Feinden liegt in den Ritualen, die an den Ersatzfigürchen vollzogen wurden (Posener, 1974–75, S. 397–404).

Das Ritual des Zerbrechens von roten Vasen – die Farbe Rot steht für die Gefahren der feindlichen Wüste – ist zum ersten Mal im Rahmen der Bestattungsbräuche im Alten Reich bezeugt. Laut Spruch 249 der Pyramidentexte dient dieser Akt dazu, die Feinde des Königs davon abzuhalten, ihm zu schaden. Zu militärischen Zwecken wurde dieses Ritual in der Festung von Mirgissa auf der Höhe des zweiten Katarakts ausgeführt. Dort wurden *in situ* viele Scherben von Vasen und Figürchen von knienden Gefangenen, deren Arme auf dem Rücken zusammengebunden waren, gefunden. Sie waren versehen mit Zaubersprüchen, die die Feinde vernichten und die ägyptischen Siedler vor einer möglichen Revolte beschützen sollten. Die materielle Barriere der Festung wird zusätzlich mit einer magischen Verteidigung versehen, die Ägypten vor den Feinden der pharaonischen Macht beschützen sollte.

Parallel zu diesen Ritualen, bei denen Vasen und Statuetten in einem administrativen oder militärischen Kontext zerbrochen wurden, fanden im Tempel auch ziemlich komplizierte magische Rituale an Wachs- und Tonfigürchen statt: «Was nun den Wachs betrifft, so macht man daraus einen Rebellen, um seinen Namen zu schneiden und um zu verhindern, daß seine Seele aus dem Ort der Qualen hervorgeht. Was das Wachs betrifft, so macht man daraus Figürchen, um seinen Namen zu zerstören» (Papyrus Salt, 5,3–4).

Manchmal sind präzise Angaben erhalten, wie das Ritual durchgeführt wird:

«Worte zu sprechen über der Statue eines Rebellen aus Wachs oder aus Ton und über einem neuen Papyrus, auf dem sein Name, der Name seines Vaters und der Name seiner Mutter mit frischer Tinte (geschrieben) steht und die am Ort der Qualen vergraben sind: ‹Versiegeln aller seiner Glieder mit diesem Siegel, auf dem sein Gesicht abgebildet ist›. Ein wirksames Rezept, tausendfach erprobt.» (Papyrus British Museum, 10081, 36,10–14.)

Oder auch:

«Versiegelt sind die Münder, versiegelt sind die Lippen.

Versiegelt sind die beiden Arme, versiegelt sind die beiden Beine.

Versiegelt sind die *ḫḫ*-Kehlen, versiegelt sind die *htjt*-Kehlen.

Versiegelt sind die Leiber, versiegelt sind alle lebenden Münder, die gegen den Pharao irgendwelche schlechten und roten Worte aussprechen könnten, die gegen ihn irgendetwas Schlechtes und Übles äußern könnten, in der Nacht, am Tag, oder an irgendeinem Moment des Tages» (Papyrus British Museum, 10081, 35,27–33).

Der mit frischer Tinte auf die Figürchen geschriebene Name des Feindes hielt natürlich nicht sehr lange. Deshalb wurde der Name auch noch auf einen Papyrus geschrieben. Das Ritual bestand darin, jeden Teil des Körpers, und ganz speziell die Sprechorgane, zu berühren oder zu pressen. Damit sollte der Mund, der den König diffamieren könnte, magisch verschlossen werden. Die Verleumder der Macht werden durch staatliche Magie verurteilt.

Manchmal fallen im Abwehrzauber die Feinde des Gottes und des Königs zusammen:

«Horus hat seine Lanze aus Bronze genommen und hat die Köpfe der Feinde des Re eingeschlagen.

Horus hat seine Lanze aus Bronze genommen und hat die Köpfe der Feinde des Königs, er lebe, sei heil und gesund, eingeschlagen» (Papyrus Brenner Rhind, 22,9–10).

Dabei nimmt ein Priester-Zauberer die Rolle von Horus ein.

Damit wird zweifellos auch auf den Mythos von Horus angespielt, wo er seine Feinde mit einer Lanze verfolgt und die Wirksamkeit des Rituals dadurch noch verstärkt. Nach dem Gesetz der Ähnlichkeit muß der Pharao selbst die Feinde des Re zerstören:

«Der Pharao betet Re an und versenkt seine Harpune in Apophis. Er nimmt eine Fackel und legt Feuer an ihn ... Das Feuer ist in dir, seine Flamme ist in dir (Apophis). Das Feuer ist in euch, ihr Feinde des Pharao, er lebe, sei heil und gesund» (Papyrus Brenner Rhind, 22,13–14).

Häufig stellen die Figürchen, an denen diese Rituale vollzogen wurden, die Schlange Apophis und den Gott Seth als Stellvertreter für alle Feinde des Re und für alle Gegner der Macht dar:

«Spruch, um ein Messer zu nehmen und damit Apophis zu treffen. Worte zu sprechen: Packe zu, packe zu, Metzger, und schlachte den Feind des Re mit deinem Messer. Packe zu, packe zu, Metzger, und schlachte den Feind des Königs mit deinem Messer» (Papyrus Brenner Rhind, 22,20–21).

«Den Apophis ins Feuer legen und auf ihn spucken zu Beginn jeder Stunde des Tages, bis sich der Schatten wendet (Mittag). Danach, in der sechsten Stunde des Tages, wirst du Apophis ins Feuer legen, du wirst auf ihn spucken, und du wirst ihn mit deinem linken Fuß so treten, daß du den Schreier (Apophis), den mit schrecklichem Gesicht, zurücktreibst» (Papyrus Brenner Rhind, 23,11).

Die Beschreibung folgt hier nicht der wirklichen Reihenfolge der Handlungen; man kann die Statue nicht zerstampfen, solange sie im Feuer liegt. Vermutlich war dies die Reihenfolge: Anspucken, mit den Füßen treten, mit der Lanze stechen, mit dem Messer schneiden und dann ins Feuer werfen. Die ziemlich weitschweifigen Texte zeigen die Wiederholungen und Abwandlungen des Rituals recht deutlich.

Die in den Tempeln abgebildeten Szenen liefern uns weitere Informationen über die magischen Rituale. Auf den Wänden der

Roten Kapelle von Königin Hatschepsut ist die Verbrennung der Feinde dargestellt (Abb. 56). Eine Gottesgemahlin erhält eine Fackel, die sie gegen einen Feueraltar hält, um ihn anzuzünden, danach nimmt sie einen Spieß, auf dem ein Fächer mit dem Bild des gefangenen Feindes befestigt ist. Die Fortsetzung des Rituals fehlt, aber sie läßt sich leicht erraten: die Göttergemahlin wird das Bild des Feindes ins Feuer auf den Altar geben. Ebenfalls in Karnak gibt es auch eine andere Darstellung der Zerstörung der Feinde durch das Feuer. Auf dem Tor des Month-Tempels befindet sich das Bild eines Königs, der mit seinem Messer die Figürchen zweier Rücken an Rücken zusammengebundener Gefangener sticht, die in einem vierhenkeligen Kessel sind (Sauneron, 1974, S. 113–118). Die dazugehörige Legende erklärt, der König «hat unter den Feinden deines Vaters ein Gemetzel angerichtet; er hat ihr Fleisch mit deinem Messer durchbohrt; er hat sie in deinem Kessel gekocht (...), so daß ihr Rauch bis in den Himmel aufgestiegen ist.» Aus Edfu ist eine Darstellung bekannt, die den König zeigt, wie er mit einer Lanze neun gefesselte Gefangene durchbohrt, die die neun Bogen repräsentieren. Dabei befinden sich die Gefangenen ebenfalls in einem rechteckigen Kessel. Daneben gibt es in Edfu auch noch die Abbildung der Opferung eines Esels. Der Esel gilt als Tier des Seth. Der König vollbringt dabei das Tieropfer, indem er den Esel vor Horus von Sile, «der Seth nach Asien zurücktreibt», mit einem Jagdspieß durchbohrt. Von einem Stempelsiegel ist auch die Darstellung von Seth mit einem Eselskopf bekannt (Yoyotte, 1969–1970, S. 186–191).

Die Magie bildet durch die Mittel der Ikonographie, der Schrift, der Verfluchung mit Zaubersprüchen und der Töpferei einen Teil des ägyptischen Abwehrsystems gegenüber Verleumdern des Königs und möglichen Angreifern des Landes.

Die Inbesitznahme des Raumes enthält verschiedene Aspekte: die physische Präsenz und die Handlungen des Königs im Krieg und im Kult, das Einsetzen eines Ersatzes, wenn der König nicht anwesend sein kann, die Unterteilung des eroberten Landes mit Hilfe der Zahlen Vier und Neun und den Kult der Aneignung der Welt mit Hilfe dauernder Beschwörungen.

DIE KONTROLLE DES KÖNIGS ÜBER ÄGYPTEN

Über die offizielle Verkündigung der Herrschaft über die beiden Länder hinaus zeigen uns die Texte, wie die lokalen Besonderheiten langsam abgebaut werden.

Die königliche Autorität mißt sich leicht anhand ihres Verhältnisses zu den Gauen. Die Dörfer und Gemeinschaften, die sich um ein gemeinsames Heiligtum versammeln und die gleichen Tabus beachten, bilden in prähistorischer Zeit einen Gau. In pharaonischer Zeit entsprechen sie den Verwaltungseinheiten, die sich mehr oder weniger an diese älteren Grenzen halten. Die Statuengruppen des Alten Reichs verbinden häufig das Portrait des Königs mit einer Gaugottheit. Beispiele dafür sind etwa die Triade von Mykerinos (ca. 2500; Abb. 5) oder die Dyade von Sahure (ca. 2470). Diese Bilder zeigen auch, daß in dieser Zeit die Wahrnehmung des ägyptischen Raums einem Nebeneinander einzelner Gebiete entspricht. Die jedem Gau eigenen religiösen Bräuche bleiben vor allem im Tierkult lebendig, so daß uns auch noch die griechischen Autoren darüber berichten können. Herodot stellt unter anderem einen Katalog auf, in dem er die heiligen Tiere jeder Region verzeichnet (Herodot II, 65–76), und Plutarch erwähnt, daß die Intoleranz der Tierverehrer Anlaß zu manchem Streit gab. So sollen die Bewohner des Fischgaus einen Hund geopfert und sein Fleisch rituell verzehrt haben, weil ihre Nachbarn im Hundegau einen ihnen heiligen Fisch gegessen hatten – was einer Kriegserklärung entspricht (De Iside et Osiride, 72). In ägyptischen Quellen finden wir nirgends solche Extremfälle verzeichnet, aber die Beachtung der Eigenheiten jedes Gaus ist ein Zug, der überall in Ägypten gilt. Diesen lokalen Unterschieden tragen auch die Handlungen des Königs immer Rechnung.

In den Zeiten stabiler politischer Machtverhältnisse setzt der Pharao seine Abstammung von den Göttern fest, läßt sein Bild im ganzen Land verteilen, wacht über den Bau und den Unterhalt der Tempel und organisiert die Priesterschaft. Um die territoriale Integrität seiner Herrschaft zu bestätigen, ruft er sie anläßlich seines Regierungsjubiläums alle zusammen, wobei dann auf dem Nil eine lange Prozession der vielen verschiedenen Kultstatuen stattfindet. Herodot berichtet auch, daß der König bei der Rekrutierung seiner Garde jede Region mit einem bestimmten Anteil berücksichtigte (Herodot, II 168).

Nur der König kann den ägyptischen Raum beherrschen. Der König läßt nicht nur Götterstatuen im ganzen Land aufstellen, sondern er markiert auch seine Anwesenheit an verschiedenen Orten des Landes, wo der Vollzug des Rituals ihm eine symbolische Aneignung des Landes verschafft. Wenn der König lokale Revolten niederschlagen muß, so setzt er sich an die Spitze seiner Truppen, um ihnen einerseits zum Sieg zu verhelfen und um anderseits auch physisch sichtbar seiner Rolle als Garant der Ordnung nachzukommen. Während seiner triumphalen Expedition begnügt sich der Nubier Pianchi (ca. 730) nicht mit dem militärischen Erfolg; er stattet unterwegs jedem lokalen Heiligtum seinen Besuch ab, damit ihn seine Rechtgläubigkeit noch deutlicher von der Gottlosigkeit seiner Feinde abhebt. In der 25. Dynastie begab sich jeder Herrscher anläßlich seiner Krönung in die heilige Stadt Meroe im Sudan und garantierte «der Schöpfung in jeder Region ihre Ordnung», was sich materiell in der Freihaltung der Verbindungswege äußerte. In Ägypten gehört die Reise des Königs nicht zu den Ritualen des Königtums im engeren Sinne; aber viele Könige führen sie aus und schreiben ihr dann auch eine besondere Bedeutung zu: «Ich bin bis Elephantine gekommen und auf dem Rückweg bin ich bis in die Sümpfe des Deltas gelangt. Nachdem ich den Grenzen des Landes Sorge getragen habe, habe ich sein Inneres überwacht». Diese Worte Amenemhats I. (ca. 1990–1961) wiederspiegeln auch die militärischen Aktionen, die am Anfang der 12. Dynastie zur Sicherung der Einheit des Landes noch immer notwendig waren. Aber auch Haremhab (ca. 1333–1306) betont im Zusammenhang mit seinen Restaurationsbemühungen: «Ich habe dieses ganze Land wiederhergestellt. Ich habe es bereist; ich habe Oberägypten gestaltet und Unterägypten gestärkt; ich kenne sein Inneres vollkommen, weil ich bis zu seinem Kern gelangt bin». Neben besonderen Anlässen bietet auch der Festkalender der verschiedenen Tempel dem König jederzeit einen Grund, über das Land zu reisen und die Verehrung seiner Untertanen entgegenzunehmen. Ein Hymnus an Sesostris III. (ca. 1877–1842) erinnert an die öffentlichen Kundgebungen in einer Stadt des Südens zu Ehren des Besuchs des Königs, dessen Zweck so ausgedrückt wird: «Er ist zu uns gekommen, um Oberägypten in Besitz zu nehmen». Eine Darstellung im Totentempel von Hatschepsut (ca. 1490–1468) in Deir el-Bahari erinnert an die Reise, die die Königin in ihrer Jugend an der Seite ihres Vaters Thutmosis I. nach Unterägypten unternahm. Dies scheint öfters geschehen zu sein, denn der Bericht betont die Wiederholung: «Jedesmal, wenn Ihre Majestät sich in Gesellschaft ihres Vaters, des Königs von Ober- und Unterägypten, Aacheperkare, nach Unterägypten begibt (...)». Die Absicht dieses Unternehmens war es, Hatschepsut schon früh als Thronfolgerin einzusetzen. Auf der ganzen Reise rühmen die unterwegs besuchten Lokalgötter die zukünftige Königin.

DIE ERWEITERUNG DER LANDESGRENZEN

«Deine Grenze wird sich bis zur Breite des Himmels und bis zum äußersten Punkt der Dunkelheit ausdehnen».

Mit diesen Worten übergibt der Gott seinem Erben die ganze

Schöpfung. Zwischen den Pfeilern, die den Himmel an den vier äußersten Punkten stützen, unterliegt die Welt dem Befehl des Pharao. Nur die fremden Völker, «die Ägypten nicht kennen», leben außerhalb seiner Einflußsphäre in der Urfinsternis. Aufgrund der Forderung nach Weltherrschaft ist der König verpflichtet, die Grenzen seiner Herrschaft immer weiter auszudehnen, um das Licht auch im Urchaos, dem die Fremdländer angehören, zu verbreiten.

Am äußersten Punkt seiner Eroberung legt der Pharao die Grenzen des neuen Raumes fest, den er «gegründet» hat. Über ihre militärische Rolle hinaus verewigen die Festungen im eroberten Gebiet den Namen des siegreichen Königs und die Unwiderruflichkeit seines Sieges: «Eine Festung, die ich bauen ließ, erinnert an meine Siege über die Prinzen des Libanon; ihr Name sei ‹Mencheperre (Thutmosis III.), das ist, der die Beduinen unterworfen hat› ». Wenn hingegen die Gefahr einer Rebellion gebannt worden ist, so werden statt Verteidigungsanlagen Tempel gebaut. Durch den unveränderlichen Ablauf des täglichen Rituals wird dann auf magische Weise die Rückkehr des Urchaos verhindert. Vor dem Pylon des großen Tempels von Abu Simbel markieren die vier wie Pfeiler in den Himmel ragenden Kolossalstatuen von Ramses II. (ca. 1290–1224) die Einbettung Nubiens in die vom Pharao verkörperte Weltordnung. Mit dem Aufstellen von Grenzstelen in den eroberten Ländern hinterläßt der Herrscher die Spuren seines Beitrags zur Ausdehnung der Schöpfung. In Semna, der während des Mittleren Reichs entferntesten Festung in Afrika, läßt Sesostris III. (ca. 1877–1842) Grenzstelen und auch königliche Statuen aufstellen, damit sein Bildnis seinen Nachfolgern als Beispiel diene: «Meine Majestät hat befohlen, daß eine Statue meiner Majestät aufgestellt werde, damit ihr in meinem Namen stark sein und in meinem Namen kämpfen möget». So dient die Ausfuhr königlicher Bildwerke in die Fremdländer dem Beweis der Schöpferkraft des Herrschers. «Deine Statuen werden in ein fernes Land gehen, ohne daß man sie alle versammeln könnte», prophezeit Cheti seinem Sohn Merikare (ca. 2120–2070), indem er für ihn Siege voraussieht, die allerdings nicht eintreffen werden. Später beweist das Ausstellen der Leichen der gefangengenommenen Prinzen den Willen des Königs, daß «die Furcht vor ihm die Erde durchquert und der Schrecken, den er verbreitet, alle Fremdländer erfüllt». Thutmosis I. (ca. 1506–1494) läßt den Prinzen von Kusch am Bug seines Schiffes aufhängen und segelt nach seinem erfolgreichen Feldzug über den zweiten Katarakt hinaus so nach Theben zurück. Amenophis II. (ca. 1438–1412) opfert dem Gott Amun von Theben sieben syrische Prinzen; sechs davon läßt er vor den Mauern der Stadt hängen, und der Leichnam des siebten wird nach Napata beim vierten Katarakt gebracht und dort aufgehängt, um auch da den königlichen Sieg zu verkünden. Daß sich der König den Verlierern gegenüber so hart zeigt, gehört zu seiner Strategie: der Körper des Feindes gilt als das negative Gegenstück zum Körper des Königs. In den Festungen, Tempeln und Grenzstellen, aber auch in der Verbreitung der Bilder des Königs und in der Zurschaustellung der Leiber der Besiegten zeigt sich die Allgegenwart des Herrschers im ganzen Land. In der Zeit der größten Ausdehnung Ägyptens, als erfolgreiche Feldzüge die königlichen Armeen vom vierten Katarakt in Nubien bis zum Euphrat in Asien führen, bestimmt Thutmosis III. (ca. 1490–1436) die Grenzen der Welt mit den Grenzen seines Reichs: «Seine südlichen Grenzen gehen vom Beginn der Erde bis zu den ersten Grenzen des Landes; seine nördlichen Grenzen gehen bis zu den Sümpfen Asiens und bis zu den Pfeilern der Nut (dem Himmel)». Sein Großvater Thutmosis I. (ca. 1504–1494), der als erster die seit dem Mittleren Reich geltenden Grenzen überschreitet, rühmt sich damit, daß «seinen Vorgängern unbekannte Täler durchquert wurden». Außer den allgemeinen Zusicherungen, daß «seit der Zeit der Götter nie so etwas gesehen wurde», ist es selten, daß so ausdrücklich auf die Einmaligkeit einer Eroberung verwiesen wird. Deshalb widerspiegelt dieser auf den Felsen bei

Tombos beim dritten Katarakt aufgeschriebene Text das Auftreten eines historischen Denkens innerhalb einer stereotypen Phraseologie, die eine ewige Wiederkehr der Regierungen bis zum Erreichen einer perfekten Schöpfung verkündet. Für die Ägypter liegt kein Widerspruch zwischen der Realität und der Forderung nach einem unbegrenzten Königtum; deshalb wiederholen sich die Namen der unterworfenen Völker genau gleich von Jahrhundert zu Jahrhundert, so wie sie von älteren Denkmälern abgeschrieben werden – auch wenn sich unterdessen die Verhältnisse bedeutend verändert haben. Weil der Triumph des Pharao nicht der historischen, vergänglichen Zeit angehört, sind für ihn die Veränderungen auf der Weltkarte unbedeutend.

DIE UNTERTEILUNG DER EROBERTEN LÄNDER UND DIE RÄUMLICHE WAHRNEHMUNG DER TERRITORIUMS

Der uneingeschränkte Besitz der Welt zeigt sich in den Aufzählungen der Länder und Völker. Ihr symbolischer Wert entspricht der Ganzheit von Ländern und Menschen. Die Prozession der Gefangenen und die Listen von Ächtungsformeln auf den in der Magie verwendeten Figürchen können beliebig verlängert werden. Mit der Zeit wird besonders die Darstellung besiegter Völker in Vierer- oder Neunergruppen beliebt. Diese beiden Zahlen verweisen wiederum auf eine Totalität: Vier spielt auf die vier Himmelsrichtungen an, und Neun potenziert die Zahl drei, mit der in der ägyptischen Sprache der Plural angegeben wird. Die Einteilung der Besiegten in vier Völkergruppen verweist auf die kosmische Natur der Macht zurück.

«Mögest du machen, daß dieser Unas über die neun Bogen regiert und daß er die neun Götter mit Opfergaben versieht». Diese Formel aus den Pyramidentexten bezieht sich auf die doppelte Natur des Königs als Diener der Götter und als Inhaber ihrer Macht auf der Erde und setzt eine symmetrische Einteilung in Götter und Menschen voraus. In der Zeit, in der dieser

Text entstand, erklärt der Schöpfungsmythos von Heliopolis die Entstehung der Welt aus einer Götterneunheit, die aus dem Schöpfergott Atum selbst und vier Paaren besteht, die aus seinen Körperflüssigkeiten entstanden sind: dem Luftgott Schu und seiner Partnerin Tefnut, die ihrerseits den Himmel (Nut) und die Erde (Geb) hervorbringen, die dann die Götter des Osiriszyklus, Osiris, Isis, Seth und Nephthys, gebären. Die erste bekannte Darstellung der *neun Bogen* ist aber älter als die Pyramidentexte. Auf der Oberseite des Sockels einer Statue mit dem Namen Djoser (ca. 2660) sind unter den Füßen des Königs neun Bogen abgebildet. Dabei wird der mittlere Teil der Bogen von den Füßen verdeckt, so daß sie nicht nur besiegt, sondern auch zerbrochen wirken, was den absoluten Herrschaftsanspruch des Herrschers noch deutlicher macht. Auf dieses Bild beziehen sich die vielen Texte, die die Feinde als «unter den Sandalen (des Königs) zermalmt» beschreiben. Der Bogen als Waffe der Besiegten dürfte noch auf prähistorische Zeiten zurückgehen. Erst im Neuen Reich werden die neun Bogen gelegentlich lokalisiert. Dann sehen wir unter dem königlichen Thron die Prozession der Gefangenen mit hinter dem Rücken zusammengebundenen Armen, deren Körper durch eine «Festungskartusche» mit dem Namen ihres Herkunftslandes ersetzt ist (vgl. Abb. 55). Die Gesichter sind unterschiedlich gestaltet und zeigen die typischen Merkmale ihres Volkes. Diese detaillierte Liste der neun Bogen ist zwar erst relativ spät aufgeschrieben worden, aber die archaischen Völker- und Ortsbezeichnungen zeigen, daß sie auf eine ältere Tradition zurückgeht. Erstaunlicherweise werden neben den Bogen der Regionen Nubiens, Asiens und Libyens auch Ober- und Unterägypten dargestellt. Das dürfte darauf hinweisen, daß diese Listen in ihrer Entstehungszeit die Gesamtheit der bekannten Völker aufzählen sollten. Bis in die ptolemäische Zeit hinein bleiben diese Listen unverändert und von den politischen Veränderungen unberührt. Nur in der Ramessidenzeit (19.–20. Dyn.) verändert sich die Zusammensetzung der in den neun Bogen enthaltenen Völker ein wenig. Auf sie beziehen sich auch einige der königlichen Beinamen, im Neuen Reich etwa «Regent der neun Bogen» oder «Sonne der neun Bogen» für Haremhab (ca. 1333–1306). In der Ramessidenzeit lassen sich erstmals Züge von Fremdenfeindlichkeit ausmachen, was sich in den Abbildungen der Gefangenen ebenfalls zeigt. Ihre Gesichter zeigen sie als Angehörige der Nubier oder der Asiaten.

Ob die neun Bogen nun Fremde ganz allgemein oder die konkret vom Pharao unterworfenen Völker meinen, auf jeden Fall fassen sie die Menschen der Welt zusammen. Im Tempel von Edfu nehmen sie die Form von neun androgynen Gottheiten an, die dem König Opfergaben darbringen, was die Göttin Hathor und ihr Sohn Ihi so kommentieren: «Alle Erzeugnisse der Welt» und: «Alle Länder des Südens, des Nordens, des Westens und des Ostens».

Dem intellektuellen Bedürfnis, die Fremdländer zu erfassen und zu gliedern, entspricht aber kein Versuch einer Kartographie. Das eroberte Gebiet wird schriftlich notiert und nicht kartographisch dargestellt.

Die Ägypter haben die Distanzen und die Fläche Ägyptens Gau für Gau abgeschätzt und diese Zahlen summiert. Das ergibt aber noch kein geographisches Werk. Für ganz bestimmte Regionen wurde aber doch der Versuch unternommen, eine Karte herzustellen. Das Rote Meer erlaubt uns eine Orientierung. Es zeigt sich, daß alle Karten nach Süden ausgerichtet sind. Bezeichnet sind die Verbindungswege zwischen Orten und Erhebungen; die Berge sind teilweise heruntergeklappt, um die beinahe rechtwinklig angelegten Wege deutlich zu zeigen. Die Karte verzeichnet die Goldminen in der Ostwüste; allerdings fehlen die Distanzangaben zwischen den verschiedenen Orten.

Umgekehrt gibt es keine einzige Darstellung des ganzen Königreichs oder seiner Grenzgebiete. Für das geographische Erfassen der Besitztümer des Königs bevorzugten die Ägypter die Listenform. Dieser Befund ist deshalb eher überraschend, weil sie Karten des Jenseits anfertigten und auch den Himmel auf den sogenannten astronomischen Decken wiedergaben.

Was sie wirklich zu interessieren scheint, sind die Reiserouten, die aber nicht abgebildet zu werden brauchen. Das Kriegstagebuch von Thutmosis III. (ca. 1490–1436) nennt die Etappen und die Distanzen in Tagereisen. Solche Wegbeschreibungen erfüllen einen doppelten Zweck. Einerseits verewigen sie die Erinnerung an die Geschehnisse und Orte eines Feldzugs, anderseits dienen sie aber auch als Orientierungshilfen für zukünftige Expeditionen. Solche Aufzeichnungen sind schon aus früherer Zeit bekannt. Aus dem 8. Regierungsjahr von Montuhotep Seanchkare (ca. 2000) stammt die Inschrift von Henu im Wadi Hammamât, die uns Angaben über die Fortbewegungsmittel für eine Expedition nach Punt, über die Anzahl Männer, über die verteilten Lebensmittelrationen und die Anzahl der unterwegs gegrabenen Brunnen macht. Da man den Ausgangspunkt dieser Expedition kennt – es ist Koptos – kann man als Zielort Kosêr am Roten Meer bestimmen. Ob er nun persönlich an der Expedition teilnimmt oder sie nur anordnet, immer erscheint der König als Veranlasser der Beschreibung und dadurch auch als Entdecker der Welt.

Die Organisation der Völker und der Religion in den Fremdländern und die meistens schriftliche Umsetzung des Raumes sind die entscheidenden Elemente der Wahrnehmung der Länder, über die der Pharao die Herrschaft beansprucht.

DER KULTISCHE ASPEKT DER INBESITZNAHME DER WELT: GÄRTEN UND TRIBUTZAHLUNG

In den Tempeln finden wir nicht nur die Wiedergabe der Beherrschung Ägyptens und der Sicherung seiner Grenzen und die Aufzählung der unterworfenen Gebiete, sondern auch Bilder und Texte, die sich auf die Pflanzenwelt und die Kriegsbeute in der Fremde beziehen. Sie bilden das kultische Gegenstück zur Aneignung der Welt.

Eine große als «botanischer Garten» bekannte Darstellung in einem Saal im Jubiläumshaus von Thutmosis III. (ca. 1490–1436) neben dem großen Tempel des Amun-Re in Karnak besteht aus Zeichnungen von exotischen Pflanzen und von Tieren, vor allem von Vögeln. Dieses Herbarium entstand im 25. Regierungsjahr nach der Rückkehr einer der zahlreichen Militärexpeditionen nach Syrien. Ein Text, dessen Anfang leider verloren ist, begleitet die halb naturalistischen, halb phantastischen Bilder: «(...) alle Sorten von fremden Pflanzen und alle Sorten von schönen Blumen, die sich im Gottesland (den östlichen Gegenden) befanden, die Seine Majestät (heimbrachte), als Seine Majestät gegen das obere Retenu zog, um die Länder (des Nordens) zu überwinden, wie es sein Vater Amun gewünscht hatte, der alle Länder unter seine Sandalen legte von (heute) bis in einer Million Jahre. Da sagte Seine Majestät: ‹So wahr Re lebt und mich mein Vater Amun lobt, all das existiert wirklich; (...) ein kultiviertes Land hat sie und ihre Produkte hervorgebracht. Meine Majestät hat dies gemacht, um zu machen, daß sie vor Amun sind (...), für immer und ewig›». Das Thema des Königs, der einen Garten anlegt, finden wir zuvor schon bei Hatschepsut (ca. 1490–1468), die sich rühmt, sogar Myrrhenbäume aus Punt herbeigeschafft zu haben. Das Anlegen eines Gartens verdeutlicht die Herrschaft des Menschen über die Natur. Daneben spielen selbstverständlich auch die Freude am Ziergarten und das Thema der Regeneration des Königs und seiner Statuen eine Rolle. Die beiden Wappenpfeiler, die Thutmosis III. mitten im Opfersaal vor dem Heiligtum des Amun in Karnak aufstellen ließ, haben eine ähnliche Funktion: die durch die beiden Wappenpflanzen, den Lotus und den Papyrus, dargestellten Landeshälften sind «für immer als symbolische Opfer vor Amun, dem Herrn der Throne der beiden Länder, anwesend» und bilden zusammen auch ein riesiges Bild der Vereinigung der beiden Länder Semataui aus Stein.

Zu den kultischen Darstellungen der Herrschaft über das

Land kann man auch die Inschriften und die dazugehörige «Annalenmauer» von Thutmosis III. an der Nordwand des Heiligtums mitten im Opfersaal des großen Amuntempels in Karnak zählen. Die Annalen, die die wichtigsten Ereignisse vom 23. bis zum 42. Regierungsjahr berichten, sind eigentlich eine Aufzählung der Kriegsbeute (Barguet, 1962). Der Text wird von einem Relief illustriert, das den König zeigt, wie er Amun die Opfergaben der in neun Registern aufgezählten Fremdvölker weiht. Die gleiche Szene kennen wir aus dem Grab des zweiten Propheten von Amun (einem Priesterrang), der anstelle des Königs den Tribut der Fremdvölker an Ägypten selbst in Empfang nimmt. Die Übereinstimmung der Bilder verweist nicht so sehr auf die Ergebenheit dieses Priesters gegenüber dem König, sondern zeigt, wie stark die Vormachtstellung Ägyptens auch jedem Beamten bewußt war. Der Unterwerfung aller Länder bis ans Ende der Welt entsprechen die dem Reichsgott dargebrachten Opfergaben.

In den Ägyptern erweckte die Aneignung der Welt nicht das Bedürfnis, die anderen Völker besser kennenzulernen. Sie interessierten sich für die Namen der Fürsten und der Völker, die Anzahl der Bewohner und die einheimischen Güter, nicht aber für die Verhältnisse und Strukturen der anderen Gesellschaften. Die ägyptischen Rituale begründen immer von neuem die kriegerische Kraft des Königs, die erst den Frieden hervorbringen kann.

3

Die Kulthandlungen des Königtums

Einleitung

In vielen Ländern Asiens und Europas existierte in früherer Zeit eine Art König. Nach der Definition von E. Benveniste war es in Mesopotamien, in Israel, in Rom und in Mazedonien ein König, «der die Linie angibt und den zu verfolgenden Weg» (1969, S. 14). In Ägypten, der ältesten Kultur Afrikas, die die Schrift kannte, trägt die Person, die die Regierungsrichtlinien festlegte und die höchste Macht *(nswjt)* ausübte, den Titel König *(nswt)*, wörtlich «der zur Binse gehört». Der vom Wort *nswt* abgeleitete Begriff *nswjt* bezeichnet das Königtum als «königliche Qualität», die zugleich das Recht beinhaltet, die Herrschaft auszuüben. Die Funktion selbst heißt *jꜣt* «Stätte» (im Sinne von «Amt»), *jwꜥt* «Erbe» oder *jmjt-pr* «Vermächtnis». Das Pharaonentum als Institution besitzt keine eigene Bezeichnung.

«Herr der beiden Länder», «Herr der beiden Ufer», «der zur Binse und zur Biene gehört» oder «der zur Binse gehört» sind alles Königstitel, die sich auf das eigene Staatsgebiet beziehen und den Thron- und den Geburtsnamen des Königs einführen. Die Verbindung zwischen dem Boden und dem Königtum, die besonders in der Metapher von der Binse und der Biene deutlich wird, setzt voraus, daß der Amtsinhaber das Land, über das er die Herrschaft ausübt, nicht nur beansprucht, sondern daß er wie eine Pflanze oder ein Insekt aus ihm hervorgegangen ist. Damit ein König (oder eine Dynastie) als legitim gilt, muß er einheimisch sein: Dadurch konnte er seine königliche Autorität vor gewaltsamen Veränderungen im Tal bewahren, was freilich nicht verhinderte, daß sich Usurpatoren der Herrschaft bemächtigten, wie dies ja nach dem Einmarsch der Hyksos, der Äthiopen, der

Perser und der Römer geschah. Ein anerkannter König wollte die reale Macht im ganzen Land ausüben und die volle Herrschaft beanspruchen, wie es Kamose am Ende der zweiten Zwischenzeit ausdrückte:

«Seine Majestät wandte sich in seinem Palast an seine im Rat versammelten Diener:

Ich möchte wissen, wozu meine Tapferkeit dient, wenn es einen Prinzen in Auaris (im Delta) und einen andern in Kusch (in Nubien) gibt, wenn ich gleichzeitig mit einem Asiaten und einem Nubier auf dem Thron sitze und jeder ein Stück von Ägypten unter sich hat, und wenn sie das Land mit mir teilen. Seht, er (der asiatische König) hält Hermopolis, und kein Mensch hat Ruhe, weil er von den Asiaten ausgeraubt und geknechtet wird. Ich werde gegen ihn kämpfen und ich werde ihn vernichten. Was ich will, ist Ägypten befreien und die Asiaten verjagen» (Tablette Carnavon I).

Die Einmaligkeit des jeweiligen Inhabers der königlichen Macht zwingt uns zur Frage, nach welchen Kriterien die königliche Person von den Thronanwärtern einerseits und von den Machthabern außerhalb der Institution des Königtums anderseits unterschieden wird. Die Gaufürsten, Wesire, Vizekönige von Kusch, die Priesterschaft des Amun und seiner Gottesgemahlinnen haben sich immer von den Königen unterschieden, auch wenn ihre Vorrechte so groß waren, daß der eine oder andere daraus sogar einen Thronanspruch ableitete. Der König läßt sich mit niemandem verwechseln. Außer anhand seines Portraits ist der König Ägyptens an verschiedenen Indizien zu erkennen, die auf seinen königlichen Stand Bezug nehmen. Sie haben nicht alle den gleichen Wert, aber wenn der eine oder andere fehlt oder gar verzerrt wiedergegeben wird, so ist das ein deutliches Zeichen dafür, daß es sich um eine Anmaßung eines illegitimen Königs handelt.

Ein Kriterium bildet die *sakrale* Ernennung zum König. Allerdings hat sich nicht von jedem König ein ikonographischer oder schriftlicher Beleg für die Krönung erhalten, und es kommt sogar einmal vor, daß ein Hohepriester des Amun, Herihor, das Krönungsritual usurpiert. Im allgemeinen darf die königliche Titulatur, die bei der Krönung angenommen wird, als Beleg für die offizielle und legitime Amtseinsetzung gelten; so ist es vielleicht noch mehr als das Krönungsritual der Name, der den König ausmacht. Es ist nicht notwendig, immer alle fünf königlichen Namen zu kennen, um sicher zu sein, daß es sich um einen König im Sinne der Institution handelt. Einerseits ist die Fünfnamigkeit das Ergebnis eines langen Prozesses, der fast während des ganzen Alten Reiches dauerte: Pepi II., der vorletzte König der 6. Dynastie, trägt als erster alle fünf Namen auf einem Dokument. Anderseits fehlt häufig einer der ersten drei Namen, oder es fehlen gleich alle drei. Die Rechtmäßigkeit eines Königs ist solange nicht anzuzweifeln, wie er einen authentischen Thronnamen in einer Kartusche vor dem ebenfalls in einer Kartusche geschriebenen Geburtsnamen trägt. Soviel wir wissen, gibt es zwei Arten, den Thronnamen durch einen Pseudonamen zu ersetzen. Die erste besteht darin, den Titel «Erster Prophet des Amun» und dazu königliche Titel in einer Kartusche vor den Geburtsnamen zu setzen. Dieses Verfahren ist aber ziemlich durchsichtig; der Gebrauch von Titeln anstelle des Thronnamens verrät uns, daß der Namensträger kein König war, auch wenn er königliche Funktionen ausübte und sich als König darstellen ließ. Die andere Möglichkeit bestand darin, daß der Thronname zwar korrekt mit der üblichen Sonnenscheibe geschrieben wird, daß er aber keinen Sinn ergibt. Dies ist zum Beispiel der Fall bei Kaschta, dem ersten König der 25. Dynastie. Er trägt einen ganz nach ägyptischem Muster zusammengesetzten Doppelnamen, der aber nichts bedeutet. Auf den Königslisten fehlt denn auch sein Thronname. Man muß deshalb annehmen, daß Kaschta kein «echter», von den Göttern anerkannter Pharao war. Er und sein Nachfolger Pianchi wurden denn auch als fremde Eroberer empfunden.

Das Vorkommen eines Königsnamens bei Manetho gilt im allgemeinen als Hinweis für die Legitimität eines Königs, auch wenn in diesem Werk die Absichten des Autors, die historischen Bedingungen seiner Entstehungszeit und die Überlieferungen gelegentlich widersprüchlich sind und deshalb die Qualität der Angaben je nach der Dynastie recht verschieden sein kann. Wenn ein Königsname sowohl in den Königslisten wie bei Manetho fehlt, so kann der Grund ganz einfach der sein, daß es sich dabei nicht um einen König im eigentlichen Sinne handelt.

Die datierten Quellen beziehen sich fast alle auf die Regierungsjahre eines Königs. Allerdings darf man aus dem Fehlen solcher Urkunden nicht schließen, daß ein bestimmter König nie existierte oder keinen rechtmäßigen Anspruch auf den Thron hatte. Aus der ersten Zwischenzeit kennen wir zwei Ausnahmen, in denen sich auch Gaufürsten das Recht zu einer Datierung nach ihren eigenen Regierungsjahren angemaßt haben. Auch später kommt das vereinzelt vor. So finden wir im Wadi el-Gasûs in der arabischen Wüste Inschriften, die sich auf das 13. Regierungsjahr einer Amenirdis und auf das 19. Regierungsjahr einer Schepenupet beziehen, beides Gottesgemahlinnen des Amun in der 25. Dynastie. Andere Fälle, wo ein Gaufürst, ein Wesir oder ein anderer hoher Würdenträger nach eigenen statt königlichen Regierungsjahren datierte, sind nicht bekannt, auch nicht in den zum Teil weit entfernten eroberten Gebieten. Die Regierungstreue gerade der Beamten in den Außenstationen läßt sich wohl durch die persönliche Amtseinsetzung durch den König erklären.

Für die Verbindung zwischen Königsnamen und dem Territorium des Tals besonders aufschlußreich sind die Inschriften zur Nilüberschwemmung, die immer datiert sind. In den Inschriften von Karnak, die die Zeit von Scheschonk I. bis zu Psammetich I. umfassen, sind zwar nicht alle uns bekannten Pharaonen dieser Epoche verzeichnet; es scheint, daß es sich hier um ein Privileg der Könige handelt, das aber nicht jeder rechtmäßige König in Anspruch nahm.

Es zeigt sich also, daß weder die Bestätigung der ausgeübten königlichen Funktion mittels einer Pseudotitulatur noch die detaillierte Beschreibung der vollzogenen Kulthandlungen ausreicht, um einen Regenten als rechtmäßigen König auszuweisen. Zwischen einem Usurpator, der sich die königlichen Attribute anmaßt, und einem echten König wird immer unterschieden. Es genügt nicht, die Rolle des Königs einzunehmen: ein ägyptischer Pharao erhält seine Legitimität aus seinem Wesen und nicht aus seinen Attributen und Funktionen.

Daraus können sich manchmal schwierige Situationen ergeben. Es ist fast unmöglich, das genaue Verhältnis der Hohepriester des Amun und der Gottesgemahlinnen des Amun zum König zu beschreiben. In Theben kam diesen beiden Priesterämtern tatsächlich königliche Macht zu – aber ihre Inhaber waren keine Könige. Der größte Unterschied scheint in ihrer unterschiedlichen territorialen Bindung zu liegen. Die königliche Herrschaft hat einen universellen Anspruch, den Hatschepsut so ausdrückt: «Deine Grenze (reicht von) den Weiten des Himmels bis ans Ende der Dämmerung», «auf den Inseln» und «auf den Ebenen und auf den Bergen», während die Autorität der Priester immer an eine Region, hier die Gegend von Theben, gebunden bleibt. Die Herrschaft eines Königs betrifft immer das ganze Land, die der Priesterschaft hingegen ist räumlich auf eine Stadt oder einen Gau beschränkt.

VI Die Übertragung des Königtums

Mit den drei Stichwörtern Salbung, Krönung und Inthronisation bezeichnen wir die Einsetzung eines Königs. Jeder einzelne dieser Begriffe bezieht sich zwar auf einen andern Abschnitt des ganzen Vorgangs, aber für den Ägypter bedeutet er immer auch die Gesamtheit der Kulthandlungen, die zur Einsetzung eines Königs gehören: das Wecken des Königs, das Verlassen des Palastes, die Reinigung, der Eintritt des Königs in den Tempel, das Aufsetzen der Kronen durch Horus und Seth, der königliche Aufstieg, das Stillen, die Inthronisation und die Verkündigung der königlichen Titulatur.

Im Ägyptischen bezeichnet das Verb *ḫꜥj* «aufgehen, erscheinen» den Aufgang der Morgensonne über dem Horizont. Gleichzeitig wird mit ihm auch der Krönungsakt als *ḫꜥw-nswt* oder *ḫꜥw-bjtj* (wörtlich: «die Erscheinung des Königs von Oberägypten» oder «die Erscheinung des Königs von Unterägypten») ausgedrückt. Zuerst wird also die Tätigkeit, das Erscheinen, in einem vom Verb abgeleiteten Substantiv genannt; erst dann folgt das Subjekt dieser Handlung. *Ḫꜥw* erscheint zur Bezeichnung der Krönung in den Ausdrücken *ḫꜥw-nswt* und *ḫꜥw-bjtj* schon im Alten Reich auf dem Palermostein und in den Pyramidentexten. Mit *ḫꜥw* können aber auch die Königsinsignien und speziell die Kronen bezeichnet werden. Es gibt keine Synonyme für *ḫꜥw;* der König ist also das Abbild des Sonnengottes auf der Erde: «Sein Aufstieg auf den Thron ist eine Epiphanie *(ḫꜥw);* und wie die Sonne erscheint er strahlend am Erscheinungsfenster» (Leclant, 1980, S. 57). Eine göttliche Figur ermahnt zum Beispiel die Königin Hatschepsut: «Erscheine *(ḫꜥ)* in der Gestalt seiner (des Gottes) Scheibe. Die Erscheinungen *(ḫʿw)* seiner Götterneunheit verbinden sich mit dir. Die Götter sind in deinem Gefolge, wenn du wie das Abbild des Re leuchtest *(wbn)*». Die Weihe des Herrschers gipfelt in einer Apotheose inmitten der himmlischen Herrlichkeit.

Mit dem Begriff Krönung werden wir immer den ganzen Vorgang der Einsetzung eines Königs bezeichnen, wodurch der Herrscher erst fähig wird, alle königlichen Anlagen seines Wesens zu realisieren und mit ihnen zu handeln. In der Krönung kommt auch die Verbindung zwischen der kosmischen Ordnung und dem Pharao zustande, indem sie ihm göttliche Kräfte verleiht.

Dabei müssen wir zwischen den nur bei der Krönung ausgeführten Kulthandlungen und den sich meist jährlich wiederholenden Ritualen, die die königliche Macht garantieren, unterscheiden.

Kritische Annäherung

Nicht alle Darstellungen des Krönungsrituals geben den tatsächlichen, historischen Akt der Krönung eines Königs wieder, und umgekehrt ist auch nicht von jedem tatsächlich gekrönten König eine solche Darstellung erhalten. Die Königin Hatschepsut ließ ihre Krönungszeremonien in ihrem Totentempel in Deir el-Bahari, auf den Wänden des Barkenheiligtums im großen Tempel des Amun-Re in Karnak, im Höhlenheiligtum von Beni Hassan und in Buhen in Nubien darstellen. Auch ihr Nachfolger Thutmosis III. ließ seine Krönung an verschiedenen Orten abbilden: in Karnak, in Medinet Habu, in Deir el-Bahari und in Nubien. Vom Neuen Reich an finden wir Szenen aus dem Krönungsritual auch in der königlichen Plastik, auf Schmuckstücken, auf Skarabäen und auf Möbeln dargestellt.

Zunächst müssen wir zwei wichtige Vorgänge im Krönungsritual unterscheiden. Der eine bezieht sich auf die Thronbesteigung, das heißt auf die tatsächliche Machtergreifung, und der zweite auf die eigentliche Krönung, die erst nachher erfolgt.

Die Thronbesteigung findet sofort nach dem Tod des Vorgängerkönigs statt und entspricht damit der realen Machtübernahme durch seinen Nachfolger. Dieses wichtige und einmalige Ereignis findet also an irgendeinem Tag des Jahres statt, und zwar immer am frühen Morgen: Amenophis II. beginnt seine Regierung beim Sonnenaufgang einen Tag nach dem Tod seines Vaters Thutmosis III. Von der Machtausübung her gesehen ist die Thronbesteigung der Beginn der Regierung und damit auch der Zählung der Regierungsjahre; die königlichen Kanzleien konnten ja nicht für die fast drei Monate dauernde Zeit zwischen dem Tod eines Herrschers und der feierlichen Krönung seines Nachfolgers auf die Datierung verzichten. Dadurch bleibt Ägypten nie ohne Königtum.

Im Gegensatz dazu ist die Krönung ein großes, organisiertes Fest, das nach der Bestattung des verstorbenen Königs stattfindet. Der Zeitpunkt wird nach kosmischen Konstellationen festgelegt. Im Mittleren Reich wird die Krönung am Neujahrstag gefeiert, im Neuen Reich gilt der Tag nach Neumond oder der Beginn eines neuen Zyklus' in der Natur für besonders günstig. Thronbesteigung und Krönung hängen eng mit dem Tod und der Bestattung des Vorgängers zusammen: So wie Thronbesteigung und Tod auf das Ereignis eines Regierungs- und Machtwechsels bezogen sind, so sind Bestattung und Krönung in einen kosmischen Ablauf eingebettet. Auch hier zeigt sich wieder die weite Spanne im Wesen des Königs, der einerseits eine durch die Zeit begrenzte Macht ausübt und mit zwei an einem Band befestigten Federn *(šwtj)* geschmückt ist, und anderseits die andauernde Macht der Institution verkörpert, die sich in der Doppelkrone *(sḫmtj)* manifestiert (M.-Th. Derchain-Urtel, 1985, col. 531). Diese Zweiteilung seines Wesens zeigt sich ja auch in seinem Körper, der gleichzeitig von seiner menschlichen Verletzlichkeit und der Idee einer göttlichen Unverletzbarkeit und Alterslosigkeit geprägt ist. Die Idee der beiden Körper des Königs realisiert sich in zwei Bereichen. Man findet sie wieder in der königlichen Titulatur, wo die vier durch die Krönung erworbenen Namen vor dem Geburtsnamen erscheinen und anzeigen, daß die königliche Macht der Persönlichkeit des Herrschers neue Aspekte hinzugefügt hat. Auch die Bestattungsbräuche seit den Anfängen der ägyptischen Kultur weisen darauf hin, denn jeder König besaß zwei Grabanlagen. Herodias beschreibt in viel späterer Zeit die Bestattung des Kaisers Septimius Severus, bei der der Verstorbene zweimal verbrannt wurde: einmal wurde sein Körper aus Fleisch und Blut ins Feuer gegeben, das zweite Mal sein wächsernes Abbild (F. Dupont, 1986, S. 231 ff.). Diese Vorstellung ist weitverbreitet; Spuren davon lassen sich sowohl im Frankreich des 15. Jahrhunderts (Jackson, 1984, S. 14) wie bei Negerstämmen in Zaire (Balandier, 1985, S. 38) nachweisen. Die entsprechenden Rituale sollen dazu dienen, die Gesellschaft vor dem Chaos zu bewahren und die Machtübergabe zu sichern. Eine weitere Möglichkeit des Machtzugangs ist die Mitregentschaft. In diesem Fall ernennt der regierende König seinen Nachfolger und setzt ihn auch bereits als vollwertigen Herrscher neben sich ein. Das früheste Beispiel dafür steht am Anfang der 12. Dynastie, wo Sesostris I. sieben Jahre als Mitregent seines Vaters Amenemhat I. regiert, bevor dieser ermordet wird. Die Mitregentschaft wird im Neuen Reich meistens durch ein Gottesorakel bestätigt, wobei der Gott und der König ausdrücklich genannt werden können wie bei Thutmosis II./Thutmosis III. oder auch nur allgemein als «vollkommener Gott» und «wohltätiger König» angesprochen werden wie bei Thutmosis I./Hatschepsut. Der Gott Amun selbst verheißt Thutmosis III. die Zeremonien und das Königtum vor seinem irdischen Vater:

«Ich wurde vor ihn in die inneren Räume des Tempels geführt. Man verkündete mir die Herrschaft über die beiden Länder, die Throne des Geb und des Amt des Chepri vor meinem Vater, dem vollkommenen Gott, dem König Aacheperre, begabt mit Leben für immer (...) Regierungsjahr 1, 1. Monat der Schemu-Jahreszeit, Tag 4: es geschah also, daß der Königssohn (...) Thutmosis, er lebe für immer und ewig, als König erschien *(ḫʿj)*».

Der Text über die Kindheit von Thutmosis III. berichtet schon in mythischer Form über die Machtergreifung und die Ernennung zur Königswürde. Der Wille des Gottes manifestiert sich darin, daß der Gott wie ein Vater den Prinzen als seinen Sohn und Erben anerkennt. Dann wird die Krönung des Königs beschrieben:

«Ich bin sein (Amuns) Sohn; er hat mir befohlen, daß ich auf seinem Thron sitzen sollte, als ich noch ein (Junges) in seinem Nest war, er hat mich mit dem Samen seines Wunsches gezeugt. Seitdem Meine Majestät ein Kind war *(jnpw)*, und während ich ein kleines Kind *(wḏḥ)* in seinem Tempel war, hatte ich schon das Aussehen und die Form eines Junmutef (‹Pfeiler seiner Mutter›) wie das Horuskind in Chemmis. Während ich mich im nördlichen Teil des Säulensaals befand (...), trat Amun aus der Herrlichkeit seines Horizonts (Heiligtums), er erfreute den Himmel und die Erde mit seiner Schönheit und er vollbrachte das Wunder; seine Strahlen waren in den Augen der Menschen wie der Aufgang des Re-Harachte (...). Er ging um den Säulensaal herum. Aber die Anwesenden verstanden nicht, was er tat, während er Meine Majestät überall suchte. Plötzlich erkannte er mich; er hielt an (...). Dann sprach er ein Orakel über mich (...). Er öffnete mir die Pforten des Himmels und er öffnete mir die Türen seines Horizontes (das Allerheiligste und den Götterschrein). Ich flog wie ein göttlicher Falke in den Himmel auf, um sein Angesicht im Himmel (die Götterstatue in ihrem Schrein) zu sehen und Seine Majestät anzubeten (...). Re selbst hat mich eingesetzt; ich wurde in Würde erzogen dank den Kronen, die auf seinem Haupt sind; und sein Uräus wurde auf meiner Stirn befestigt (...). Er hat meine Kronen eingesetzt und er hat für mich meine königlichen Namen zusammengestellt».

Die historisierende Form dieses Berichts verbirgt einen rituellen und mythologischen zweiten Diskurs. Der Unterschied zwischen den beiden Ebenen ist natürlich zeitlich, aber er liegt auch in der Anspielung auf die menschliche und die göttliche Geburt des Königs begründet.

Nicht immer geht der Mitregentschaft ein Orakel, das diese ausdrücklich anordnet, voraus. Ramses II. berichtet über die Vorbereitungen zu seiner Inthronisation als Mitregent seines Vaters Sethos I. folgendes: «Ich wurde als ältester Sohn und als Erbprinz *(jrj-pꜥt)* auf den Thron des Geb eingesetzt; als Chef der Infanterie und der Kavallerie berichtete ich über die Verhältnisse in den beiden Ländern. Als mein Vater vor dem Volk erschien und mich als Säugling auf seinen Armen hielt, da sagte er über mich: ‹Laßt ihn krönen, damit ich seine Schönheit sehe, solange ich noch lebe›. Er ließ die Höflinge zusammenrufen, um die beiden Kronen auf meine Stirn zu setzen. ‹Befestigt die Uräusschlange auf seinem Haupt›, sagte er zu ihnen, als er noch auf der Erde weilte, ‹damit er dieses Land verwalten kann›» (Widmungsinschrift von Abydos, 1.48–40). Die Mitregentschaft sichert die Kontinuität der Macht in den Zeiten, in denen die Erblichkeit allein als zu schwach schien, die Dynastie zu sichern.

Die Erneuerung der Krönung

Es scheint, daß sich die Mehrzahl der Darstellungen der königlichen Machteinsetzung und auch das Ritual, das der *Brooklyner Papyrus* überliefert, sich nicht auf die eigentliche Krönung des Herrschers beziehen, sondern auf die Kulthandlungen, die die Kraft und Wirkung dieses Vorgangs erneuern und verstärken. Solche Erneuerungsrituale wurden anläßlich vieler Festlichkeiten vorgenommen, wenn der König den Tempel betrat, etwa beim Minfest oder beim Geburtstagsfest, das den Jahrestag der Krönung feiert. Die Rituale und auch die bildlichen Darstellungen bestärken dann die jährliche Erneuerung der königlichen Macht während der schwierigen Übergangszeiten beim Jahreswechsel oder beim Wechsel der Jahreszeiten. Um die in dieser Zeit besonders bedrohlichen Gefahren zu neutralisieren, wurde dann mit den Geburtstagszeremonien und den machterhaltenden Ritualen zugunsten des regierenden Königs auch der Thronbesteigung des Horus gedacht, des ersten Königs.

Auf den Darstellungen läßt sich nicht feststellen, ob sie die Zeremonien der tatsächlichen Krönung des Herrschers wiedergeben oder ob sie der symbolischen Erneuerung dieses Vorgangs dienen und anläßlich des kultischen Besuchs im Tempel aufgezeichnet wurden. In diesem Sinne beinhaltet jede Teilnahme des Königs an religiösen Festen den Aspekt der Erhaltung und Erneuerung der Macht, die der Herrscher zum ersten Mal während seiner Krönung empfangen hat. Zugleich verbinden ihn die Zeremonien des Geburtstags und des Jahrestags mit den kosmischen Zyklen, die sich in der Weltordnung niederschlagen.

Liturgische und ikonographische Berichte

Das auf Papyrus oder auf den Tempelwänden wiedergegebene Ritual der Krönung umfaßt nicht die Gesamtheit aller Handlungen, rezitierten Texte und gesungenen Hymnen, die zu diesem Fest gehörten. Sie beschreiben sehr präzise einige der wichtigsten Augenblicke des Rituals und erlauben uns einen Einblick in den Ablauf des Geschehens: das Kommen und Gehen der Beteiligten, wichtige Gegenstände und Kleidung ebenso wie die Titel der rezitierten Texte. Manchmal sind uns die Gebete und Hymnen – oft in abgekürzter Form – auf anderen Papyri überliefert. Unbekannt ist, wo die tatsächliche Krönung des Herrschers stattfand; nach den Berichten kommen verschiedene Städte in Frage.

Es scheint, daß in der Anfangszeit die Krönung in einem Heiligtum in der Gegend um Memphis-Heliopolis gefeiert wurde und daß dieses Fest später in der Region um Theben stattfand – von der 18. Dynastie an wohl in Karnak –, und in späterer Zeit wurde es wohl wieder in Memphis begangen. Unter diesen Umständen bleiben die Festlegungen bestimmter Orte hypothetisch. Im weiteren ist die Reihenfolge der verschiedenen Kulthandlungen nicht sicher, weil sie in den Quellen immer wieder unterschiedlich aufgezeichnet ist.

Unsere Quellen über die Krönung sind allgemeine Anweisungen zum Ritual wie im *Brooklyner Papyrus* und Erwähnungen und Darstellungen des Vorgangs, die sich nicht mit Sicherheit auf eine reale Zeremonie beziehen. Deshalb ist es häufig schwierig, die Informationen nach ihrem «dokumentarischen» Wert einzuschätzen und aus allen Angaben ein Bild des tatsächlichen Geschehens zu rekonstruieren. Immer wieder sind Ergänzungen nötig, und manchmal stellt sich gar die Frage, ob der König bei allen Vorgängen persönlich dabei war oder nicht.

Der «Königspriester» oder Ersatzkönig

Die Rolle des Königs wird oft von einem Königspriester eingenommen, der anstelle des Pharao den Kult vollführt und an dem auch rituelle Handlungen vorgenommen werden. Der König als einziger wahrer Priester konnte ja unmöglich in allen Tempeln täglich den Kult ausüben; deshalb delegierte er diese priesterliche Macht an einen Priester, der dann als Stellvertreter des Königs im Kult handelte. Unter anderen Umständen erscheinen dann auch «Ersatzvermittler». Außer den Hohepriestern von Heliopolis im Alten Reich und denen des Amun im Neuen Reich bemächtigten sich auch Provinzgouverneure, Gaufürsten und Generäle eines Teils oder gar der Gesamtheit dieser königlichen Funktion. Ebenfalls als «lebende Bilder» des Königs können die

Tiere gelten. Wie die heiligen Tiere hat der als Mensch sterbliche König die Macht von den Göttern erhalten; und wie die Pharaonen kennen auch die heiligen Tiere eine Nachfolge.

In all dem zeigt sich aber doch nicht eine wirkliche Institution des Ersatzkönigs, wie sie uns aus der Zeit von Assarhaddon und seinem Sohn Assurbanipal oder später von Alexander dem Großen bekannt ist. In Mesopotamien (Bottéro, 1978, S. 2–24) und in Mazedonien dient der Ersatz dazu, das Leben des Königs zu retten, wenn Vorzeichen darauf hinweisen, daß es bedroht ist, indem dann der Ersatz getötet wird. Ein demotisches Märchen vom *Papyrus Vandier* aus dem 5./6. Jahrhundert berichtet als einziges bekanntes Beispiel aus Ägypten von der Rettung des Königs durch den freiwilligen Opfertod eines andern Menschen. Auf den Rat seiner Magier hin bittet der schwerkranke König Sisibek den jungen und talentierten Zauberer Merire, ihn zu heilen. Das ist nur möglich, wenn Merire für den König stirbt. Man muß also annehmen, daß in Ägypten die Idee, daß ein Sterbender gerettet werden könne, wenn ein anderer Mensch freiwillig an seiner Stelle in den Tod gehe, bekannt war – eine Vorstellung übrigens, die wir auch in vielen europäischen Märchen wiederfinden. Allerdings dürfen wir hier das Motiv des freiwilligen Opfers, das das Leben eines Kranken rettet, nicht mit der Institution eines Ersatzkönigs, der rituell getötet wird, verwechseln.

Im Falle Ägyptens ist der «Königspriester», der den König in den Ritualen der Erneuerung der Krönung vertritt, nur ein sehr oberflächlicher Ersatz. Er selbst verändert sich durch die Vertretung nicht, er bleibt Priester, und sein Amt impliziert keinerlei Machtanspruch oder Statusveränderung. Der Königspriester nimmt wie ein Schauspieler nur für eine kurze Zeit die Erscheinung des Herrschers an, ohne sich mit ihm zu identifizieren; und wie ein Schauspieler vertritt er die königliche Gestalt beim Verlassen des Palastes sowie beim Eintritt in den Tempel, wobei er die Kleidung und die Insignien des Pharao trägt. Viel eher als mit einer Institution müssen wir dieses Phänomen mit einem Theaterspiel vergleichen.

Die Entstehung des Krönungsrituals ist wohl im Alten Reich anzusetzen. Die ältesten gesicherten Daten der Übernahme der Pharaonenmacht betreffen die Könige Schepseskaf und Neferirkare aus der 4. und 5. Dynastie. Sicher aber sind zumindest Teile des Rituals der königlichen Einsetzung älter und gehen auf die Thinitenzeit zurück. Vermutlich stammt der Ursprung dieser Zeremonien aus vorgeschichtlicher oder gar aus mythischer Zeit, denn die erste Königskrönung soll ja auf Horus zurückgehen, der seinem Vater auf dem Thron folgt. Die meisten uns überlieferten Informationen über das Krönungsritual stammen aus dem Neuen Reich, aber wir wissen, daß sich bis hin zu Ptolemäus XII. Neos Dionysos die Könige weiterhin nach dem alten Brauch mit dem Aufstieg des Königs, seiner Umarmung durch den Gott und dem Aufsetzen der Kronen als wichtigsten Teilen in Memphis krönen ließen.

Die Nachfolge des Königs

Wir beschäftigen uns hier mit der Frage, wie die Person ausgewählt wurde, die die Ägypter als König anerkannten und die in einer Reihe von feierlichen Zeremonien gekrönt wurde, wobei sie die königlichen Insignien erhielt. Dieser Aspekt der Legitimität der Macht bedeutet eine Prüfung der Formen der königlichen Nachfolge und der Mittel, durch die sie von den Göttern bestätigt wurde. Zuerst aber wenden wir uns den Quellen zu.

Nicht immer ist uns die Herkunft des Königs und seine genaue Beziehung zum Herrscherhaus bekannt. Gewisse Könige erwähnen ihren Vater oder ihre Mutter nie. So ist uns zum Beispiel über die Herkunft der Könige Haremhab, Ramses I. und einiger anderer Ramessiden aus dem Neuen Reich nichts überliefert. Bei den meisten Königen aber wissen wir mehr. Es gibt sogar Herrscher, die ihre nicht königliche Abstammung gar nicht zu verbergen versuchen. So ist uns von Amenemhat I., dem Begründer der 12. Dynastie, bekannt, daß er «der Sohn einer Frau namens Ta-Seti» und «der Sohn eines Mannes» war, wodurch er sich klar als *homo novus* bezeichnet. Sein Vater war ziemlich sicher ein «Gottesvater Sesostris». Dieser Titel verweist auf eine hochgestellte Persönlichkeit, die königlich oder nicht königlich sein kann. Häufig trägt der nichtkönigliche Vater oder Schwiegervater eines Königs diesen Titel. Auch der erste Perserkönig, Darius, nennt sich später «Sohn des Gottesvaters Hystapa». Die nichtkönigliche oder gar fremde Abstammung wird also normalerweise nicht verschwiegen.

Angaben über den Nachfolger eines Königs erhalten wir von den Listen der Prinzen auf Tempelwänden und auf Ostraka. Der Kronprinz ist dabei nicht unbedingt der erstgeborene Sohn des Königs. Die auf dem Mauersockel in der Säulenhalle des Ramesseums dargestellte Prinzenprozession zeigt uns, daß der Nachfolger von Ramses II., Merenptah, erst der 13. seiner Söhne war.

Die Königslisten zeigen trotz ihrer Lücken durch ihre Struktur und die Reihenfolge der Nachfolger deutlich die Ziele der ägyptischen Geschichtsschreibung. Ausgeschlossen werden sollen Usurpatoren (etwa Herihor) und Nonkonformisten (etwa Hatschepsut und Tausret als Frauen, Echnaton als Ketzerkönig). Dafür werden andere widersprüchliche Gegebenheiten integriert: Fremde Herrscher reihen sich in die Folge ägyptischer Könige ein, Gewaltstreiche werden nachträglich gebilligt, und manchmal werden sogar zusätzliche Dynastien erfunden, um eine besonders schwierige Zeit zu markieren. Im gesamten haben in den Königslisten nationale Gefühle und die Ideologie vor der realen, legitimen Nachfolge den Vorrang.

Die Art der Nachfolge

Bei einer Nachfolge innerhalb der Verwandtschaft ist die Machtübergabe vom Vater auf den Sohn die häufigste Art. In der Regel handelt es sich dabei um den erstgeborenen Sohn, aber das muß nicht automatisch so sein, wie der ausdrückliche Titel «ältester Sohn des Königs» bezeugt. Nicht jeder erstgeborene Prinz trägt den Titel, ja nicht einmal das älteste der überlebenden Kinder des Königs, sondern der vorgesehene Thronfolger, der mindestens in der Ramessidenzeit durchaus irgendein jüngerer Prinz sein kann. Hingegen ist es unmöglich, daß nach dem Tod des Kronprinzen dessen ältester Sohn, also der Enkel des Königs, diesem direkt auf den Thron nachfolgt. Es scheint, daß keine Generation ausgelassen werden darf, wie wenn ein Kind, dessen Eltern die Königswürde nie tatsächlich ausgeübt haben, nicht genügend königliches Blut aufweisen würde. Wenn der vorgesehene Erbe starb, so trat also nicht sein Sohn, sondern sein Bruder an seine Stelle. Daß nicht automatisch der erstgeborene Sohn König wurde, sollte wohl verhindern helfen, daß allzu junge Prinzen auf den Thron kamen und das Reich durch ihre Unerfahrenheit gefährdeten.

Die Legitimität des königlichen Erben war ebenfalls von der mütterlichen Linie abhängig. Wenn der vorgesehene Nachfolger nicht königlichen Geblüts war oder von einer Nebenfrau des Königs geboren wurde, so verschaffte ihm die Heirat mit einer Königstochter die notwendige enge Verbindung zum Herrscherhaus und damit die Legitimität. So heiratet Thutmosis I. vor seiner Thronbesteigung die Tochter seines Vorgängers und dessen

«Großer königlicher Gemahlin». Er selbst wiederum hatte von seiner «Großen königlichen Gemahlin» eine Tochter, Hatschepsut, und einen Sohn, den künftigen Thutmosis II., von einer Nebenfrau. Erst die Heirat von Thutmosis II. mit seiner Halbschwester Hatschepsut sicherte ihm die nötige Legitimität als Thronfolger. Ebenso verleiht am Ende der 18. Dynastie erst die Heirat mit der jungen Witwe Tutanchamuns, einer Tochter von Amenophis IV.-Echnaton, dem alten Würdenträger Eje die Königswürde. Auch Haremhab, der letzte König der 18. Dynastie, ein früherer General, heiratete die Prinzessin Mutnedschemet, bevor er den Thron bestieg. Scheschonk I., der fremde Begründer der 22. Dynastie, legitimierte sich dadurch, daß er Maatkare, die Tochter des letzten Königs der vergangenen Dynastie, mit seinem Sohn Osorkon I. vermählte. Eine Erinnerung an diese Vorgänge findet sich in der koptischen Volksliteratur, wenn ein Mönch, der einen Topf Linsen auf dem Feuer betrachtet, von der Heirat der Tochter des verstorbenen Königs mit dem ersten Fremden, der die Stadt nach diesem Todesfall betritt, berichtet. Es kommt in Ägypten aber auch vor, daß ein Herrscher die Macht von seinem Onkel oder von seinem Großvater mütterlicherseits erbt. So können die Frauen durchaus eine wichtige Rolle für die Legitimität eines Erben spielen; aber das dominierende Prinzip ist doch die Nachfolge in der väterlichen Linie, meistens vom Vater auf den Sohn.

Trotzdem spielen einige Frauen in der Frage der königlichen Nachfolge eine große Rolle; manchmal wurden sie sogar selber Pharao. Juristisch gesehen war das in Ägypten durchaus möglich. Manetho berichtet, daß unter der Regierung von Binôthris in der 2. Dynastie «beschlossen wurde, daß auch Frauen die königliche Funktion ausüben konnten» (Epitome, 8–10). Und Diodor bestätigt, es habe in Ägypten fünf Königinnen gegeben (I 44), obwohl die ägyptischen Quellen nur vier weibliche Pharaonen zählen. In der Praxis scheint das nicht ganz so einfach gewesen zu sein. Die ägyptischen Geschichtsschreiber des Neuen Reiches jedenfalls betrachteten die zwei Königinnen, Hatschepsut und Tausret, als Usurpatorinnen und entfernten sie aus ihren Listen. Umgekehrt aber überliefern sie zwei Königinnen aus dem Alten Reich, Nitokris und Sobek-Neferu, die am Ende der 6. respektive 7. Dynastie regierten und am Anfang einer Regierungskrise standen.

Ein letztes Nachfolgeprinzip ist die Übergabe der Macht an einen Bruder. Auch diese Art der Nachfolge kommt in Ägypten gelegentlich vor. In der 20. Dynastie folgt auf Ramses IV. sein Sohn (Monnet, 1965) oder Bruder (Vandier, 1962, S. 388), und nach dessen Tod folgt ihm einer seiner Neffen als Ramses VI. auf dem Thron. In der 25. Dynastie geht die Macht der Reihe nach auf alle Brüder über, bevor mit dem ersten Sohn des ältesten Bruders die nächste Generation die Königswürde erhält. Der König Schebitku (25. Dyn.; ca. 698–690) regelte seine Nachfolge noch zu Lebzeiten. Während er selbst in Memphis lebte, bestimmte er, daß ihm von seinen «königlichen Brüdern» Taharka, der, dem Brauch der Äthiopenkönige folgend, noch bis zu seinem 21. Jahr bei seiner Mutter in Nubien weilte, nachfolgen sollte. Der junge Prinz reiste nun aus dem Sudan via Napata und Kawa nach Theben. Dann wurde sein Nachfolger und Neffe Tanutamun, der sich ebenfalls noch mit den andern «königlichen Brüdern» bei der Mutter in Nubien befand, als nächster zum König ausgerufen und zog von Meroe nach Karnak. Die in dieser Dynastie besonders beliebte Nachfolge von Brüdern und Neffen erklärt sich nicht einfach aus der sudanesischen Herkunft dieser Herrscherfamilie, denn das Prinzip kommt vereinzelt auch vorher und nachher in Ägypten vor, und es ist auch für die dynastische Nachfolge in Assyrien in der Zeit zwischen 1700 und 1363 belegt.

Die Blutsbande allein garantieren die Nachfolge noch nicht. Die Lehre für Merikare aus der ersten Zwischenzeit betont: «Das Königtum ist ein schönes Amt, (aber) es gibt keinen Sohn oder Bruder, der sein (des Königs) Werk dauern läßt: es ist irgendein Mann, der einen andern verherrlicht» (116–117). Das Königtum wird also nicht unter allen Umständen vererbt, wie das auch Diodor (I 43,6) berichtet.

Die Macht kann vererbt oder auch erobert werden. Dies ist in verschiedener Form möglich. Manchmal sind uns verschiedene Bewerber um die Königsmacht bekannt. Amenemhat I. ist sehr wahrscheinlich mit dem Wesir Amenemhat unter dem letzten König der 11. Dynastie, Montuhotep Nebtauire, identisch. Er nennt ausdrücklich seine bürgerliche Herkunft. Da er sich dadurch auch nicht auf das Dogma der göttlichen Geburt berufen kann, lastet das Königtum ganz auf seinem Wert als Staatsmann und auf seinen Taten. Obwohl seine legalen Ansprüche auf den Thron äußerst zweifelhaft waren, wurde der Usurpator Amenemhat gekrönt, wie das die *Prophezeiung des Neferti* verkündet hatte. Die Konkurrenz um die Nachfolge konnte auch zum Königsmord führen. Gesichert sind hier zwei Fälle: Amenemhat I. und Ramses III. wurden beide im Laufe einer Haremsverschwörung ermordet. Die Umstände der Ermordung von Amenemhat I. sind nicht genau bekannt, aber für den Anschlag waren Leute aus der nächsten Umgebung des Königs verantwortlich, wie die Anspielungen in verschiedenen literarischen Texten dieser Zeit zeigen: «Haben schon jemals Frauen eine Kampftruppe angeheuert? Hat man schon je Unruhestifter im eigenen Haus großgezogen?» In einer solchen Situation sicherte die Mitregentschaft dem alten König nicht nur eine Arbeitsentlastung, sondern sie garantierte auch dem Kronprinzen die Herrschaft, weil er ja noch zu Lebzeiten seines Vaters gekrönt worden war, wodurch beim Tod des Herrschers kein Machtvakuum entstand. Die Verschwörung, die in der 20. Dynastie zum Tod von Ramses III. führte, bediente sich auch der Magie. Die Verschwörer formten kleine Wachsfigürchen, die im Palast die Wachen verzauberten und den Übeltätern den Kontakt mit ihren Komplizen im königlichen Harem ermöglichten. Obwohl das sonst nicht üblich war, bestieg der Sohn des Ermordeten, Ramses IV., am nächsten Morgen nicht nur den Thron, sondern er ließ sich auch sofort krönen, ohne die Bestattung seines Vaters abzuwarten. Damit sollte die rechtmäßige Nachfolge sofort garantiert werden. Vermutlich gehen diese beiden Königsmorde auf die Unzufriedenheit eines übergangenen Prinzen oder seiner Mutter zurück. Die Königin und der ganze Harem spielen bei der Nachfolge eine bedeutende Rolle. Die Gattin Ramses' III. wurde im Prozeß nach seiner Ermordung dann auch verurteilt, weil sie die Verschwörung angezettelt hatte.

Außer durch Staatsstreiche, die möglichst vertuscht wurden, kann die Macht auch von fremden Eroberern ergriffen werden. Die libyschen, nubischen und persischen Könige unterwarfen sich dem einheimischen Königsdogma bis ins Detail, worauf sie von den Kanzleien als legitim anerkannt wurden; die Assyrer hingegen, die Ägypten ebenfalls eroberten, unterlagen einem nationalen Tabu, so daß sie keinerlei Spuren hinterlassen haben. Alle fremden Könige erlangten den Thron auf Kosten eines einheimischen Nachfolgers, den sie häufig brutal aus dem Weg räumten. Der Nubier Schabaka entthronte den Saitenkönig Bocchoris (ca. 718–712) und ließ ihn nach sechsjähriger Regierungszeit lebendig verbrennen. Zwei Jahrhunderte später lieferte ein griechischer General nach dem Tod von Amasis das Land an die Perser aus, und nach der Kapitulation von Memphis wurde der legitime Nachfolger Psammetich III. gezwungen, sich umzubringen. Das Recht des Stärkeren dominiert in der Nachfolgefrage immer wieder.

Schließlich kann die Machtübernahme und Machtausübung auch durch die Leistungen des Herrschers gerechtfertigt werden. Die (nachträgliche) Legitimierung Amenemhats I. beruht auf seinen Erfolgen: der Sicherung des inneren Friedens, den Kriegserfolgen gegenüber den Asiaten und Libyern und der Sicherung der Grenzen durch die «Fürstenmauer». Auch im Bericht Haremhabs über seine Krönung erlauben seine Leistungen einen Vergleich mit Horus:

«Man erstattete ihm Bericht über die Steuern der beiden Länder und die Opfergaben von Ober- und Unterägypten. Die Berater kamen, um sich vor den Türen des königlichen Palastes zu verneigen. Die Großen der Bogenvölker näherten sich ihm; sie richteten Lobpreisungen an ihn wie an einen Gott. Jede Sache wurde auf seinen Befehl hin gemacht (...). Der älteste Sohn des Horus (Haremhab) war der oberste Chef und der Erbprinz dieses ganzen Landes, und so wünschte das Herz dieses gnädigen Gottes, Horus, des Herrn von Hutnesut, daß sein Sohn den Thron der Ewigkeit bestieg».

Hier sind es die vor der Krönung vollbrachten Taten Haremhabs, die Horus dazu bewegen, ihm das Königtum zu übergeben. Der Bezug auf den Gott Horus situiert Haremhab als seinen Sohn ebenfalls auf der göttlichen Ebene und enthebt ihn der Notwendigkeit, seine Legitimität durch seine Abstammung zu beweisen.

Geburtsmythos, Orakel und Traum

In gewissen schwierigen Fällen verleiht eine göttliche Intervention dem königlichen Thronfolger zusätzliche Legitimität. Wir haben schon bei der Legende von der göttlichen Geburt der Könige gesehen, wie jene das Pharaonentum stärkt, auch wenn sie nicht für alle Herrscher belegt ist, und wie sie immer wieder zu propagandistischen Zwecken verwendet wird, wenn die Legitimität eines Königs zweifelhaft ist. Zum Beispiel beanspruchte Sesostris I., der seinem ermordeten Vater Amenemhat I. auf den Thron nachfolgte, die göttliche Vorsehung als Argument zu seinen Gunsten: «Ich bin ein geborener König, ein Herrscher, er lebe, sei heil und gesund, dem man (die Kronen) nicht gegeben hat; ich eroberte schon, als ich noch ein kleines Kind war, ich dominierte schon im Ei. (...) (Der Gott?) hat mich auserwählt, damit ich im Palast sei, als ich noch ein Embryo war, bevor ich aus dem Leib meiner (Mutter) hervorkam» (Widmungsinschrift von Sesostris I. im Tempel von Heliopolis).

Eine andere Form der göttlichen Unterstützung bildet das Orakel, wenn es darum geht, einen bestimmten Kandidaten auszuwählen. Wir haben gesehen, daß Thutmosis III. als kleines Kind von Amun für das Königtum auserwählt wurde: An einem Festtag in Karnak wich die von Priestern getragene Götterstatue von ihrem Weg ab, näherte sich dem jungen Thutmosis und hielt vor ihm an. Mit diesem Anhalten bekundete sie ihren Willen. In dieser Situation ernannte sich Hatschepsut wegen der Jugend ihres Neffen zur Regentin und usurpierte den Thron. Aber auch sie selbst benutzte wiederum ein Orakel, um ihren Machtanspruch zu rechtfertigen:

«Dann gab die Herrin der beiden Länder (die Göttin) sehr viele und sehr wichtige Orakel über Meine Majestät ab (...). Sie befahl mir, die beiden Kronen an mich zu nehmen, weil die beiden Ufer des Horus unter meinem Befehl stünden».

Wie Herodot (II 151) berichtet, war auch die Begründung der 26. Dynastie an das Orakel des Mannes mit der Bronzeschale gebunden. Nachdem die Assyrer durch das Land gezogen waren, hatte sich im Delta eine Zwölferherrschaft gebildet:

«Die zwölf Könige aber hielten sich getreulich an ihre Vereinbarungen. Nach einer Weile aber, als sie einmal das Opfer begingen im Tempel des Hephaistos und am letzten Tag des Festes den Weihguß darbringen wollten, holte ihnen der Oberpriester aus der Kammer die Schalen aus Gold, mit denen sie zu spenden pflegten, versah sich aber in der Zahl und brachte nur elf, wo sie doch zwölf waren. Wie nun Psammetichos, der in der Reihe zuäußerst stand, keine Schale in seiner Hand hatte, nahm er den Helm ab, und der war aus Erz, und hielt ihn unter die Kanne und spendete. Einen Helm pflegten auch die anderen Könige alle zu tragen, und so hatten sie ihn auch damals auf. Psammetichos hatte nun keinerlei Hintergedanken, als er den Helm hinhielt, die andern aber dachten darüber nach, was Psammetichos getan und was die Weissagung ihnen vorausgesagt hatte, daß nämlich der von ihnen, der aus einer Schale von Erz die Spende darbringe, König sein werde von Ägypten, er allein. Dieses Wahrspruches gedachten sie, und als sie ihn verhört und herausgefunden hatten, daß er's ohne jede Absicht getan, hielten sie es zwar nicht für recht, ihn zu töten, beschlossen aber, ihn in die Marschen zu verbannen und ihm den größten Teil seiner Macht zu nehmen; und die Marschen sollte er nicht verlassen und keinen Verkehr mit dem übrigen Ägypten haben.»

Absichtlich oder nicht, jedenfalls brach Psammetich diesen Bundespakt. Noch mehr als auf das Gottesorakel konzentriert sich das Interesse des Berichts auf das Ende: Psammetichs Exil im Sumpfgebiet, bevor er die andern Fürsten entthront, entspricht ganz der Situation des Horuskindes, daß sich vor der Verfolgung durch Seth in den Sümpfen von Chemmis versteckt. Durch diese Anspielung wird auch Psammetich schon als potentieller Sieger und als künftiger legitimer König dargestellt.

Ein Amuns-Orakel in der Oase Sîwa zugunsten Alexanders des Großen anerkennt diesen als «Sohn» oder «Kind» des Gottes (Plutarch, Alex. 26–27, und Diodor XII 49–51), womit sowohl auf die göttliche Abstammung der Könige als auch auf das Thema des königlichen Kindes Bezug genommen wird. In Äthiopien, wohin sich die Könige der 25. Dynastie nach dem Sieg Psammetichs I. über sie zurückgezogen haben, berichtet König Aspalta auf der Inthronisationsstele über die Nachfolgeregelungen der Äthiopenkönige in Ägypten. Dabei können wir feststellen, daß das Kuschitenreich die Tradition des Orakels zur Bestimmung des Nachfolgers aufrechterhielt. Nachdem eine Gruppe von zivilen und militärischen Würdenträgern Aspalta unter seinen königlichen Brüdern ausgewählt hat, legt sie diese Wahl dem Gott Amun vor: «Gib du uns bitte einen Herrscher, um uns das Leben zu geben, um Tempel in Ober- und Unterägypten zu bauen, um das Götteropfer darzubringen, denn die göttliche Funktion ist in deinen Händen. Gib sie deinem geliebten Sohn». Hier bestätigt das Orakel eine von den wichtigsten Männern im Staat bereits vorgenommene Wahl.

Daneben spielen auch Träume bei der Bestimmung des Thronfolgers eine Rolle. Als Thutmosis IV. zu Füßen des großen Sphinx in Giza einschläft, verheißt ihm die Gottheit im Traum das Königtum. Die Traumdeutung als Hilfsmittel zum Auffinden des geeigneten Thronfolgers erlebt in der 25. Dynastie eine neue Blüte. Herodot (II 139) berichtet, Schabaka habe sogar wegen eines Traumes den Thron aufgegeben, während Tanutamun nach der Vision von zwei Schlangen, die Ägypten und den Sudan darstellten, begriff, daß er als König auserwählt sei:

«Im 1. Regierungsjahr nach seiner Krönung als König hatte Seine Majestät einen nächtlichen Traum: es erschienen ihm zwei Schlangen, eine zur Rechten und eine zur Linken. Als Seine Majestät erwachte, fand er sie nicht. Seine Majestät sagte: ‹Warum also ist mir das geschehen?› Da antwortete ihm sein Gefolge: ‹Dir gehört das Land des Südens (der Sudan); nimm nun auch das Land des Nordens (Ägypten) für dich. Die beiden Göttinnen (die Uräusschlangen) glänzen über deiner Stirn, das Land ist dir in seiner Länge und in seiner Breite gegeben; keiner wird es mit dir teilen.›

Als Seine Majestät auf dem Horusthron in diesem ersten Regierungsjahr gekrönt worden war, verließ Seine Majestät den Ort, wo er war, wie Horus von Chemmis weggegangen war. Er ging weg (...), während Millionen zu ihm kamen und Hunderttausende hinter ihm gingen. Da sagte Seine Majestät: ‹Tatsächlich, der Traum sagte die Wahrheit; ein Traum ist vorteilhaft für den, der ihn in seinem Herzen bewahrt, aber ein Unglück für den, der ihn nicht versteht›» (Traumstele).

Schlußfolgerung

Die Übergabe der Macht geschieht auf verschiedene Arten. Die Verwandtschaftsverhältnisse in Ägypten wurden nie systematisch bezeichnet, was sich auch in der Mehrdeutigkeit fast aller

Begriffe für die verschiedenen Familienbeziehungen ausdrückt. Ein ägyptischer Begriff ist dem Kronprinzen vorbehalten, nämlich «ältester Königssohn». Dabei handelt es sich aber mit Sicherheit um einen Titel für den Thronfolger; irgendeiner der Söhne des regierenden Königs kann für die Nachfolge ausersehen sein. Häufig war das der älteste Sohn, aber es gibt genügend Beispiele, die klar zeigen, daß dies keine feste Regel war. Der Titel kann dem erstgeborenen Sohn des Königs, dem ältesten überlebenden Sohn und auch einem jüngeren, besonders geeignet scheinenden Prinzen zukommen, drückt also nur aus, daß sein Träger als Nachfolger des Königs vorgesehen ist, und gibt keine Gründe (etwa die Stellung in der Geschwisterreihe) dafür an. Ähnlich ist es mit dem Titel «Königssohn». Wir wissen, daß ihn im Alten Reich auch Personen trugen, die keine Söhne des Herrschers waren. Der Begriff *inpw* «Kind, Prinz» bezeichnet einen Kronprinzen oder König im Kindesalter, vielleicht aber auch Prinzen dieses Alters ohne Thronanspruch. *Ḥwn* schließlich bedeutet «Knabe» und wird von der 25. Dynastie an als Bezeichnung für den Kronprinzen verwendet. Die Bezeichnungen für den Thronfolger geben uns also keinen Aufschluß über die genauen Verwandtschaftsverhältnisse.

Kann man unter diesen Umständen annehmen, daß es irgendeine Funktion gab, die der Königswürde voranging? Auch wenn es keinen Titel gab, der mit Sicherheit nur den Kronprinzen bezeichnete, so gibt es doch ein ganzes Bündel von spezifischen Bezeichnungen, die auf eine solche Vorbereitung hinweisen, und die sich im allgemeinen für die Thronanwärter nachweisen lassen. Außer dem Titel «ältester Königssohn» finden wir bei den künftigen Königen häufig «Oberbefehlshaber», «Standartenträger zur Rechten des Königs», «Erbprinz» und «königlicher Schreiber». Der zukünftige Ramses II. trägt den Titel «Generalissimus» in Verbindung mit «Erbprinz» schon im Alter von 10 Jahren; weil eine militärische Funktion in diesem Alter ausgeschlossen ist, muß sich die Bezeichnung «Generalissimus» auf seinen Status als Thronfolger beziehen. Gleichermaßen beziehen sich auch die Darstellungen der Kulthandlungen des Laufens und der Wildstierjagd, die der König gemeinsam mit seinem Sohn und Nachfolger ausübt (Ramses II. mit Merenptah in Abydos, Ramses III. mit Ramses IV. in Medinet Habu), auf eine Initiation des Thronerben in die weltschöpferische und kriegerische Funktion des Königtums.

Alle die etwas vagen Ausdrücke für den Kronprinzen beziehen sich aber doch meistens auf die erbliche Machtübergabe vom Vater auf den Sohn. Dabei ist weder das Vorrecht des Erstgeborenen noch die Übergabe auf den Sohn eine feste Regel, wie die immer wieder vorkommende Nachfolge von jüngeren Prinzen, Brüdern oder Neffen zeigt. Hier müßte eine genauere Untersuchung darlegen, ob die verschiedenen Nachfolgeregelungen den Bestimmungen des Erbrechts in der Familie entsprechen. Normalerweise hat die Erblichkeit der Ämter den Vorrang vor anderen Interessen, und es ist deshalb kaum anzunehmen, daß dieses Prinzip beim Königtum in Frage gestellt wurde. Auf verschiedene Nachfolgeprinzipien läßt sich auch der Osirismythos beziehen. Hier stehen sich das Prinzip der Nachfolge vom Vater (Osiris) auf den Sohn (Horus, Sohn der Isis, als Prototyp dessen, der seinen Vater rächt) und dasjenige vom Bruder (Osiris) auf den Bruder (Seth) gegenüber. Der Mythos bevorzugt die Machtübergabe an den Sohn, aber wie wir vorher gesehen haben, kommt immer wieder auch das andere Prinzip vor. Der Sohn scheint es jedenfalls leichter zu haben, seinen Anspruch zu legitimieren: «Ich bin ein Pharao, der es verdient, gekront zu werden. (...) Ich bin an der Stelle dessen, der mich wie den Sohn der Isis gezeugt hat», erklärt Ramses IV. auf einer Stele in Abydos (Monnet, 1965, S. 218).

Neben dem Verhältnis des Königtums zu den Familienstrukturen im Lande überhaupt wäre auch die Namenspolitik der königlichen Familien genauer zu prüfen. Häufig geben die Könige ihren Söhnen ihren eigenen Namen oder denjenigen des Großvaters väterlicherseits. Die Könige der 12. Dynastie heißen alle Amenemhat oder Sesostris – Amenemhat hieß der Gründer dieser Dynastie, und sein Vater war Sesostris. Die 18. Dynastie bevorzugte, wenn auch etwas weniger ausschließlich, die Namen Amenophis und Thutmosis, wobei Amenophis für den ersten Sohn der «Großen königlichen Gemahlin», Thutmosis hingegen für den Sohn einer Nebenfrau vorgesehen war. Die Abstammung von einer Nebenfrau war also keineswegs ein Grund, jemanden von der Thronfolge auszuschließen. Die Ramessidenzeit (19./20. Dyn.) umfaßt elf Könige gleichen Namens, wobei sich die Namengebung zuerst auf den Gründer der 19. Dynastie, Ramses I., bezog, in der 20. Dynastie hingegen auf den großen Herrscher Ramses II. Auch Privatleute liebten es, ihren Kindern ihren eigenen Namen oder den eines Verwandten zu vererben.

Natürlich gab es in Ägypten immer auch Machtkämpfe, und die verschiedenen Formen der dynastischen Legitimität sind sicher eine Antwort darauf. Die Angst vor einem Machtvakuum war wohl bestimmend dafür, daß göttliches Recht neben die Erblichkeit des Amtes gestellt wird und daß auch Emporkömmlinge und Eroberer in das Schema integriert werden.

Die Krönung des Königs

«Ganzes Land, freue dich. Glückliche Zeiten sind angebrochen. Ein Herr hat sich über alle Länder erhoben (...). Die Überschwemmung ist hoch, die Tage sind lang, die Nächte folgen ihren genauen Stunden und der Mond kehrt regelmäßig wieder».

Wir haben früher schon gesehen, daß Naturphänomene wie der Lauf der Gestirne und das Eintreffen der Nilüberschwemmung besondere Momente der königlichen Karriere begleiten. Demotische Texte sprechen beim Tod eines Pharao von einer

Sonnenfinsternis, und die Prophezeiungen des Neferti beschreiben die Wirrnisse der ersten Zwischenzeit als «Re trennte sich von den Menschen». Noch Aspalta spricht in seiner Inthronisationsstele von einem Interregnum als «Re war nicht in seinem Himmel: sein Thron war ohne Prinz», und die Chronik des Prinzen Osorkon nennt die politischen Wirren der 22. Dynastie eine Mondfinsternis. Hingegen wird die Machtergreifung Ramses' IV. von einer üppigen Nilüberschwemmung begleitet: «Große Überschwemmungen traten aus ihren Höhlen...». Wenn der neue König gesalbt wird, verkündet ein Hymnus: «Du hast die Gebirge überquert, du hast die Wirbelstürme vertrieben. Mögen sich nun die Großen Sauen (Sternkonstellation?) aufrichten». Wenn ein König den Thron besteigt, reagiert die Natur heftig; gleichzeitig wird aber die kosmische Ordnung wiederhergestellt (Posener, 1960, S. 56).

Die Kulthandlungen, die die sakrale Einsetzung des Königs bewirken und begleiten, lassen sich leicht zusammenstellen. Einige davon dienen dazu, aus dem «faktischen» König, der mit der Thronbesteigung am Tag nach dem Tod seines Vorgängers die Macht übernommen hat, einen «richtigen», von den Göttern anerkannten Herrscher zu machen. Alle diese Rituale folgen in einer uns nicht genau bekannten Reihenfolge aufeinander. Deshalb werden wir uns weniger dem Ablauf des Krönungsvorgangs zuwenden als vielmehr der Bedeutung der einzelnen Rituale, der Ähnlichkeit zwischen priesterlicher und königlicher Amtseinsetzung, der Vermischung von irdischer und göttlicher Macht in der Person des Königs und der Übertragung besonderer Kräfte auf sein Wesen, das sich künftig von allen andern Menschen unterscheidet.

Betrachten wir zuerst einige Voraussetzungen. Einerseits ist der Vorgang der Krönungszeremonie das Werk der ägyptischen Priesterschaft. Es sind Priester, die den Prozessionsweg festlegen und die Stationen bestimmen, die die Hymnen dichten, die über den Ablauf und die Dauer des Rituals und über die königliche

Kleidung bestimmen. Bezeichnend für den Einfluß der Priester auf die Krönung ist, daß der König am Morgen des Krönungstages in seinem Palast im Tempelbereich residiert. Der König ist allein; die Königin nimmt an der Krönung, die die Persönlichkeit des Königs erweitern und verändern soll, nicht teil. Dieses Übergangsritual, in dessen Verlauf der König auch neue Namen erhält, ist eine Initiation, die nur ihn selbst und die Götter etwas angeht, auch wenn es eine große Menge von göttlichen und manchmal auch menschlichen Teilnehmern gibt, deren Zustimmung gefordert ist.

Die Krönung beginnt früh am Morgen, wenn der König bei der Ankunft des Zeremonienmeisters in seinem Palast erwacht. «Der Herr erwacht in seinem Palast»: damit beginnt das Ritual im *Brooklyner Papyrus* (vgl. Goyon, 1972). Daß am Beginn des Rituals das Auftauchen des Königs aus dem Schlaf steht, unterstreicht durch den Kontrast umsomehr die Veränderung, die während der Krönung an ihm stattfinden soll. Auch die Zeremonien, die die Übergabe des Erbes des Horus begleiten, beginnen beim schlafenden König.

Die nun stattfindenden Kulthandlungen haben wir wegen ihrer unsicheren Reihenfolge und den äußerst umständlichen Beschreibungen in den ägyptischen Texten thematisch in vier Gruppen unterschieden: die Salbung, das Einkleiden, der «Aufstieg» des Königs und die Übertragung des Erbes.

Reinigung, Salbung und Stillen

Es scheint, daß die Reinigung und das Einkleiden des Königs im Palast stattfinden. Seit dem Neuen Reich geschieht die Reinigung manchmal aber auch erst beim Eintritt in den Tempel vor der Tür des Pylons, wobei eine kleine, ausgewählte Menge von Priestern und Beamten anwesend ist (Barguet, 1962, S. 314). Wasser aus einer goldenen Kanne wird über die beiden Priester gegossen, die die Rolle von Horus und Thot übernommen haben. Nach den Texten stellen diese gleichzeitig die den vier Himmelsrichtungen entsprechenden Götter dar, wodurch dem König in der Reinigungszeremonie auch deren universelle Macht verliehen wird (Gardiner, 1950, S. 9ff.). In den bildlichen Darstellungen reinigen Horus und Thot den König von jeder Beschmutzung, wobei sich die Wasserstrahlen aus zwei Vasen über dem König kreuzen. Der Wasserstrahl wird durch die Zackenlinie dargestellt, mit der «Wasser» geschrieben wird. Manchmal ersetzt auch eine Reihe von *ʿnḫ*- und *wꜣs*-Zeichen («Leben» und «Herrschaft») die Wasserlinie und weist damit auf die Wohltaten des Flußwassers hin. So wird der Akt der Reinigung mit den lebensspendenden Eigenschaften des Nils verbunden. Gleichzeitig ist *ʿnḫ-wꜣs* auch eine Bezeichnung für Unterägypten. Eine symbolische Anspielung auf die Ernährung des Säuglings weist auf den Übergang des noch Ungeborenen zum Neugeborenen hin und betont den Übergangscharakter des Rituals.

Die dieser Darstellung beigeschriebenen Texte betonen die Reinigung: «Ich reinige dich mit diesem Wasser, (damit dir) jedes Leben und Herrschaft, jede Dauer, jede Gesundheit und Glück (zuteil werden)», verspricht der Gott dem König, und: «Spruch des Wassers: O Wasser, mögest du diese verderbliche Unreinheit vom Pharao entfernen! O Hapi, mögest du die Krankheitskeime wegwaschen, die ihn bedrohen! Der du das Gesicht von Horus wäschst, der du das Gesicht von Seth abwischst, der du das Gesicht von Neith wäschst, der du das Gesicht der Weberinnen abwischst, mögest du selbst das Gesicht des Pharao waschen, wie das Gesicht des Königs, wenn er die *Wrrt*-Krone trägt!» *(Brooklyner Papyrus I, 3–4)*. Hier wird man an die vielen Stellen der Bibel erinnert, die die Salbung beschreiben: «Alsdann nimm das Salböl, gieße es ihm auf das Haupt und salbe ihn so» (Moses und Aaron; Ex. 29,7); «Dann nahm Samuel die Ölflasche und goß sie über sein Haupt aus» (Samuel und Saul; 1. Sam. 10,1) oder «Dann nimm die Ölflasche, gieße sie über sein Haupt aus und sage: So spricht der Herr: ‹Ich salbe dich zum König über Israel!›» (Ein Jünger Elisas und Jehu; 2. Kön. 9,3 und 6).

Während dem König sein Schmuck angelegt wird, wird er neunmal mit heiligen Ölen oder Salben berührt *(Brooklyner Papyrus)*. Die Namen dieser Substanzen weisen auf die mit ihnen verbundene Qualität bei der Krönung hin: «Krönungssalbe des Stufenthrons» oder «für den König zusammengestellte Salbe, die ihm auf den Schleier gegeben wird». Das Auftragen der Salben und Öle wird von Rezitationen begleitet, die die Schutzwirkung verstärken, damit in Zukunft keine Bedrohung den König gefährden kann: «Herbeitragen der *bꜣs*-Krönungssalbe von Nechbet:

Dann kommt das Öl, das die Haut verfeinert,
Dann kommt der Schutz, der dem Sohn der Isis gehört, wenn er als Re gekrönt wird,
...
Die Zerstörungen der Sachmet können ihn nicht erreichen,
Und auch nicht die mordenden Dämonen der Bastet.
...
Seine Schutzmittel sind in seinem Fleisch,
Kein Übel erreicht ihn, denn der Gott ist groß in seinen Gliedern!

O Sachmet und Bastet, rettet den Pharao vor Unreinheiten, vor Bitterkeit und vor allen üblen Gefahren dieses Jahres!
...
Horus, Horus, Sohn der Sachmet, umgebe den Körper des Pharao in der Fülle seines Lebens!» *(Brooklyner Papyrus II, 2, 5–7)*.

Dem König werden Lebensfülle, Freude und ein leuchtendes Gesicht gewünscht:

«Edel ist das Haupt wie das des Sohns von Isis! Pharao,
Deine Augen sind die Augen der Götter,
Du bist es, der das ganze Land erleuchtet,
Der die Dunkelheit von der Menschheit vertreibt,

Wenn du mit deiner magischen Macht erscheinst, Pharao!» *(Brooklyner Papyrus II, 18).*

All diese Qualitäten sind das Resultat der Salbungen und auch eine Vorwegnahme des Triumphes, den das Land unter dem neuen König feiern wird. Der letzte Text läßt sich vielleicht mit einigen Versen von Jesaja vergleichen, denen er für den Vergleich der Leuchtkraft Jahwes mit Jerusalem als Vorbild gedient haben könnte:

«Mache dich auf, werde licht! denn dein Licht kommt, und die Herrlichkeit des Herrn strahlt auf über dir. Denn siehe, Finsternis bedeckt die Erde und Dunkel die Völker; doch über dir strahlt auf der Herr, und seine Herrlichkeit erscheint über dir, und Völker strömen zu deinem Lichte, und Könige zu dem Glanz, der über dir aufstrahlt» (Jes. 60,3).

Bei den verschiedenen Salbungen wird der ganze Körper des Königs mit Öl und Salbe bedeckt. Manchmal ist uns sogar ihre Zusammensetzung bekannt, zum Beispiel: «Salbe aus reiner Erde von Heliopolis – Salbe mit rotem Quarzit, Weihrauch und reiner Erde von einem heiligen Ort – Salbe mit *ṯḥnt*-Mineral und Ladanum vermischt». Diese aus Fetten und Mineralstoffen zusammengesetzten Produkte übertragen die Energien der Materie auf den Körper des Königs. Somit bildet die Salbung des Königs eine eigentliche Zeremonie, die ihn am Leben des Kosmos teilhaben läßt. Genau gleich bewirkte die Salbung Davids, daß der Geist Jahwes auf ihn übergehen konnte:

«Da nahm Samuel das Ölhorn und salbte ihn inmitten seiner Brüder, und der Geist des Herrn kam über David und blieb auf ihm von jenem Tage an» (1. Sam. 16,13).

Eine ähnliche Bedeutung hat das rituelle Stillen des Königs während der Krönungszeremonie. Das fiktive Trinken der Milch einer Göttin wirkt wie ein Zaubertrank und drückt symbolisch den Übergang vom König als einem sterblichen Menschen zum von den Göttern auserwählten Herrscher aus. Das Stillen ist wie die Reinigung und die Salbung ein Übergangsritus. In der

18. Dynastie werden die Krönungsszenen manchmal mit der göttlichen Geburt des Königs verknüpft; die Krönung wird dann mit einer neuen Geburt verglichen.

Durch verschiedene Prozesse bewirken Flüssigkeiten die Vollendung des Prinzen zum König. Wasser reinigt den äußeren Körper des Königs, die Salben und Öle verleihen dem Körper die Energien und Kräfte der Natur, und die göttliche Milch verändert sein Wesen. Die Flüssigkeiten stehen auch für die priesterliche, die kosmische und die mythologische Ebene, die gemeinsam dem König ihre Macht zukommen lassen, wodurch er sich weit über alle andern Menschen erhebt.

Kleidung, Schmuck und das Aufsetzen der Kronen

Die Abbildungen der königlichen Einkleidung auf den Tempelwänden des Neuen Reiches zeigen uns nur die letzte Phase dieses Vorgangs, nämlich das Aufsetzen der Kronen. Der *Brooklyner Papyrus* unterrichtet uns über die Kleidung, die der König während des Rituals trägt. Ein «Salbungsbeauftragter»-Priester hat die Aufgabe, dem König ein Stück rotes Leinen um den Hals zu legen; dekoriert ist es mit dreißig Weißen Kronen (für Oberägypten) und dreißig Roten Kronen (für Unterägypten), die ein Ptah-Figürchen umrahmen, von welchem Bändchen weggehen, mit denen sich sechzig Knoten knüpfen lassen. Im Verlauf des Rituals werden der Schmuck und die Haartracht weiter bereichert: der Herrscher erhält ein *ʿnḫ*- und ein *wȝs*-Szepter («Leben» und «Herrschaft») aus Fayence, das *ssd*-Diadem, ein *ššp*- und ein *mʿnḫt*-Band, das aufgrund eines Wortspiels andeutet, es gebe seinem Träger Leben *(ʿnḫ)*. Danach werden dem König Amulette übergeben, die er am roten Leinenband befestigt – die rote Farbe bedeutet hier den Triumph –, weiße Sandalen und schließlich den Krummstab *(ḥḳȝ-Szepter)*.

Die Einkleidung und die Salbung sind wichtige Momente bei

der Krönung des Königs. Diese Vorgänge kommen auch bei anderen Kulthandlungen vor. Beim Neujahrsfest zum Beispiel wird die Kleidung der Götterstatuen erneuert, und auch die Priester des Amuntempels in Karnak erhalten neue Kleider; beim Ritual, das im Mammisi, dem «Geburtshaus», stattfindet, spielt das *ssd*-Band eine Rolle bei der Inthronisation des göttlichen Kindkönigs; und in Edfu existierte ein «Bekleidungszimmer». Es scheint, daß nicht alle Kleidungsstücke und Attribute am gleichen Ort übergeben wurden, aber hier unterscheiden sich die verschiedenen Quellen ziemlich stark, so daß wir nichts Genaues wissen.

Auch erfolgt nicht die ganze Einkleidung des Königs zum gleichen Zeitpunkt. Einen Teil der Kleidung zieht er bereits im Palast an, den Rest erhält er während des Rituals im Tempel. Der feierlichste Moment ist der, wenn dem König die Kronen aufgesetzt werden. Dazu ist zahlreiches Personal notwendig. Die Zeremonie findet vor den «Seelen von Pe und Nechen» statt, die die Vorfahren des Königs symbolisieren. Diesen Vorgang ließ Hatschepsut auf der Süd- und Nordwand des Barkenheiligtums im großen Tempel des Amun-Re in Karnak darstellen. Die Zeremonie fand zweimal statt, einmal im Heiligtum Oberägyptens *(pr-wr)* und einmal im Heiligtum Unterägyptens (*pr-nw* oder *pr-nsr*). Erhalten sind sieben Szenen, auf denen Hatschepsut, die vor dem thronenden Amun kniet und ihm den Rücken zuwendet, vom Gott jeweils eine andere Kopfbedeckung erhält: das Nemes-Kopftuch, die Chepresch-Krone, die Ibes-Perücke, die Rote Krone, und nach einer Lücke in der Wand, die Atef-Krone, die Henu-Krone und zuletzt noch eine Krone, deren Name uns unbekannt ist. In jeder Szene steht eine Göttin dem Gott und der Königin gegenüber und hält ihr ein *ʿnḫ*-Zeichen an die Nase. Der Gott Thot oder ein Iunmutef-Priester sind bei der Übergabe der verschiedenen Kronen ebenfalls anwesend. Ganz klar ist es der Gott, der dem König die Kronen verleiht; deshalb nehmen zeitweise die Priester und Würdenträger bei diesem Akt nicht teil.

Amun wiederholt bei der Übergabe jeder Krone fast die gleichen Worte; besonders wichtig ist dabei die Formel «ich setze deine Krone ein», die auch eine juristische Bedeutung hat. Unterschiedlich im Inhalt und in der Länge sind die Reden der Göttin. In der ersten und der letzten Szene setzt sie sich als Uräusschlange auf die Stirn der Königin. In der ersten Szene spricht sie: «Setze dich, Herr der Götter, Amun, Herr der Throne der beiden Länder. Du hast veranlaßt, daß ich auf der Stirn deiner Tochter, des Königs von Ober- und Unterägypten, Maatkare, gemäß deinem Befehl erscheine, o mein Vater Re. Ich gebe die Angst vor ihr in das Herz des Volkes, und (ich veranlasse, daß) die Bogenvölker sie fürchten.» Im Bild steht sich die Göttin als Frauengestalt und als Uräusschlange auf der Stirn der Königin gegenüber. In einer andern Szene, in der der Königin die Rote Krone übergeben wird, spricht die Schlangengöttin Buto von Unterägypten einen Text, der vermutlich die Abkürzung eines viel längeren liturgischen Textes darstellt: «Meine geliebte Tochter Hatschepsut, du hast die Krone, nämlich die *Nt*-Krone, erhalten; ihr Haken (?) bleibt fest auf deinem Haupt und ihr Schaft ragt bis in den Himmel, ihre Flammen sind gegen die Inseln (der Ägäis) gerichtet, da du nun als Herrin von Pe und von Dep erschienen bist.» Aus der Größe der Lücke in der Darstellung kann man schließen, daß dem König ursprünglich zehn verschiedene Kronen übergeben wurden. Jeder Krone war eine andere Göttin zugeordnet, nur in der ersten und letzten Szene ist es die gleiche Gottheit, die damit auch die ganze Zeremonie der eigentlichen Krönung einrahmt. Obwohl die verschiedenen Kronen sehr detailliert abgebildet sind, wissen wir nichts über ihre theologische Bedeutung; manchmal machen die begleitenden Texte eine Anspielung, wie etwa, daß der Schaft der Roten Krone bis in den Himmel ragt, doch ist uns unbekannt, worauf dieses Bild beruht oder auf welche Episode der Krönung des Re Bezug benommen wird. Ebenfalls unsicher ist, ob die Verbindung einer Krone zu einer bestimmten, in dieser Szene anwesenden Göttin zufällig ist oder auf einer symbolischen Beziehung zwischen den beiden beruht. Bei der Krönung mit zwei Kronen findet gleichzeitig die Verleihung des Horus- und des «Die beiden Herrinnen»-Namens statt.

Vermutlich gibt uns diese Darstellung Hatschepsuts nur eine Zusammenfassung eines sehr langen und komplizierten Rituals. Der Gott Amun, die Königin und die Göttin sind in jeder Szene genau im gleichen, entscheidenden Augenblick der Krönung festgehalten. Dabei durchläuft der König eine ganze Reihe von «Entwicklungsstadien» seines Wesens, die schließlich zur Entfaltung seiner ganzen symbolischen Macht führen. Die Krönung erhebt den König über die Zeit hinaus; und der Gott bestätigt: «Ich gebe dir Millionen Jahre, meine geliebte Tochter Hatschepsut». Dazu verspricht er auch die Beherrschung des Raumes bis an seine Grenze: «Das Land ist dir in seiner Länge und Breite gegeben, und keiner wird es mit dir teilen». Diese volle Machtentfaltung zeigt sich auch in der Szene, die die Verleihung des königlichen Namens darstellt. Der Gott, meistens Amun, schreibt die beiden Kartuschennamen (Geburts- und Thronname) auf die Frucht eines Isched-Baumes. Dieser Baum wiederum ist mit der Krönung sehr eng verbunden. In der Verbindung des Namens mit dem Baum drücken sich Kraft und Fülle aus.

Salbung und Krönung dienen dazu, ein menschliches Wesen zum König zu machen, indem es mit übernatürlichen Energien und mit der politischen Macht versehen wird. Obwohl beide Vorgänge etwa gleich wichtig sind, finden wir die Krönung sehr viel häufiger und detaillierter in den bildlichen Darstellungen abgebildet; die Texte hingegen äußern sich ausführlicher zur Zeremonie der Salbung. Bei der Übertragung des Erbes dann sind wir vorwiegend auf Textquellen angewiesen.

Die Zeremonie, in der das Erbe weitergegeben wird, betrifft einerseits die Überlassung der Herrschaft an den königlichen Nachfolger und erinnert anderseits an die Machtübergabe an den ersten mythischen Herrscher, den Gott Horus. Der Aufstieg und die Machteinsetzung des Königs versuchen immer, diesem vorgegebenen Muster gerecht zu werden, ganz besonders natürlich in den gefährdeten Übergangszeiten. Die Kulthandlung bezieht ihre Wirksamkeit also aus der möglichst getreuen Nachahmung des «ersten Mals». Mit der «Übertragung der Macht des Horus» ist immer der Vorgang der Machtübergabe eines (meistens verstorbenen) Königs an seinen Nachfolger gemeint. Die Zeremonie ist uns nur aus dem *Brooklyner Papyrus* überliefert.

Das Ritual der Machtübertragung beginnt mit einer am «Königspriester» vorgenommenen Salbung mit Ladanum und der Überreichung eines speziellen Halsschmucks, während der Hymnus an Horus rezitiert wird. Diese Handlungen haben schützenden Charakter. Darauf folgt ein Ritual, das die Macht des Königs oder seines Stellvertreters stärken soll. Dabei werden Elemente des Thronnamens des Herrschers verwendet:

«*Jꜣwt*-Zeichen, auf die Hand gezeichnet …

Jꜣwt-Zeichen aus weichem, zerkautem Brot. Davon wird er keinem Menschen abgeben.

Wenn er das *jꜣwt*-Zeichen aus Brot erhält, soll er sagen: ‹Das *jꜣwt*-Zeichen des Horus gehört ihm›. Viermal (soll er es sagen).

Seine Regierungsmacht gehört ihm.

Er wird festgemacht (bestätigt), wenn er es (das *jꜣwt*-Zeichen) verzehrt» *(Brooklyner Papyrus, XVI, 6–7)*.

Das ist nicht das einzige Beispiel, daß sich der König ein Symbol einverleibt. Dem Verzehren des Funktionszeichens entspricht im Jenseits, daß der verstorbene König, der den Himmel im Sturm einnimmt und seine Mauern niederreißt, um als Gott anerkannt zu werden, göttliche Energie und Zauberkaft *(ḥkꜣ)* verschluckt, damit er leichter an sein Ziel gelangt. «Es ist der König Unas, der ihr *ḥkꜣ* verzehrt und ihren Geist verschlingt» *(Pyramidentexte, Spruch 403).* Später beanspruchen auch Privatleute solche Vorstellungen: «Er hat seinen Bauch mit *ḥkꜣ* gefüllt und damit seinen Durst gestillt, und damit hat er auch seine Wächter wie Vögel zittern lassen» *(Sargtexte I, Spruch 137–138c).*

Nachdem der König sein Amt (das *jꜣwt*-Zeichen) in sich aufgenommen hat, findet «im Schlamm der überschwemmten Felder» eine symbolische Bestattung statt. Dabei wird der König mit den königlichen Insignien (Falke, Biene, Szepter) und den vier hölzernen Siegeln (zwei auf den Namen von Geb, eines für Neith und eines für Maat) versehen. Ebenfalls werden die vier Herrschaftszeichen des Horus «unter den Kopf des Königs gelegt, wenn er liegt»; sie bedeuten «das Erbe des Stiers, der in seiner verehrungwürdigen Kammer begraben ist»: damit ist wohl der verstorbene Vorgänger gemeint. Die ältesten Erwähnungen dieses Rituals lassen annehmen, daß es ursprünglich während der Nacht stattfand. Der neue König erhält die Macht von seinem Vorgänger, während er daliegt und schläft. Die Machtübertragung geschieht durch die hölzernen Objekte, die dem verstorbenen König gehört haben und jetzt seinem Nachfolger dienen.

Die Schlußzeremonie ist ziemlich kompliziert. Der nun wieder erwachte König wird auf einen geheimnisvollen Thron aus einem unbekannten Stein gesetzt, der über besondere Schutzwirkungen verfügt. In der einen Hand hält er einen Kuchen, in der andern einen Vogel, wohl eine Schwalbe. Der Zeremonienmeister trägt ebenfalls eine Schwalbe herbei. Die Schwalbe gilt als der Vogel des Horus und hat die Aufgabe, als Bote zu Horus zu gelangen und ihm mitzuteilen, daß sein Erbe nun auf den neuen König übergegangen sei. Die Schwalbe in der Hand des Königs soll unterdessen den Feind von Horus verfluchen. Dabei werden den Schwalben gewaltige Kräfte zugeschrieben: sie sollen sogar fähig sein, den König von seinem Thron zu vertreiben, wie dies die folgenden Texte belegen: «(Der Vogel des Horus) wird nicht veranlassen, daß der König von seinem Platz und von seinem Thron vertrieben wird; er wird sie ihm nicht entreißen», und «Der Vogel des Pharao ist an seinem Platz, er, das Kind, der Kleine ist in seinen Jahren, er ist es, der den Pharao von diesem seinem Platz verbannen kann, denn er ist es, der den Feind des Horus verbannt (...)». Man kann sich natürlich fragen, ob die negativen Wendungen, die den ersten Vogel betreffen, nicht allzu Offensichtliches betonen, indem sie das Unmögliche verneinen. Anderseits bietet sich gerade zu diesem Zeitpunkt, wenn der König seine volle Macht erhalten hat, eine Möglichkeit dar, die Zerbrechlichkeit des menschlichen Schicksals besonders deutlich zu demonstrieren. Die Zeremonie schreitet voran, indem zur Bestätigung des königlichen Siegs ein Ritual zur Vernichtung der Feinde stattfindet.

Nach dem Ritual der «Übertragung des Erbes» erfolgt eine Zeremonie, die alle Gefahren des kommenden Jahres vertreibt. Daraufhin opfert der König vor seinen Vorgängern, den Königen des Südens und des Nordens und den sie umgebenden Göttern im Jenseits. Dadurch versöhnt er sich mit ihnen und erfüllt gleichzeitig die Pflicht eines Sohnes gegenüber seinem Vater.

Der Schluß des Rituals besteht darin, daß die ebenfalls gesalbten Vögel als Boten des Königs freigelassen werden, damit sie in den Himmel aufsteigen und dort verkünden, daß die legitime Übergabe der Macht erfolgt ist. Sie garantieren aber auch den künftigen Schutz des Herrschers. Einer der Vögel verkündet: «Du (Re) wirst den Pharao vor diesem Reptil schützen, das keine Arme hat, und hinter dem die Wellen hochgehen wie ein Flammenmeer; denn ich bin du und du bist ich und umgekehrt». Dabei heben alle ihre Flügel in die Höhe außer einem Vogel, der mit seinen Flügeln den Nacken des Königs berührt. Dieser Vogel ist ein Wasservogel und heißt *msjt*, was vom Verb *msj* «gebären» abgeleitet ist. Seine Berührung soll den König von seinen irdischen Bindungen freimachen. Dem Wortspiel *msjt* und *msj* entspricht in der Plastik die Darstellung des Königs, dessen Haupt von den Flügeln eines Falken schützend von hinten umfaßt wird (Abb. 4 und 20). Das Thema der Wiedergeburt ist auch in der Krönungszeremonie präsent.

Der «Aufstieg» des Königs

Bei allen Kulthandlungen stellt sich die Frage, wo sie stattfinden. Der Zeremonienmeister holt den König im Palast ab und begleitet ihn in den Tempel, wo er ihn feierlich zu einer Kapelle führt, die einen Tragsessel enthält, in dem der König im folgenden herumgetragen wird. Man trägt den König in dieser Sänfte zum Allerheiligsten und dann zum Pavillon, in dem ihm das Erbe übertragen wird.

Die Ortswechsel werden von Einführungszeremonien begleitet, die aus dem «königlichen Auszug» und mehreren «königlichen Aufstiegen» bestehen. Aus der Ikonographie ist uns der Auszug aus dem Palast bekannt; die Darstellung findet sich auf der Türe des Palasts abgebildet. Darauf folgt die Szene des königlichen Aufstiegs: Der König wird von zwei Göttern, häufig Month und Atum, zu Amun geführt. Dabei wendet sich der voranschreitende Gott zurück und hält dem König ein Lebenszeichen an die Nase (Abb. 57). Interessant ist, daß bei der Initiation eines Priesters dieser nach der Reinigung ebenfalls einen Aufstieg zum Tempel – als Variante des königlichen Aufstiegs – vornimmt. Der einzige Unterschied besteht in den begleitenden Figuren. Sind es im Falle des Königs Priester, die die Rolle der beiden Götter übernehmen, so ist es beim zu initiierenden Priester ein Gesandter des Königs, der ihn begleitet. Die Bedeutung des Vorgangs ist dieselbe, ob es sich um den König oder um den Priester handelt: es geht um das Vorstellen im Tempel, um die Reinigung und um die Anschauung des Gottes. Von einem Priester der 18. Dynastie stammt der folgende Bericht: «Ich wurde dem Gott vorgestellt, als ich noch ein junger, hervorragender Mann war. Man führte mich zum Horizont des Himmels (Heiligtum) (...). Ich kam aus dem Nun hervor (...). Voller Angst vor seiner Macht näherte ich mich dem Gott im Allerheiligsten.» Aus der 22. Dynastie stammt der Text, der über die Initiation eines Priesters im großen Tempel des Amun-Re in Karnak berichtet: «Man öffnete für ihn die Türen des Horizontes (Heiligtums) des Urgottes der beiden Länder, damit er das Geheimnis des strahlenden Horus sehe». Vergleichen wir nun diese beiden Zeugnisse mit Berichten über die Krönung des Königs. Thutmosis III. überliefert: «Er (Amun) öffnete mir die Pforten des Himmels, und er öffnete mir die Türen seines Horizonts (Heiligtums). Wie ein göttlicher Falke flog ich in den Himmel, um sein Antlitz, das im Himmel ist, zu sehen und Seine Majestät anzubeten». Auch andere königliche Texte nennen das gleiche Ziel des königlichen Aufstiegs, wenn der Gott befiehlt: «Komm zu mir, damit du deinen Vater (Amun) siehst».

Noch viele Jahrhunderte später wirken diese Zeremonien nach, wie Apuleius' Beschreibung der Initiation des Lucius in die Mysterien von Isis und Osiris in Rom zeigt. Er erwähnt das Bad und das Besprengen mit Wasser, die Leinenkleidung, die Einführung Lucius' durch einen Priester ins Heiligtum und die Offenbarung am Schluß: «... den Göttern droben und drunten bin ich von Angesicht zu Angesicht genaht und habe sie aus nächster Nähe angebetet» (Apuleius, Metamorphosen XI, 23). Auch wenn wir uns in einer andern Zeit und einer andern Umgebung befinden, zeigt der Text doch deutlich, daß das ägyptische Vorbild der Initiation noch immer präsent war.

Nachwirkungen

Sicher sind die ägyptischen Krönungsrituale mögliche Vorbilder für spätere Monarchien gewesen. Es wäre aber falsch, nun einfach alle entsprechenden Kulthandlungen in Israel oder in Griechenland auf Ägypten zurückzuführen. Interessanter scheint uns die Frage, wie andere Kulturen des Mittelmeerraums und Westeuropas von den ägyptischen Zeremonien Kenntnis erhielten und wie sehr sich die Krönungsrituale tatsächlich gleichen.

Beeinflußt vom ägyptischen Ritual sind sicher die Stellen im Alten Testament über die Salbung und die Struktur der königlichen Titulatur. Im Isiskult haben sich die Reinigung und die Kleidung erhalten, wie dies etwa die Stola einer Isispriesterin in Berlin zeigt. Diese Stola geht auf das um den Hals des Königs gelegte Leinenstück zurück und ist wie ihr Vorbild mit Kronen geschmückt, die nun zusätzlich noch mit Sternen und Monden versehen sind (Traunecker, 1986, S. 95, 101–107). Anderes überliefern uns die klassischen Autoren. Zum Beispiel besuchte Vespasian das Serapeum von Alexandrien und wohnte der Einsetzung des Gottes Serapis bei. Philostratos, Tacitus, Sueton und Dio Cassius berichten über diese Reise und interpretieren diese Vorgänge als eine königliche Krönung, wobei es sich wohl um königliche Rituale, nicht aber um eine eigentliche Krönung handelte (Derchain, 1953, S. 261–264.269). Auf das Alte Testament und die antiken Autoren bezogen sich dann später die Priester, die die Regeln der königlichen Amtseinsetzung in den westlichen Monarchien zusammenstellten.

Die Krönung des Pharao führte nicht zu einem ganz speziellen Ritual, sondern dieses faßt auf eigene Weise Zeremonien zusammen, die als einzelne auch in anderem Zusammenhang bekannt sind. Analog zur Amtseinsetzung von Hohepriestern oder zum kultischen Besuch des Königs im Tempel finden Prozessionen und Gebete statt. Die Salbung und die Einkleidung des Königs sind zwar wichtige Momente, aber sie sind eine obligatorische Vorbereitung auf jedes Zusammensein zwischen König und Gott. Und es gibt wiederum kleine Unterschiede zu vergleichbaren Ereignissen: der Hohepriester wird nur gereinigt, nicht gesalbt, und er erhält auch keine Kronen im eigentlichen Sinn. Es scheint, daß trotz der geringen Abweichungen alle diese Zeremonien einen gemeinsamen Ursprung und daß sich die Unterschiede erst im Laufe der Zeit herausgebildet haben. Die Krönung des Königs umfaßt also keine Rituale, die sonst nie belegt wären, sondern sie stellt eine ganz bestimmte Kombination von Zeremonien dar.

Nicht zuletzt müssen wir bedenken, daß sich die feierliche Krönung des Königs vor dem Hintergrund des Sieges von Horus über alle negativen Kräfte abspielt. Gerade die liturgischen Texte berufen sich immer wieder auf diesen Triumph, in der Hoffnung, die Kraft des Horus gehe so auf magische Weise auf seinen Nachfolger, den König über:

«Horus erscheint im Horizont des Himmels, und die Götter jubeln bei seinem Anblick, die Götterneuheit ist in Verehrung – zweimal –: O wie schön ist der triumphierende Horus, der Sohn von Osiris, den Isis geboren hat! Die Göttin empfängt ihren (Sohn) Horus jubelnd. (...) Heil dir, Horus, Herr des Triumphs, dein ist der Sieg, dir gehört der Triumph, du bist für immer mit dem Sieg verbunden. (...) Erscheine, freue dich, sei begeistert, sei mächtig, sei verehrt, sei verehrt, sei verehrt, O du allmächtiges Abbild jeden Tages!» *(Brooklyner Papyrus XVI, 1a–2, 4 und 5).*

Oder auch:

«Der Pharao ist einer der Sieger, die Re über Apophis herrschen lassen, er ist ohnegleichen, und seine Fesseln sind gelöst. (...) Die Erde bebt, und Geb gerät in Brand. Aber die Erde des Lebens (ein Hügel bei Heliopolis) umgibt dich, die Vertrauten Atums schützen deine Glieder, dein Fleisch muß nichts befürchten, deine Glieder können nicht gebrochen werden, keine üble Sache kann dir schaden; denn die Götter schützen deine Glieder, und Heliopolis schlägt deine Feinde zurück». *(Brooklyner Papyrus III, 17 und 19).*

In diesen Gesängen zeigen sich auch die Gefahren, die dem König drohen könnten. Die Regierungsgewalt findet ihr materielles Gegenstück im *ḥḳꜣ*-Szepter (dem «Krummstab») und auch in den «Stäben der Fremdländer», wie sie zum Beispiel im Grab Tutanchamuns gefunden wurden (Goyon, 1972, S. 29). Bei diesen Stäben ist das untere Ende gebogen und mit dem Figürchen eines Asiaten oder Negers geschmückt, der zum Zeichen der Unterwerfung durch den Sand gezogen wird.

Dies sind die wichtigsten Aspekte des Krönungsrituals, wie es die Priesterschaft für den Pharao gestaltete. In ihm kann die Rückkehr zum «ersten Mal» stattfinden, und es bestätigt die von den Göttern eingesetzte Ordnung der Welt.

«Der Pharao ist heute von Heliopolis gekommen, er hat die Erde, aus der er hervorgegangen ist, geschaffen, er ist in seiner Urzeit ins Leben getreten, als das Leben begann.

Atum (der Schöpfergott) hat gesehen, daß der Pharao seinen Ort kennt und beherrscht, denn er hat Ordnung an die Stelle des Chaos gesetzt» *(Brooklyner Papyrus II, 19–20)*.

«Heute ist der Pharao von Heliopolis gekommen, nachdem er den Aufruhr, der sich an der Stelle, von der aus das Land geboren werden sollte, festgesetzt hat, vertrieben hatte. Er ist ins Leben getreten, er hat seinen Körper aus sich selbst geschaffen, er ist weiser als die Götter, denn er ist Horus, der klügste unter ihnen» *(Brooklyner Papyrus III*, 12–13).

Der Einsamkeit des Schöpfergottes Atum, der auch sich selbst geschaffen hat, spiegelt sich in der einzigartigen Stellung seines irdischen Stellvertreters wieder.

VII Das Regierungsjubiläum: Das Sed-Fest

Immer wieder sind wir den vielfältigen und bedeutenden Zeremonien begegnet, welche die heiligen Kräfte des Pharao sichern und stärken. Einige davon begleiten den Lebenslauf des Herrschers und unterstützen ihn vor allem beim Übergang in einen neuen «Zustand», wie etwa das Ritual von der göttlichen Geburt (Kap. II) oder die Krönung (Kap. VI), die bei bestimmten Anlässen wiederholt wird. Auch bei religiösen Festen erneuert sich das Königtum durch die Übereinstimmung zwischen göttlicher und königlicher Ordnung (Kap. IV). Das Regierungsjubiläum nun markiert einen ganz speziellen Abschnitt der Regierung des Königs. Im Verlauf des Sed-Fests erneuert der Herrscher als einziger Nutznießer des Rituals seine Kräfte und beginnt eine neue Herrschaftszeit. Im Unterschied zu den vorher besprochenen Kulthandlungen dient das Jubiläumsfest weniger dazu, die göttlichen Wesenskräfte des Königs zu stärken, als vielmehr durch magische Rituale auf seinen Körper einzuwirken und dadurch seiner Regierung zum Erfolg zu verhelfen.

Was wir mit dem Regierungsjubiläum bezeichnen, trug im Ägyptischen den Namen Sed-Fest. Die genaue Bedeutung des Worts *sd* ist uns nicht bekannt; geschrieben wird es als eine Art Kapelle, in der der König erscheint. Unsere Übersetzung als «Jubiläum» enthält natürlich bereits eine Interpretation, weil sich «Jubiläum» ursprünglich auf das Sabbatjahr bezieht, da Jahwe Moses auf dem Sinai befahl: «Und du sollst dir sieben Sabbatjahre abzählen, siebenmal sieben Jahre, so daß die Zeit der sieben Sabbatjahre neunundvierzig Jahre ausmacht. Dann sollst du die Lärmposaune erschallen lassen, am zehnten Tage des siebenten Monats; am Versöhnungstage sollt ihr in eurem ganzen Lande die Posaune *(jōbēl)* erschallen lassen. So sollt ihr das fünfzigste Jahr weihen und Befreiung ausrufen im Lande für alle, die darin wohnen; als Halljahr soll es euch gelten» (Lev. 25, 8–10). Der Begriff «Jubiläum» ist vom Instrument *jōbēl* abgeleitet, mit dem den Hebräern alle 50 Jahre ein neuer Abschnitt in ihrer Geschichte verkündet wurde. Am Anfang des 14. Jahrhunderts wurde der Begriff in die Sprache der Kirche übernommen, als sie ein Jubiläumsjahr alle hundert Jahre, später dann auch in kürzeren Abständen, einführte. Dann erhielten die Pilger vom Papst die Lossprechung von all ihren Sünden, was bedeutete, daß sie ihren spirituellen und moralischen Weg unbelastet von neuem beginnen konnten. Im weitesten Sinne verstanden kann das «Jubiläum» auch für den Beginn eines neuen Jahrhunderts gelten oder für wichtige Zeitabschnitte im menschlichen Leben (etwa die Silberne und Goldene Hochzeit im Kreis der Familie). Immer beruht ein Jubiläum auf dem Hintergrund einer zyklisch verlaufenden Zeit. Die englische Monarchie vollzog im Jahre 1809 ein Jubiläum ganz nach dem biblischen Vorbild: die Schuldner wurden von ihren Verpflichtungen befreit, die Hungernden genährt und die Nackten gekleidet. Was Ägypten angeht, so wissen wir wenig über die Häufigkeit des Regierungsjubiläums. Das mag auch je nach Epoche verschieden gewesen sein. Sicher aber war sein Ziel, die Regierungsfähigkeit des Königs gegenüber Menschen und Göttern zu erneuern, nachdem nun ein Zyklus als abgeschlossen galt; es entspricht einer Wiedergeburt des Königs. Inszeniert wird der Sieg des Königs über das Alter und über den Tod. Das Jubiläum findet so an der Schwelle zwischen der realen Zeit der irdischen Existenz des Herrschers und der unbegrenzten Dauer seines Überlebens statt.

Kritische Annäherung

Die Feier und der Wunsch nach ewiger Herrschaft

Das ganze Leben des Herrschers ist vom Wunsch begleitet, er «möge Millionen Sed-Feste feiern» können; ein Wunsch, der nichts über die tatsächliche Dauer einer Regierung aussagt. In den Darstellungen der Götterhochzeit in Theben zum Beispiel hält die Göttin Mut dem Kindkönig in den Armen seines Vaters Amun eine Palmrispe entgegen, mit der «Jahr» geschrieben wird, an der ein Sed-Festzeichen befestigt ist, das sie in ihrer Hand hält. Von ihrem Arm hängen Zeichen mit der Bedeutung «Leben», «Wohlergehen» und «Millionen». Die Übergabe von Regierungsjubiläen an den König ist eine auf den Tempelwänden sehr häufig dargestellte Szene. «Deine Mutter empfängt dich; (sie gibt dir) Jubiläen, um das Königtum auszuüben, das ich selbst ausgeübt habe», kommentiert Horus gegenüber Sethos I. (ca. 1304–1290), der die Regierungsjubiläen aus der Hand von Isis erhält. Trotz ihrer Vielfalt sind die Texte, die uns über das Sed-Fest informieren, historisch nur mit Einschränkungen zuverlässig, weil sie in erster Linie zu einem Kultprogramm gehören. So umfaßt die Grabanlage Djosers (ca. 2660) in Sakkara große Architekturteile, die nur dazu dienten, dem verstorbenen König im Jenseits für ewige Zeiten die Wohltaten eines Regierungsjubiläums zukommen zu lassen, das möglicherweise zu seinen Lebzeiten gar nicht stattfand. Auch eine der detailliertesten Darstellungen des Sed-Festes, die im Sonnentempel von Niuserre, einem König der 5. Dynastie, erhalten blieb, gibt eine fiktive Zeremonie wieder, deren Teilnehmer nicht von dieser Welt sind. Nur äußere Faktoren erlauben uns ein Urteil darüber, ob die dargestellte Feier tatsächlich stattfand oder nicht.

Kriterien

Wir wenden uns nun der Frage zu, nach welchen Kriterien wir beurteilen können, ob ein Sed-Fest tatsächlich stattgefunden hat. Als erstes sind hier die Spuren zu nennen, die auf Vorbereitungen für das Fest hinweisen. Dabei beauftragte der Herrscher Leute aus seiner engsten Umgebung damit, an verschiedenen Orten des Landes die kommenden Festlichkeiten feierlich anzukündigen. Verschiedene Graffiti überliefern uns Zeugnisse über die Durchreise solcher Herolde. So berichtet zum Beispiel eines aus El-Kab in Oberägypten, daß einer der Söhne von Ramses II. (ca. 1290–1224), Chaemwese, das fünfte Regierungsjubiläum eines Vaters ankündete. Gleichzeitig beginnt eine Zeit verstärkter Arbeit in den Steinbrüchen, weil für diesen Anlaß neue Königsstatuen, Gedenksteine, Obelisken oder zusätzliche Kapellen für die wichtigeren Tempel des Landes in Auftrag gegeben werden. So war auch das Regierungsjubiläum Sesostris' I. (ca. 1960–1936) der Anlaß für den Bau der Weißen Kapelle in Karnak, wo die Kulthandlungen des Festes dann an einer Statue vollzogen wurden, weil der König physisch nicht anwesend sein konnte. In Ägypten wirken so Materielles und Symbolisches zugunsten einer Erneuerung der Regierung zusammen. Zum Fest selbst werden die Götterstatuen aus ihren Heiligtümern zum Festplatz getragen, wo sich eine riesige Menschenmenge eingefunden hat. In den Ruinen des Palastes von Amenophis III. (ca. 1402–1364) in der Nähe von Medinet Habu sind Krugaufschriften erhalten geblieben, die die Mengen von Wein, Bier, Fleisch, Fett und Öl aus den verschiedenen Regionen erwähnen, die als Opfergaben und dann zur Speisung der Teilnehmer am Sed-Fest bestimmt waren. Von 845 solchen Aufschriften beziehen sich 711 auf die drei Regierungsjubiläen dieses Königs; das Sed-Fest besaß also eine ganz besondere Bedeutung. Die Texte, die die bildlichen Darstellungen der Jubiläumsfeiern dieses Herrschers begleiten, bestätigen, daß alle drei auf dem thebanischen Westufer gefeiert wurden. Bei anderen Königen ist uns dagegen nicht bekannt, wo ihre Festlichkeiten stattfanden.

Obwohl auf dem Pylon des Tempels von Soleb für das erste Sed-Fest Amenophis' III. Zeitangaben verzeichnet sind – die Zeremonien sollen fünf Tage lang gedauert haben –, läßt sich die genaue Dauer doch nicht für jedes abgehaltene Sed-Fest bestimmen. Die Zweifel sind um so berechtigter, weil wir ja schon bei anderen Kulthandlungen gesehen haben, daß die bildlichen Darstellungen und die Texte häufig nur Zusammenfassungen der tatsächlichen Geschehnisse bilden, deren Absicht nicht die getreue lineare Wiedergabe der Ereignisse sind, sondern das Hervorheben bestimmter besonders wichtiger Momente. Die Wahl des Zeitpunkts scheint keiner Regel zu unterliegen. Es kann sowohl am Jahrestag der Krönung des Herrschers wie zu Zeiten besonderer kosmischer Konstellationen, speziell in Verbindung mit dem Wasserstand des Nils, stattfinden. Wurde das Sed-Fest zur Zeit des niedrigsten Wasserstands gefeiert, so erschien die bald darauf einsetzende Flut als die Bestätigung der Erneuerung des Königs durch die Natur.

Besser Bescheid wissen wir über die regelmäßige Wiederkehr des Sed-Fests. Aus allen Quellen geht hervor, daß das Fest ein erstes Mal nach dreißig Regierungsjahren gefeiert wurde. Auf dem *Rosettastein* stimmt diese Angabe mit der griechischen Übersetzung des Goldhorusnamens von Ptolemäus V. (261–268) überein: «Herr der Sed-Feste wie Ptah-Tatenen» und «Herr der Dreißigjahresperioden». Obwohl in der Spätzeit das Sed-Fest nicht mehr gefeiert wurde, trugen die Herrscher der Ptolemäerzeit doch noch die entsprechenden Anspielungen in ihrer Titulatur. Anläßlich seines Regierungsjubiläums änderte Amenophis III. seinen Horusnamen in «der im Sed-Fest erscheint» ab; und in seinem 34. Regierungsjahr erweiterte Ramses II. seinen Horusnamen mit dem Ausdruck «Herr des Sed-Fests wie sein Vater Ptah-Tatenen», ein Beiname, den auch einige seiner Nachfolger so oder in abgekürzter Form trugen. Ramses III. (ca. 1184–1153) hingegen wählte für seinen Nebti-Namen den Zusatz «groß an Sed-Festen», dies allerdings schon in seinem 6. Regierungsjahr – der Beiname hatte in diesem Fall also noch nichts mit einer tatsächlichen Begehung des Regierungsjubiläums zu tun. In einer Zeit und einer Gegend mit niedriger Lebenserwartung entspricht eine Regierungszeit von dreißig Jahren einem wirklichen Generationenwechsel. Das *Brüdermärchen* aus dem Neuen Reich berichtet, wie ein Bauer nach vielen Abenteuern die Königswürde erreicht, und fährt fort: «Bata war dreißig Jahre König von Ägypten und ging dann ins (ewige) Leben ein. Dann trat sein älterer Bruder an seine Stelle am Tage (seines) Heimgangs» (Brüdermärchen, 19, 5). Eine Regierungszeit von dreißig Jahren gilt da als der ideale Abschluß eines ereignisreichen Lebens und bedeutet gleichzeitig die Vollkommenheit einer in sich geschlossenen Zeit, nach der ein neuer Zyklus beginnt. Wenn der König einen solchen Zyklus durchlaufen hat, muß er sich selbst erneuern, um seinem Schicksal als sterblicher Mensch zu entkommen. Doch nach dieser Erneuerung schwinden die neugewonnenen Kräfte immer schneller dahin, so daß sich auch die Sed-Feste in immer kürzeren Abständen folgen. Deshalb feierten die Könige ihr erstes Sed-Fest nach 30 Jahren und wiederholten es dann alle paar Jahre. So fanden während der 38 Regierungsjahre Amenophis' III. drei Feste statt, und Ramses II., der 66 Jahre lang regierte, feierte gar vierzehn Sed-Feste.

Manchmal wurde aus politischen Gründen von der Regel, daß das erste Sed-Fest nach dreißig Regierungsjahren stattfinden sollte, abgewichen. Die Königin Hatschepsut (ca. 1490–1468) beging es schon nach 16 Regierungsjahren, allerdings genau dreißig Jahre nach der Thronbesteigung ihres Vaters Thutmosis I., um ihre Macht zu stärken; damit betonte sie auch die Kontinuität zwischen ihrer eigenen und der Politik ihres Vaters und ihre Legitimität als Erbin. Ganz ähnlich fügte in der 22. Dynastie Osorkon II. (ca. 874–850) die Regierungsjahre seines Vorgängers Takelot I. zu seiner Regierungszeit hinzu.

Bei der Frage, ob ein Sed-Fest tatsächlich stattgefunden hat, müssen wir berücksichtigen, ob eine Regierung für ein solches Jubiläum lange genug gedauert hat und ob es Spuren für die Vorbereitung des Fests gibt. Unter diesen Voraussetzungen ist anzunehmen, daß von den 53 Pharaonen, die in Bildern oder Texten ein Sed-Fest überliefern, nur dreizehn dieses Regierungsjubiläum auch in die Tat umsetzen konnten.

Der Ablauf des Sed-Fests

Quellenlage

Leider liefern uns die sehr verstreuten Dokumente, die überhaupt über das Sed-Fest berichten, nur sehr wenige Angaben, so daß es sehr schwierig ist, den Ablauf der Zeremonie zu rekonstruieren. Meistens handelt es sich um flüchtige Inschriften, die ein erstes Jubiläumsfest eines Herrschers erwähnen oder gute Wünsche für das Jenseits festhalten, Königsstatuen, die den «Sed-Festmantel» tragen, vereinzelte Gedenksteine oder Gebäude, die dem Totenkult des Ka des Königs gewidmet waren. Etwas reichere Auskunft geben uns die Reliefdarstellungen, aber sie haben den Nachteil, daß sie aus ganz verschiedenen Zeiten stammen und sich deshalb nicht ohne weiteres vergleichen lassen. Jedenfalls ist das Sed-Fest eine der ältesten Kulthandlungen des Königtums. Der früheste sichere Beleg stammt aus prädynastischer Zeit: wir finden bereits eine Darstellung auf einer Keule, die den Namen König Narmers trägt. Die jüngsten Zeugnisse haben viel von der alten Tradition bewahrt, enthalten aber auch neue Episoden, die die älteren Quellen nirgends erwähnen, womit sich die Frage stellt, ob es sich tatsächlich um Neuerungen und Ergänzungen des Rituals handelt oder ob diese Teile früher nur nicht wiedergegeben wurden. Eine weitere Schwierigkeit liegt darin, daß die Reliefblöcke, die mit Szenen des Sed-Fests geschmückt sind, meistens verstreut auf dem Boden gefunden wurden. Da der Begleittext häufig auf wenige Worte oder gar nur auf die Titel der abgebildeten Personen reduziert ist, lassen sich die Blöcke auf ganz verschiedene Weise wieder zusammenfügen. Damit bleibt die Reihenfolge der Szenen meistens unklar. Kein einziger Papyrus überliefert uns den vollständigen Text des Rituals. Der aus dem Mittleren Reich stammende *dramatische Rameseums-Papyrus* bezieht sich zwar vermutlich auf ein tatsächlich gefeiertes Sed-Fest und enthält ähnliche Szenen, wie wir sie aus dem Grab des königlichen Schreibers Cheref in Theben kennen, der das dritte Sed-Fest Amenophis' III. beschreibt, aber er ist doch mit zu vielen mythologischen Elementen versehen, als daß er als Erinnerungsstütze der für die Organisation zuständigen Priester gedient haben könnte. Der Vergleich aller Quellen miteinander erlaubt immerhin, zwei verschiedene Rituale anzunehmen, nämlich eines für das erste Regierungsjubiläum nach dreißig Regierungsjahren und das zweite für die in jährlichem oder dreijährigem Rhythmus stattfindenden Wiederholungen.

Aus all diesen Gründen ist es unmöglich, den Verlauf des Sed-Fest einfach nachzuerzählen. Wir werden uns darum bemühen, die Prinzipien klarzulegen, auf denen das Fest beruht, und einige besonders wichtige Momente der Zeremonie zu beschreiben, um damit der Bedeutung des ganzen Fests etwas näherzukommen. Die Quellen fließen zu spärlich, als daß wir Aussagen über zeitliche Veränderungen machen könnten; aber gleichzeitig beschreiben wir auch kein historisch datierbares einzelnes Sed-Fest.

Einige Grundzüge des Sed-Fests

Schon bei einem ersten Blick auf die Reliefdarstellungen des Sed-Fests fällt auf, welch große Menschenmengen daran beteiligt sind: Priester, Würdenträger, Musikanten und Tänzer in großer Zahl sind ebenso zu sehen wie viele Insignien und Statuen von Göttern, die das ägyptische Pantheon vertreten. Seit dem Neuen Reich von seiner «Großen königlichen Gemahlin» begleitet, bewegt sich der König inmitten dieser Menge von Teilnehmern zu Fuß, in der Sänfte oder in der Barke von einem Ort zum andern, wobei uns aber der genaue Weg nicht bekannt ist. Um alle diese Menschen zu ernähren, die Opfertische auszurüsten, die Gebäude, in denen der König unterwegs rastet, und die Kapellen, die die Götterstatuen unterwegs aufnehmen, zu bauen, brauchte es große Vorbereitungsarbeiten. Der Organisation eines Jubiläumsfests gingen sicher Expeditionen voraus, die alles Benötigte herbeischafften. Wenn wir den Angaben auf dem Keulenkopf von Narmer glauben können, so wurden für diesen Zweck 4000 Rinder und 1.422.000 Ziegen geschlachtet und 120.000 Gefangene gemacht. Auch wenn diese Zahlen übertrieben sein sollten, um den Ruhm des Königs zu vergrößern, so zeigen sie doch, daß für dieses Fest ein ungeheurer Aufwand betrieben wurde. Niuserre (um 2400) bezieht sich bei den Angaben über sein fiktives Sed-Fest wahrscheinlich auf diese traditionellen Zahlen, wenn er angibt, er habe 100.600 Mahlzeiten an die Festteilnehmer verteilen lassen. Zu den Vorbereitungshandlungen des Königs gehören jedenfalls die Inspektion der für das Opfer vorgesehenen Herden und ein Gründungsritual, damit die für das Fest aus vergänglichem Material errichteten Gebäude doch den Anforderungen der Tradition entsprechen.

Im Verlauf des Fests wechselt der König mehrere Male seine Kleidung und seine Attribute als sichtbares Zeichen für die Veränderungen, die sein Wesen während des Rituals durchläuft. Während der Eingangsprozession, wo er noch die erste Zeit seiner dreißigjährigen Regierung verkörpert, trägt er das übliche Zeremoniengewand: einen weiten Schurz, der im Laufe der Zeit von einem langen, durchsichtigen Jupe begleitet wird. Später trägt er ein Leichentuch, das anzeigen soll, daß der König einen dem Tod vergleichbaren Weg kennt. Danach kleidet ihn während des längsten Teils des Rituals der «Sed-Festmantel». Dies ist ein spezieller, weißer Mantel, der nur bis zu den Knien reicht (Abb. 54). Für den rituellen Lauf trägt er dann den kurzen Schendit-Schurz. Ganz am Ende der Zeremonien kleidet ihn wie in der ersten Szene das Festgewand, wenn er seine zweite, mit der ersten identische Existenz beginnt. In der königlichen Plastik gibt es einen speziellen Typus, der etwas unglücklich «Osirispfeiler» genannt wird (Abb. 61). Der König steht dabei an einen Rückenpfeiler gelehnt mit geschlossenen Füßen da. Die Arme sind über der Brust gekreuzt und halten Krummstab und Geißel. Diese Haltung und die Attribute sind eigentlich für die Darstellung des Gottes Osiris typisch. Interessant ist nun, daß der König auf diesen Statuen verschiedene Kostüme trägt, die – außer dem Leichentuch – nichts mit der Ikonographie des Gottes zu tun haben, sondern den während des Sed-Fests getragenen Kleidern des Königs entsprechen. Der Zeremonialschurz entspricht den öffentlichen Zeremonien, das Leichentuch bedeutet, daß der König den Tod erleidet, der kurze Mantel verweist auf den Kern des Sed-Fests, und der kurze Schendit-Schurz erinnert an den Kultlauf. Schon früher ist aufgefallen, daß im «Tempel der Millionen Jahre» die Pfeiler, an die sich diese Statuen lehnen, Inschriften tragen, die sich auf das Sed-Fest beziehen, was natürlich sehr gut zu diesen Heiligtümern paßt, die der ewigen Regeneration des Pharao dienen sollten (Leblanc, 1980, S. 81–88).

Außer für den Kultlauf werden dem König nach jedem Kleidungswechsel wieder Krummstab und Geißel feierlich übergeben. Hingegen trägt er in jeder Phase des Rituals eine andere Krone: Während der öffentlichen Festlichkeiten am Anfang und am Ende des Rituals trägt er die Doppelkrone oder seit dem Neuen Reich auch die Blaue Krone und für die religiösen Zeremonien zuerst die Weiße Krone Oberägyptens und dann die Rote Krone Unterägyptens.

Der Rhythmus des Jubiläumsfests wird von der Dualität bestimmt. Der König erhält die Zeichen seiner Erneuerung abwechslungsweise als König von Oberägypten und von Unterägypten. In beiden Rollen verehrt er alle Götter Ägyptens, die nach ihrer Herkunft in eine ober- und eine unterägyptische Gruppe eingeteilt sind. In der Grabanlage Djosers (um 2660) in Sakkara befinden sich im Hof östlich der Pyramide zwei Reihen Kapellen. Die dreizehn oder vierzehn Kapellen auf der Westseite erinnern in ihrer Fassadengestaltung an das Heiligtum Oberägyptens *(pr-wr)*, während die gegenüberliegende Reihe wie das Heiligtum Unterägyptens *(pr-nw* oder *pr-nsr)* gestaltet ist. Sicher wollte der Baumeister damals nicht einfach die Realität getreu abbilden, er versuchte diese vielmehr so zu verdichten, daß sie ihre größte Wirksamkeit für das Jenseits hatte. Die Reliefs von Bubastis mit den Darstellungen des Sed-Fests von Osorkon II. (ca. 874–859) verzeichnen 29 oberägyptische und 32 unterägyptische Kapellen. Bestimmte wichtige Momente des Rituals stehen unter dem besonderen Schutz eines Gottes oder einer Göttergruppe, die dann nach der Regel der Zweiheit ausgewählt ist. So flankieren die Paare Nechbet und Uto (die Schutzgöttinnen der beiden Landesteile) und Horus und Seth Osorkon auf seinem Thron im Sed-Fest-Pavillon. Seinem Besuch im Heiligtum Upuauts, eines schakalköpfigen Gottes von Assiut, entspricht der Besuch der Kapelle von Apis, dem heiligen Stier von Memphis. Der ständige Bezug der Zeremonie auf die Dualität spielt natürlich auf die Einigung des Landes an, hat aber neben dieser politischen auch die theologische Bedeutung, daß nämlich die Aufrechterhaltung der kosmischen Ordnung von einem labilen Gleichgewicht zwischen gegensätzlichen Kräften abhängt. Letztlich beziehen sich alle Zeremonien des Sed-Fests in ihrer Zweiteilung auf dieses Gleichgewicht, wodurch sie die Herrschaft des Pharao gewährleisten.

Im Gegensatz zu den andern Kulthandlungen des Königtums findet das Regierungsjubiläums in der menschlichen Welt statt. Die Götter spielen nur eine passive Rolle. Das Verfließen der Zeit berührt die irdische Herrschaft des Königs, nur sie ist gefährdet und muß deshalb erneuert werden.

Besondere Momente des Rituals

Wir wenden uns nun dem Ablauf der Kulthandlungen zu. Um die Darstellung nicht unnötig zu komplizieren, beschreiben wir die Vorgänge nur einmal, die sich auf beide Landesteile beziehen und deshalb wiederholt werden.

Nach den Darstellungen im Jubiläumstempel Amenophis' III. (ca. 1402–1364) in Soleb eröffnet der König persönlich das Sed-Fest, indem er mit einer Fackel die Festbeleuchtung in der königlichen Erscheinungskapelle, mit deren Zeichen «Sed-Fest» geschrieben wird, entzündet. Die Fackel wird dann von den Begleitern in einer feierlichen Prozession in die verschiedenen Götterkapellen getragen. Diese Zeremonie ist in andern Tempeln nicht abgebildet. Sie stammt eigentlich aus dem täglichen Kult und betont die Ähnlichkeit zwischen dem königlichen Thron und dem Götterschrein. Die anderen Quellen zeigen an dieser Stelle den Auszug aus dem königlichen Palast und die Erscheinung in den Heiligtümern der beiden Landesteile.

Zuerst muß sich der Herrscher nun einer Reihe von geheimen Ritualen unterziehen. Die Darstellung in Bubastis deutet an dieser Stelle den symbolischen Tod Osorkons II. (ca. 874–850) an, wenn der König im langen Leichentuch hinter seinen Insignien und den Totenfiguren, den Uschebtis, erscheint und es von ihm heißt, er «ruhe sich im Innern des Grabes aus». Die Wiedergeburt hat stattgefunden, wenn der König viermal auf seinem

Thron sitzend abgebildet wird. Die Füße und Verbindungsteile des Throns sind wie ein Löwenkörper geformt, und jeder der vier Zugangstreppen zum Thron ist einer Himmelsrichtung zugeordnet. Nachdem der König durch sein Sitzen auf dem Löwenthron die Kraft dieses Tiers in sich aufgenommen hat, verkündet er seine Herrschaft über das Universum. Die Beischrift nennt diesen Vorgang «Horus vereinigt viermal den Himmel und die Erde».

Die Regeneration des Königs bewirkt, daß er seine volle physische Kraft und seine majestätische Ausstrahlung wiedererlangt. In der Sed-Festkapelle werden ihm nun vor seinem Hofstaat die Kronen aufgesetzt (Abb. 59). Damit stehen ihm auch seine Privilegien als Priester wieder zu. Daraufhin besucht er die Götterkapellen und bringt den Göttern Opfer dar, wobei er immer wieder rituell gereinigt wird, indem der Priester Wasser über Hände und Füße des Königs gießt. Bei diesem Vorgang geht es nicht um die kosmische Macht des Königs, sondern nur darum, daß er seine Rolle im Kult wahrnehmen kann.

Der Kultlauf des Königs ist im Lauf der ägyptischen Geschichte auch außerhalb des Sed-Fests immer wieder bezeugt (Abb. 28). Er gehört bereits zu den das Fest abschließenden Zeremonien. Im Schutz einer Kapelle tauscht der Pharao den Sed-Festmantel gegen den kurzen Schurz und den Krummstab gegen das kleine Mekes-Szepter ein und verläßt dann die Kapelle mit großen Schritten. Als Zeichen seiner wiedergefundenen Kraft ist hinten an seinem Gürtel ein Tierschwanz befestigt. Um die sportliche Tüchtigkeit des Königs weiter zu unterstreichen, ist manchmal neben dem laufenden König der Apisstier dargestellt. Allen Vorstellungen über die Macht ist gemeinsam, daß sie für die Fähigkeit des Herrschers, das Land zu regieren, das Bild der körperlichen Kraft und Tüchtigkeit verwenden. Der Kultlauf des Königs beweist nicht nur seine Körperkraft, sondern hat auch noch andere Auswirkungen. Indem er um ein abgestecktes Feld rennt, das «er viermal weiht», beansprucht der Herrscher auch das

Land Ägypten als Erbe des Schöpfergottes, wobei das Mekes-Szepter in seiner linken Hand vielleicht auf sein schriftlich niedergelegtes Recht verweist. Möglicherweise hat eine Szene aus der Krönungszeremonie der allerersten ägyptischen Könige einen ähnlichen Sinn, wenn der in einen kurzen Mantel gekleidete Herrscher mit gemessenen Schritten den «Umgang um die Mauer» vollzieht, womit er die Weiße Mauer (Memphis, die Hauptstadt des Alten Reichs) für sich beansprucht.

Bei einer letzten Prozession zum Palast erhält der König in seiner Sänfte Pfeile und Bogen als Zeichen für seine Herrschaft über die ganze Welt, und er schießt in jede Himmelsrichtung einen Pfeil ab. Eine andere Möglichkeit, seinen Sieg über die ganze Welt darzustellen, besteht darin, daß der König die Feinde erschlägt. Beispiele dafür finden sich in der ganzen ägyptischen Geschichte von Sahure (ca. 2450) und Niuserre (ca. 2400) in der 5. Dynastie über Pepi II. (ca. 2280) in der 6. Dynastie bis noch viel später unter Taharka (ca. 690–664) in der 25. Dynastie. Dabei werden die Feinde stereotyp als eine Familie von drei Libyern dargestellt. Das Bild ist so beliebt und verbreitet, daß sogar Osorkon II., der ja selber ein Libyer war, in der Beischrift zu einer Szene, die ihn mit der Blauen Krone zeigt, so angesprochen wird, als er aus den Händen der Bastet die Jubiläumszeichen erhält: «Du erscheinst (*ḫʿ*) ruhmreich auf dem Thron des Horus, da du die Libyer besiegt hast». Indem der Pharao sein erstes Regierungsjubiläum feiern kann, wird ihm eine ewige Macht zuteil, die ihn in die Nähe des Mythos rückt.

Bei den späteren Sed-Festen, die in kürzeren Abständen wiederholt werden, verläuft das Ritual nach einem andern Schema, hat aber den gleichen Sinn: die Inszenierung des Todes und die Verklärung des Herrschers. Der Text und die Vignetten des *dramatischen Ramesseums-Papyrus*' enthalten zwar viele Analogien zum Verlauf, wie wir ihn soeben beschrieben haben (Übergabe der Herrschaftsabzeichen, Prozessionen und Opfer), aber es kommen einige neue Episoden hinzu: An einer Statue des Königs findet eine Totenklage statt, die seiner alten, «toten» Form gilt, während er bereits vor seinem Hofstaat wiedererscheint. Dann findet das Aufrichten des Djed-Pfeilers statt, das auch Amenophis III. (ca. 1402–1364) am Vorabend seines dritten Sed-Fests feierte. Der Djed-Pfeiler ist ein alter, ursprünglich vor allem in der Gegend um Memphis verehrter Fetisch in der Form eines oben abgerundeten Pfeilers. In der Hieroglyphenschrift bedeutet er «Dauer». Seit dem Alten Reich wird er als göttliches Symbol mit chthonischen Gottheiten verbunden, besonders mit der synkretistischen Form Ptah–Sokar–Osiris. Indem der König den am Boden liegenden Pfeiler mit Hilfe von Stricken wiederaufrichtet und ihm dann ein feierliches Opfer darbringt, verleiht er dem Körper des Gottes neues Leben und ermöglicht seine Auferstehung. Die Szene wird von Tänzen und Gesängen begleitet, die diese Rückkehr ins Leben feiern, und daneben finden Stockkämpfe zwischen den «Männern von Pe» und den «Männern von Buto» statt. Die Kämpfe erinnern an das tragische Ende des Gottes Osiris, an den Streit zwischen Horus und Seth um die Herrschaft über Ägypten und an die Kämpfe, die der Reichsgründung und dem Pharaonentum vorausgingen. Indem der König sein Schicksal mit dem des Gottes identifiziert, verwirklicht er durch das Aufrichten des Djed-Pfeilers seine eigene Verwandlung.

Zur Bedeutung des Rituals

Als Mensch unterliegt der Pharao den irdischen Gesetzen und altert; doch seine göttliche Natur verleiht ihm die Macht, die Nachteile des Alters dank spezieller Rituale zu überwinden. Das Sed-Fest ist ein königliches Privileg. Unseres Wissens hat es sich nur ein einziges Mal eine Privatperson angemaßt: im 1. Jahrtausend beanspruchte es auch eine Gottesgemahlin des Amun. Amenophis IV.-Echnaton (ca. 1364–1347) war der erste, der die göttlichen und die königlichen Bilder gleichwertig nebeneinander stellte; seit dieser Zeit galten die Sed-Feste als mit den Göttern verbunden und wurden zu religiösen Feiern.

In vielen Staaten Afrikas mit einem Gotteskönigtum war der Königsmord lange Zeit Sitte. Er erfolgte entweder nach einer bestimmten Regierungsdauer, um einer Schwächung der Macht durch den alternden König zuvorzukommen, wie etwa in Kordofan und bei gewissen Stämmen in Nigeria, oder dann, wenn der König von Krankheit, Verletzungen oder Alter geschwächt war. Erst in den letzten zwei Jahrhunderten wurde der Königsmord gelegentlich durch Regenerationsrituale ersetzt, zum Beispiel bei den Jukun (Irstam, 1944, S. 142–146). In andern Königreichen, zum Beispiel bei den Aschanti in Ghana, begnügte man sich damit, den König zu ersetzen, wenn er versagt hatte (Akoi, 1959, S. 146). In all diesen Gesellschaften fanden viele verschiedene Kulthandlungen statt, um die Kraft des Königs zu stärken und zu erhalten. Meistens wurden sie in einem jährlichen Rhythmus wiederholt; ihr Sinn und ihr Ablauf lassen sich durchaus mit den feierlichen Zeremonien aus dem alten Ägypten vergleichen (Meyerowitz, 1960, S. 142 ff.). Natürlich besteht bei solchen Vergleichen immer die Gefahr, daß zufällige Übereinstimmungen überbewertet werden, anderseits verankern sie doch die ägyptische Kultur im afrikanischen Kontinent.

Obwohl der Königsmord durchaus auch in Gesellschaften mit der Vorstellung eines mit übernatürlichen Fähigkeiten versehenen Gott-Königs vorkommen kann, war er mindestens in historischer Zeit in Ägypten unbekannt. Der Pharao galt als Erbe des Schöpfergottes, nie als der Schöpfergott selbst, und wurde auch nicht für Phänomene, über die er keine Gewalt hatte, verantwortlich gemacht. Das Sed-Fest bestätigt die Übereinstimmung zwischen der Monarchie und der kosmischen Ordnung, die weit über den alltäglichen Ereignissen steht. So gesehen erscheint die Feier des Regierungsjubiläums wie ein Akt, der zur Erhaltung der Schöpfung notwendig ist.

Im Laufe der ägyptischen Geschichte fielen zwei Könige einem Mordanschlag zum Opfer, Amenemhat I. (ca. 1990–1961) und Ramses III. (ca. 1184–1153). Beide Male fand das Verbrechen ganz kurz vor der Feier ihres Sed-Fests statt, zu einem Zeitpunkt also, an dem die Kräfte des Herrschers als nahezu erschöpft galten. Aus dem Bericht des Sinuhe geht hervor, daß Amenemhat I. in seinem 30. Regierungsjahr ermordet wurde, als sein Sohn und Mitregent Sesostris I. auf einem Kriegszug in Libyen war, möglicherweise, um die für das Fest benötigten Güter zu erbeuten (Sinuhe, R 15–20). Ramses III. scheint sein erstes Sed-Fest noch gefeiert zu haben; der Anschlag auf ihn fand mitten in den Vorbereitungen für das zweite Regierungsjubiläum statt.

Alle Gesellschaften mit einem Gotteskönigtum kennen Rituale, die die Kräfte des Herrschers erneuern sollen. Einzigartig ist aber ein Regierungsjubiläum nach dreißig Jahren, also nach mehr als einer Generation. In Ägypten wurde die zyklische Wiederkehr der Zeit nach einem Tag, einem Monat, einer Jahreszeit und einem Jahr stark empfunden. Ein Jubiläum nach dreißig Regierungsjahren aber war der Beweis dafür, daß die Maat über alle feindlichen Mächte gesiegt hatte.

VIII Die Namen des Königs

Im ersten Teil haben wir die königliche Titulatur bereits beschrieben. Jetzt wenden wir uns der Ausarbeitung der fünf Namen zu und den geistigen, religiösen und soziologischen Einflüssen, die dabei wirksam waren.

Das Muster für die Festlegung des Namens

Der Text über die Kindheit von Thutmosis III. enthält den einzigen Bericht darüber, wie die fünf Namen des Königs zusammengestellt wurden.

«*Horusname:* Er (der Gott) hat meinen Falken auf dem Serech (Palastfassade) eingesetzt;
Er hat mich stark gemacht als starken Stier, er hat mich in Theben erscheinen lassen;
In diesem meinem Namen: Horus ‹Starker Stier, der in Theben erscheint›.

Die beiden Herrinnen-Namen: [Lücke];
[Lücke];
In diesem meinem Namen: Die beiden Herrinnen ‹Dauernd an Königtum wie Re im Himmel›.

Goldhorusname: Er hat mich als Goldhorus geschaffen;
Er hat mir seine Macht und seine Tapferkeit verliehen, und ich wurde mit seinen Kronen geweiht;
[In diesem meinem Namen: Goldhorus ‹Mächtig an Tapferkeit, mit Kronen geweiht›].

Thronname: [Lücke];
[Lücke];
In diesem meinem Namen: König von Ober- und Unterägypten ‹Beständig ist die Erscheinungsform des Re›.

Geburtsname: Ich bin sein Sohn, hervorgegangen aus ihm (dem Gott);
[Ich bin] vollendet an Geburt wie der, der an der Spitze von Hesenet (Thot) ist; er hat alle meine Erscheinungsformen vereinigt;
In diesem meinem Namen: Sohn des Re ‹Von Thot geboren (Thutmosis), einzig an Form›.»

Anhand dieses Berichts lassen sich bei der Festlegung des königlichen Namens drei Etappen feststellen. Die erste gibt an, wie jeder Titel festgelegt ist. Nur der mit den Worten «ich bin» eingeleitete Geburtsname weicht von diesem Schema ab; er ist der Name, den der König bereits als Kind erhält und der mit seinem physischen Körper verbunden ist. Die ersten vier Namen hingegen wiederspiegeln die Veränderungen, die das Wesen des Königs durch seinen Zugang zum Königtum erlitten hat; diese Namen erhält er von den Göttern. In einem zweiten Schritt werden die Ideen ausgeführt, die im Namen des Königs enthalten sein sollen. Dabei kann die Beziehung zwischen der Bedeutung eines bestimmten Titels und dem entsprechenden Namen sehr eng oder aber auch recht frei sein. Mit der Formel «in diesem meinem Namen» wird zuletzt der eigentliche Name in seiner definitiven Form eingeleitet. Diese endgültige Fassung ist äußerst knapp und konzentriert.

Bestimmt wird der Geburtsname durch die von der Mutter (oder einer andern bei der Geburt anwesenden Person) ausgesprochenen Worte, die dann vom Vater des Kindes in die Form eines Namens gegeben werden. Das gleiche Vorgehen kennen wir auch aus dem Alten Testament, wo viele biblische Namen auf Aussprüche der Mutter unmittelbar nach der Geburt zurückgehen, und auch aus Sumer, wo Personennamen häufig Ausrufe sind, die die Eltern während der Geburt machten. Auch im Neuen Testament scheint diese Art der Namensgebung noch bekannt zu sein: «Sie wird aber einen Sohn gebären, und du sollst ihm den Namen Jesus geben, denn er wird sein Volk erretten von ihren Sünden» (Mat. I 21), erklärt der Engel des Herrn Joseph, und Maria erfährt: «Und siehe, du wirst schwanger werden und einen Sohn gebären; und du sollst ihm den Namen Jesus geben» (Luk. I 31). Ganz ähnlich kommt Johannes der Täufer durch seine Mutter Elisabeth zu seinem Namen, und sein Vater bestätigt schriftlich «Johannes ist sein Name» (Luk. I 59–64). Im alten Rom sollte der Name, den das Kind von seinem Onkel mütterlicherseits erhielt, auch die Umstände seiner Geburt ausdrücken. Natürlich finden wir auch in der Literatur unzählige Beispiele für eine solche Namengebung. Die ägyptischen Priester, die die Namen der königlichen Titulatur zusammenstellten, benutzten dafür das gleiche Vorgehen, wie es für die Geburtsnamen üblich war. Damit verbinden sich auch die vier Namen, die der König erst bei seiner Krönung erhält, mit seinem Geburtsnamen, und zugleich wiederholen sie einen Vorgang, der bei seiner Geburt stattfand. Auch in der Namengebung zeigt sich, daß der Zugang zum Thron als eine Art Geburt in einen neuen Zustand galt, wie dies ja schon beim Ritual des Stillens durch eine Göttin deutlich wurde. So wie ein Kind am Anfang seines Lebens einen Namen erhält, so verleihen die Götter dem König bei seiner Krönung seine neuen Namen.

Der Einfluß der Götter auf die Titulatur

Der Text über die vorgezogene Amtseinsetzung Hatschepsuts zeigt sie als Erbin, während ihr Vater ihre königliche Titulatur vor dem versammelten Hof verkünden läßt. Dabei wird ausdrücklich auf den Einfluß des Gottes verwiesen: «Er (der König) veranlaßte, daß die Vorlesepriester herbeigeführt wurden, um die großen Namen zu verkünden (...), nachdem der Gott ihrem Herzen befohlen hatte, die Namen entsprechend zu dem, was er vorher gemacht hatte, zu machen».

Aus diesem kleinen Text geht klar hervor, daß am Anfang der königlichen Namen die Inspiration des Gottes steht. Es sind dann aber Menschen, die Vorlesepriester, die diese Idee formulieren und auf Befehl des Herrschers verkünden.

Damit steht fest, daß die königliche Titulatur nicht das Resultat einer Offenbarung eines Gottes, sondern einer göttlichen Inspiration ist. Der Gott enthüllt den Priestern nicht seine Kenntnis des königlichen Namens, aber er bewirkt, daß sie den passenden Namen finden können. Es sind deshalb Männer, deren Gedanken durch Gott geführt werden, die den Auftrag erhalten, den königlichen Namen auszuarbeiten und ihn dann öffentlich zu verkünden. Die göttliche Inspiration ist es also, die den «richtigen», passenden Namen für den König garantiert.

Die Idee für den Namen und seine Ausarbeitung findet *im Herzen* der Priester statt. Das Herz gilt in Ägypten nicht nur als Sitz der Gefühle, sondern zugleich auch des kritischen Denkens; und die Ausarbeitung der Namen ist ein intellektueller Vorgang, für den keinerlei Hilfsmittel benötigt werden. Durchgeführt wird diese Arbeit von einer Gruppe von Vorlesepriestern. Diese sind Spezialisten für alles, was mit dem Ritual zu tun hat, und es werden ihnen große magische und hellseherische Fähigkeiten zugeschrieben. Da die Titulatur auch eine Art Regierungsprogramm enthält, ist ihre Ausarbeitung eine politische Aufgabe. Da auch die Anspielungen auf die Namen vergangener Könige eine wichtige Rolle spielen, setzt diese Aufgabe eine große Vertrautheit mit den Königslisten und den königlichen Archiven voraus. Der oben zitierte Text, den Hatschepsut aufzeichnen ließ, zeigt, daß diese Priester den Namen unabhängig zusammenstellen konnten, daß dies aber viel Vorbereitungsarbeit bedeutete.

Durch das Mittel der königlichen Titulatur schreibt sich die göttliche Inspiration aber auch in die Geschichte ein. Einige Namen beziehen sich auf konkrete Ereignisse und auf ein Regierungsprogramm, andere hingegen, vor allem im 1. Jahrtausend, gehen nur auf die alte Tradition zurück und enthalten vor allem die Botschaft eines unveränderlichen und ewigen Königtums. Die Königslisten stellen als kulturelles Erbe Ägyptens gleichzeitig die Quelle für die zukünftigen Königsnamen dar, aus der die Vorlesepriester immer wieder Namensteile auswählten und die sie höchstens neu zusammenstellten. So erscheint im Spiegel der Königstitulatur die Gegenwart wie eine bereicherte Vergangenheit, in der die Tradition die Inspiration und die Zukunft ersetzt. In den Namen vereinigen sich die Ziele einer bestimmten vergangenen Zeit und die Hoffnungen der Gegenwart.

Die Vorlesepriester übernehmen bei der Namengebung die Mittlerrolle zwischen dem Gott und dem Königshof. Der König selbst hat hier keine Funktion. Die Priester selbst handeln durch das Wort: sie verkünden den Namen mit lauter Stimme vor dem ganzen Hofstaat; ihr Titel läßt vermuten, daß sie die königliche Titulatur vorlesen. Wesentlich geringer ist ihr Einfluß, wenn sie nur einen Namen nach altem Vorbild übernehmen und ihn nicht neu schaffen oder wenigstens neu zusammensetzen.

Der Text aus Deir el-Bahari geht auf eine ältere Fassung aus dem Mittleren Reich zurück. Bei jeder Wiederholung der königlichen Krönung wurde die Titulatur erneut verkündet. Indem sie die königliche Titulatur auf Geheiß des Königs festlegen und aussprechen, handeln die Vorlesepriester ganz in Übereinstimmung mit der Staatsmacht. Sie scheinen ihre Aufgabe aber nicht in einem Trancezustand ausgeführt zu haben; die Inspiration des Gottes leitet ihre intellektuelle Tätigkeit, nimmt aber nicht von ihnen Besitz: ihre Worte erfolgen also weder spontan noch sind sie unvorhersehbar. Letztlich bleiben die Vorlesepriester ganz der traditionellen Norm verpflichtet und fügen sich in die vom Herrscher kontrollierten Institutionen ein.

Die Frist zur Festsetzung des Namens

Der Text über die vorgezogene Amtseinsetzung von Hatschepsut zeigt, daß die königliche Titulatur nicht spontan am Tag der Krönung zusammengestellt wurde, sondern daß sie das Resultat längerer Vorbereitungen ist. Der Text sagt dazu, daß die Namen «vorher» festgelegt wurden. Mit «vorher» ist auch die mythische Zeit der Götter gemeint. Es scheint, daß die Vorlesepriester ihren Auftrag zum Zeitpunkt der Thronbesteigung des neuen Herrschers erhalten, das wäre also am Tag nach dem Tod des alten Königs, wenn sein Nachfolger die faktische Macht übernimmt. Es bleibt ihnen für ihre Arbeit die Zeit zwischen der Thronbesteigung und der Krönung. Von dieser Regel weicht die Krönung des Mitregenten ab, der ja noch zu Lebzeiten seines Vorgängers gekrönt wird, und eine überstürzte Krönung unter ganz bestimmten politischen Voraussetzungen. Aus dem Neuen Reich stammen einige genaue Zeitangaben. Die Vorlesepriester hatten genau acht Monate lang Zeit, um den passenden Namen für Amenophis II. (18. Dyn.) zu finden, für Siptah (19. Dyn.) blieben ihnen elf Monate und zehn oder fünfzehn Tage, für Ramses III. (20. Dyn.) sieben Monate und fünf Tage. Eine Ausnahme bildet Ramses IV., der am Tag nach der Ermordung seines Vaters nicht nur den Thron bestieg, sondern sich auch gleich krönen ließ; da blieb nur eine Nacht für die Ausarbeitung der königlichen Titulatur. Normalerweise aber stehen im Neuen Reich für die Zusammenstellung der königlichen Namen sechs bis zwölf Monate zur Verfügung.

Der unterschiedliche Gebrauch der Namen

Die unterschiedliche Verwendung der königlichen Namen ist in einigen Situationen klar bezeugt und in vielen andern indirekt nachweisbar. Es ist uns ein Dekret überliefert, in dem Thutmosis I. dem Vizekönig von Nubien seine Krönung anzeigt, ihm seine Titulatur nennt und verlangt, die Opfergaben für die Götter seien «im Namen des Königs von Ober- und Unterägypten, Aacheperre, er lebe, sei heil und gesund, begabt mit Leben», also unter Verwendung seines Thron- oder *zȝ-Rʿ*-Namens, darzubringen, während die «Vereidigung» der Beamten «auf den Namen Meiner Majestät, sie lebe, sei heil und gesund, [Thutmosis], geboren von der königlichen Mutter Senseneb, sie lebe» stattzufinden habe. Die beiden in der Kartusche geschriebenen Namen unterscheiden sich also deutlich in ihrer Funktion: der *Thronname* wird für die Beziehungen zu den Göttern verwendet, der *Geburtsname* hingegen, wenn es sich um die Regierungstätigkeit in Ägypten handelt. Der Thronname ist eng mit dem Kult verbunden, der Geburtsname, der im Text von Thutmosis I. mit seiner mütterlichen Abstammung umschrieben wird, betont die menschliche Seite des Königtums. Die Beamten sind einem ganz bestimmten Menschen, der über das Land herrscht, verbunden, und deshalb muß auch ihre Verbindung zum Herrscherhaus bei jedem Regierungswechsel erneut bestätigt werden.

Außer für die öffentlichen Anlässe scheint der *Geburtsname* auch derjenige gewesen zu sein, mit dem der König im Alltag bezeichnet wurde. Manetho listet die Könige vom Neuen Reich an nach ihren Geburtsnamen auf. Sicher stützt er sich dabei auf eine ältere, wohl noch aus dem Mittleren Reich stammende Tradition. Interessant ist, daß in der 12. Dynastie der menschliche Charakter des Königs hervorgehoben wird und daß gleichzeitig auch die ersten Diminutivformen zu Königsnamen auftauchen: Ameni zum Beispiel ist eine Koseform von Amenemhat I., dem Gründer der 12. Dynastie. Aus dem Neuen Reich kennen wir die Koseformen Ani und Hi für Amenophis I., Sesu für Ramses II. und Mose für Amenmesse. Die Könige mit dem Namen Scheschonk wurden Schesch gerufen, Osorkon IV. So.

In diesen Kurz- und Koseformen für den König zeigt sich eine enge Beziehung zu den Prinzen und ein vertrauter Umgang mit ihnen.

Weitere Unterscheidungen im Gebrauch der königlichen Namen lassen sich bei den ersten drei Namen, die vor den beiden Kartuschennamen stehen, ebenfalls mindestens seit dem Neuen Reich nachweisen. Der *Horusname* ist es, der die Beziehung zwischen dem König und der Götterwelt festlegt. Meistens geschieht das als göttliche Abstammung, indem sich der König als Sohn des einen oder andern Gottes bezeichnet. Das Thema ist natürlich viel älter, aber die Belege für die Verwendung des Horusnamens in diesem Sinn stammen aus dem Neuen Reich. Thutmosis IV. nennt sich in seinem Horusnamen «Sohn des Atum», und Ramses II. verwendet nebeneinander die Formen «Sohn des Chepri», «Sohn des Amun» und «Sohn des Ptah». In der dritten Zwischenzeit nennt sich König Siamun in seinem Horusnamen «ältester Sohn des Amun, der aus seinem Fleisch hervorgegangen ist». Osorkon I. identifiziert sich im Ausdruck «der, den Atum auf seinen Thron gesetzt hat, damit er die beiden Länder gründe» mit Geb, dem Erben des Schöpfergottes Atum. Scheschonk III. bezeichnet sich als «Sprößling des Re». Nur ganz ausnahmsweise erscheint die theologische Verankerung der Macht im Goldhorusnamen: Osorkon III. heißt dort «von den Göttern geboren». Außer in diesem letzten Beispiel dient der Horusname immer dazu, das Wesen des Königs auszudrücken, indem er als Sohn eines Gottes definiert wird.

Die Vorstellung, die den König mit dem Sohn des Gottes vergleicht, wird im «die beiden Herrinnen»-Namen *(Nebti-Name)* entwickelt. Die Gleichsetzung erfolgt in einem von einem Vergleich gefolgten Ausdruck im Dual. Dabei entspricht der Dual im Innern des Namens dem Titel der beiden Herrinnen. Damit sind die Schutzgöttinnen Nechbet und Uto von Ober- und Unterägypten in ihrer Geier- und Schlangengestalt gemeint, mit denen sich der König hier verbindet. Von der 19. Dynastie an, ganz deutlich aber in der 20. Dynastie, erscheint die Vorstellung, der König sei der Sohn einer Gottheit, nicht mehr nur wie früher im Horusnamen, sondern zusätzlich noch im Nebti-Namen. Im Tempel von Derr in Nubien wird Ramses II. «groß an Tapferkeit (im Dual) wie der Sohn der Nut» genannt, und Ramses III. heißt nach einem Text in Medinet Habu «groß an Tapferkeit (im Dual) wie sein Vater Month». Von der 22. Dynastie an wird im Nebti-Namen der König speziell mit Horus, dem Sohn der Isis, verbunden. Bei Scheschonk I. zum Beispiel heißt es: «der mit der Doppelkrone gekrönt ist wie Horus, Sohn der Isis», und bei Osorkon II.: «der die beiden Hälften vereinigt wie der Sohn der Isis». Bereits im Kapitel II haben wir gesehen, wie vor allem unter den Königen fremder Herkunft das Thema der königlichen Kindheit mit dem Kreis um Isis und Horus verbunden wurde. Genau gleich ging aber schon Ramses II. vor, nur bezog er sich auf andere Gottheiten. Allerdings verbergen sich hinter der Ähnlichkeit der Form doch ziemliche Unterschiede. J. Yoyotte hat gezeigt, daß die beiden Götter Seth (der Sohn der Nut) und Month als Entsprechungen zum semitischen Gott Baal zu verstehen sind. So finden wir in beiden Beispielen ein Gegensatzpaar aus Gott und König, aber sie beziehen sich jeweils auf verschiedene Situationen. Bei den Königen der 19. und 20. Dynastie verbindet sich ein einheimischer König mit einer fremden Gottheit, bei den libyschen Königen der 22. Dynastie hingegen ein fremder Herrscher mit einem ägyptischen Gott. Wahrscheinlich liegt die Ursache dafür, daß diese Verbindungen zwischen König und Gott im Nebti-Namen als Vergleich dargestellt werden, darin, daß eben keine echte Identität zwischen einem fremden und einem ägyptischen Element möglich ist. Beide Beispiele zeigen aber auch, wie die Theologen in einer Zeit äußerer Bedrohung oder unter einer Fremdherrschaft ihr Konzept der Macht an die konkrete Situation anpaßten und ägyptische Tradition mit neuen Umständen zu verbinden wußten. Unter einer scheinbar gleichbleibenden Form verbergen sich mit Hilfe des Vergleichs geschichtliche Veränderungen in einem Land, das sich selbst so gerne als außerhalb der Zeit stehend wahrnahm. Die Anpassung der Theologie der Macht bildet eine Antwort auf die militärischen Geschehnisse am Ende des Neuen Reichs und am Anfang des 1. Jahrtausends.

Der *Goldhorusname* besteht häufig aus Ausdrücken mit einem kämpferischen Charakter. Geschrieben wird der Titel «Goldhorus» mit einem Falken über dem Goldzeichen. Mit dem Goldzeichen wurde auch die Stadt des Gottes Seth, Ombos, geschrieben. Der darüber abgebildete Falke setzt also den Sieg von Horus über Seth in ein Bild um und motiviert auch bereits das in diesem Namen angesprochene Thema. Allerdings enthalten nicht alle Goldhorusnamen kriegerische Elemente; es handelt sich hierbei mehr um eine Tendenz als um eine feste Regel. Kämpferische Aspekte können auch in den andern Namen vorkommen. Immer aber bleibt dieser Titel mit der Sonnenkraft verbunden.

Kein ägyptischer Text legt irgendwo den Gebrauch der fünf königlichen Namen fest oder schreibt zwingende Bestandteile für ihn vor. Trotzdem lassen sich in der Verwendung dann gewisse Regeln feststellen, so wie sich auch vom Neuen Reich an eine gewisse inhaltliche Spezialisierung der ersten drei Königsnamen abzeichnet.

Der Königsname als selbständige Größe

Dem königlichen Namen kam weder in seiner Summe als Titulatur noch in seinen Teilen je ein eigener Kult mit speziellen Gesten, einer eigenen Priesterschaft oder einem eigenen Verehrungsort zu; dies etwa im Unterschied zum Namen Christi, dem in seiner Form JHS im Italien des 15. Jh. eigene Prozessionen und Kapellen geweiht waren.

Es ist aber auch nicht so, daß der königliche Name einfach mit dem Herrscher identifiziert werden konnte. Verschiedene Texte beziehen sich auf das Wesen der königlichen Namen und nennen ihre speziellen Eigenschaften. Dabei werden dem Namen Größe und Beständigkeit zugesprochen und auch kosmische Aspekte genannt: «Ich habe deinen Namen wie einen Berg aus Kupfer gemacht», bestätigt der Gott Thot Ramses III., oder: «Mein Name ist wie der Himmel mit der Sonnenscheibe» und «Du hast seinen Namen für die Ewigkeit festgemacht».

Daneben verfügt der Name selbst auch über Macht. Herihor ist es, «der die Fremdländer mit seinem Namen unterwirft», und Sethos I. wünscht: «Mögen sie (die Götter) veranlassen, daß mein Name in allen Ländern fest sei». Der Name kann auch Schrekken verbreiten: «Die Berge zitterten wegen seines Namens» und «Sein Löwengebrüll ist sein Name» heißt es von Ramses II. Gleichzeitig hat der Name auch seine angenehmen Seiten: Ramses II. ist «dem Herzen der Götter angenehm mit seinem Namen». Der Name kann sogar Schutz versprechen, denn er «erreicht die Herzen bis an die Grenzen der Dunkelheit». Beinamen nennen den König auch «Herr der Kartuschen», «herrlich an Titulatur» oder «groß an Namen», wie wenn es sich dabei um von der königlichen Person unabhängige Größen handeln würde. Die Kartuschen und die Namen besitzen so die Würde heiliger Gegenstände. Auf den Tempelwänden und in den Gräbern wird die Kartusche häufig abgebildet, manchmal mit einem Bogen versehen, mit dem Zeichen für die Vereinigung der beiden Länder geschmückt, auf einem Goldzeichen ruhend oder mit der Sonnenscheibe und zwei Federn dargestellt. Gelegentlich wird auch das Wort, das den königlichen Namen bezeichnet, wie die Namen der Götter und der Könige selbst mit einem Falken auf der Standarte bezeichnet.

Die Verbindung zwischen dem König und dem Namen erfolgt über die Kultdarstellung. Daneben gibt es eine Identität zwischen dem Bild, mit dem der Name geschrieben wird, und dem Körper des verstorbenen Königs, wie dies etwa die Kartuschenform des Sarkophags von Ramses III. zeigt. Wichtig ist, daß der König und seine Namen eine voneinander unabhängige Existenz haben. Nur deshalb ist es möglich, daß in den Opferszenen des Neuen Reichs verschiedene Könige anstelle der Maat auf ihrer Hand ihren Thronnamen opfern. In diesem Austausch von Maat und Thronnamen zeigt sich, wie eng die Verbindung zwischen dem königlichen Namen und der Weltordnung gesehen wurde.

Ausblick

Am Ende dieser Studie über das Wesen und die Ausgestaltung der Macht des Pharao soll nun die ägyptische Monarchie in ihrer Beziehung zur Welt der Götter dargestellt werden. Dann wenden wir uns den Hinweisen für eine Sakralisation der königlichen Person zu und versuchen zuletzt, die Wurzeln des Königtums in der ägyptischen Kultur zu untersuchen.

Der Pharao ist nicht ein Gottkönig, wie ihn gewisse afrikanische Gesellschaften kennen; viel eher gleicht er einem Priesterkönig, dessen zentrale Funktion die Pflege der Beziehungen zu den Göttern ist und dessen individuelle Taten ganz dem göttlichen Willen unterliegen. Zum Beispiel gab es in Ägypten nie eine rituelle Tötung des Königs, weil man überzeugt war, daß er letztlich keine Gewalt über die Ereignisse hatte; auch war die Heirat innerhalb der Familie im Namen der Reinhaltung des königlichen Blutes nie die Regel – sie kam vor, aber aus politischen Gründen. Auch wenn in den Texten der König «Gott» oder gar «vollkommener Gott» genannt werden kann, so bezieht sich dieser Aspekt auf die Funktion und nicht auf die Persönlichkeit des Herrschers. Die Zeremonien, die der Begegnung mit dem König vorangehen, gelten seiner Ausstrahlung und den besonderen Kräften, mit denen er bei der Krönung versehen wurde, und haben nichts mit den religiösen Bräuchen zu tun. Das Abbild des Gottes ist in der Dunkelheit seines Schreins vor allen Blicken außer denen des

Pharao und seines Stellvertreters, des Hohepriesters, verborgen, und ebenso bleibt die Götterstatue des Amun bei seinen großen Prozessionen in Theben für die Menge unsichtbar. Im Gegensatz dazu tragen die Arbeiter von Deir el-Medine bei den Festen zu Ehren Amenophis' I., ihres Schutzpatrons, Abbilder dieses Königs gut sichtbar herum. Von Meroe aus, wo das afrikanische Substrat über die ägyptische Kultur dominiert, berichten die klassischen Autoren hingegen, daß den Herrscher ein Geheimnis umgebe, denn «sie verehren die Könige gleich wie die Götter, da sie im allgemeinen im Palaste eingeschlossen bleiben» (Strabo, 17.2.2).

So wie zwischen dem König und den Göttern immer ein Wesensunterschied bestehen bleibt, so gibt es aber auch eine Distanz zwischen dem Pharao und allen andern Menschen. Wenn sich der König in der Öffentlichkeit zeigt, sei es im Palast oder während einer Reise, so stellt er die ihm innewohnende göttliche Würde dar. In seiner Gegenwart «beschnuppern» die Höflinge den Boden, und der Jubel nimmt kein Ende. «Ich habe sehr große Anbetungen gemacht und Lobpreisungen bis zum Erstikken; ich habe gejubelt, weil man mich den Boden berühren ließ, mein Kopf hat den Himmel durchstoßen; ich habe den Bauch der Sterne aufgekratzt (...). Meine Stadt war im Fest, meine Truppen jubelten (...), die Greise und die Kinder waren im Jubel»: so heftig war nach einem Bericht des Prinzen von Assuan, Sarenput, seine eigene und die Reaktion seiner Umgebung, als Sesostris I. (ca. 1960–1926) nach Assuan kam. Die Quellen fließen allerdings spärlich, wenn es um die Frage der Etikette am königlichen Hof geht. Einige wenige Privilegierte, etwa Amenophis, Sohn des Hapu, der Baumeister von Amenophis III., erhielten das Vorrecht, bei ihren Begegnungen mit dem König zu sitzen, was darauf hinweist, daß die Mehrzahl der Würdenträger mit dem Herrscher nur in der Stellung der Niederwerfung verkehrte. Schon das Schreiten des Königs verbreitet Wellen heiliger Energie, so daß der Hymnus, der sein Erscheinen begrüßt, vor dieser magischen Ausstrahlung warnt: «Paß auf Erde, der König kommt.» Ganz ähnlich dient das Beweihräuchern der Uräusschlange dazu, ihre schreckliche Kraft zu verringern. Daß der König bis in die Mitte der 18. Dynastie auf allen offiziellen Abbildungen immer nur mit nackten Füßen dargestellt ist, zeigt, welche Bedeutung dem direkten Kontakt zwischen dem Körper des Königs und der Erde beigemessen wurde. Das Amt des Sandalenträgers ist übrigens eines der am frühesten (um 3000) belegten: auf der Reichseinigungspalette erscheint hinter dem Bild König Narmers eine kleine Figur, die seine Sandalen trägt. Von den Insignien der Macht, den Kronen, Szeptern und Keulen, geht eine übernatürliche Kraft aus, weil sich in ihnen der heilige Charakter des Königtums zeigt. Für die Kronen gab es sogar einen speziellen Kult. Rawer, ein Privatmann aus der 5. Dynastie, berichtet in seinem Grab, wie er mit seinem Bein versehentlich an das Szepter des Königs stieß und wie dieser alle negativen Folgen dieser Berührung mit den Worten «sei heil» vertrieb. Für Rawer war diese Begebenheit wichtig genug, daß er sie in seiner Autobiographie im Grab erwähnt.

Alle Dienstleistungen, die den König persönlich betreffen, werden von Familienmitgliedern übernommen, denn die Blutsverwandtschaft sollte vor jeder Entweihung schützen. In den Anfangszeiten des Königtums wurden auch alle wichtigen Posten in der Verwaltung mit Mitgliedern des Königshauses besetzt. Obwohl mit der Zeit die Beamtenschaft enorm anwuchs und dann auch mehrheitlich Personen aus dem Volk umfaßte, erhielt sich doch die Vorstellung, daß der Pharao einen Teil seines göttlichen Wesens an seine Stellvertreter delegiere; deshalb rühmten sich die eifrigsten unter ihnen, «die Augen und die Ohren» des Herrschers zu sein. Besonders deutlich drückt dies der Anführer einer Expedition ins Wadi Hammamât aus: «Mein Herr, er lebe, sei heil und gesund, der König Nebtauire (Mentuhotep III.), begabt mit Leben für immer, hat mich geschickt, wie ein Gott seine Glieder ausschickt».

Es ist leider nicht möglich, aus den ägyptischen Quellen einen Tagesablauf des Königs zu rekonstruieren. Der Bericht Diodors (I 70) über den Tagesablauf des Pharao kann nicht ohne Einschränkungen für wahr genommen werden, weil er reale Verpflichtungen, wie etwa das tägliche Abhalten von Audienzen, mit Elementen aus dem täglichen Götterkult, den normalerweise die Priester ausführen, vermischt. Auch seine Bemerkungen über die spezielle Diät, die der Herrscher zu beachten habe, nämlich «Kalbfleisch, Ente und ein wenig Wein», haben vermutlich mehr mit der Beachtung bestimmter Speise-Tabus zu tun; daß es solche Tabus gab, läßt sich aus der Weigerung Pianchis (um 730) ablesen, seine Feinde zu empfangen, und zwar mit der Begründung, daß «sie beschnitten sind und Fisch essen». Sehr wahrscheinlich darf man aber den Beobachtungen Diodors Glauben schenken, daß der Tagesablauf des Königs streng geregelt war: «Nicht nur die Zeit für das Abhalten von Audienzen und für die Rechtsprechung war festgelegt, sondern auch, wenn er spazieren ging, sich badete oder mit seiner Frau schlief, kurz für alle Tätigkeiten seines Lebens».

Eine Untersuchung der höfischen Titel zeigt die Bedeutung, die den Zeremonien beim Erwachen und Aufstehen des Königs beigemessen wurde. Die Körperpflege des Herrschers und seine rituelle Reinigung im Tempel, bevor er der Gottheit gegenübertritt, erneuern seine heiligen Kräfte, die während der Nacht abgenommen haben. Danach werden ihm feierlich seine Kleider, seine Perücken und die Insignien der Macht vom «Vorsteher des königlichen Leinens», vom «Vorsteher der Friseure des Königs» und vom «Beamten des Diadems» überreicht. Im großen Ganzen ahmen alle diese Zeremonien gegenüber dem König die Kulthandlungen des Königs vor der Götterstatue im Allerheiligsten nach. Der königliche Palast soll ja auch tatsächlich ein Abbild des Himmels sein, so daß der König wie die Sonne in ihm erscheinen kann. Der Palaste von König Djedkare (um 2400) heißt «der Lotus von Djedkare», womit er auf das Bild des jungen Sonnenkindes anspielt, das auf einer Lotusblüte aus dem Ursumpf auftaucht. Diese Art der Namengebung entspricht der Sprache des Rituals im Tempel, wenn von der Götterstatue gesagt wird, sie ruhe in ihrem Horizont, dessen Türen jeden Morgen geöffnet werden: «Der Palast der Stadt gleicht den beiden Horizonten des Himmels, und Ramses, geliebt von Amun, ist in ihm wie ein Gott; Month in den beiden Ländern ist sein Herold, die Sonne der Prinzen ist sein Wesir; Freude für Ägypten, geliebt von Amun, ist sein König». Diese Beschreibung des Palastes von Ramses II. (ca. 1290–1224) in seiner neuen Hauptstadt «Ramses-Stadt» suggeriert, daß der König in seinen vier Kolossalstatuen, von denen jede einen Kultnamen trägt, anwesend ist.

Seit dem Alten Reich gibt es eine kleine Gruppe von etwa zehn Herrschern, die – über den Totenkult hinaus, der jedem verstorbenen König zukam – von ihren Nachkommen, von gewissen Ortschaften oder von bestimmten Berufsgruppen wie Heilige verehrt wurden. Ein solcher Kult ist dann kein königliches Vorrecht, da in gleicher Weise auch einige Privatleute im Gedächtnis der späteren Zeit weiterlebten, etwa die Architekten Imhotep (um 2660) und Amenophis (ca. 1438–1412), Sohn des Hapu, und einige Gaufürsten des Alten Reiches. Sie wurden in verschiedener Form verehrt: man baute kleine Tempel oder Kapellen für sie, stellte Votivstatuen und Stelen für sie auf, beauftragte Priester mit ihrem Kult und vollzog Prozessionen mit ihren Abbildern. Diese Vergöttlichung setzt aber erst nach dem Tod ein und ist die letzte Konsequenz aus dem Glauben an ein Weiterleben des Verstorbenen an der Seite der Götter, wo er selbst in ein göttliches Wesen mit übernatürlichen Kräften verwandelt wird. Spezielle Lebensumstände und Leistungen bewirken, daß einige wenige Menschen sich von der Masse der Verstorbenen abheben und auch nach dem Tod ein besonderes Schicksal haben.

Im Neuen Reich organisiert der König schon zu seinen Lebzeiten die Verehrung seiner eigenen Statuen. Sein Bild steht dann neben dem der Götter im Tempel oder erhält im Tempel der Millionen Jahre einen eigenen Kult. Trotzdem aber beansprucht der Herrscher keine absolute Göttlichkeit für sich. Auf den Reliefs, die den König beim Kult zeigen, ist er in ein irdisches Wesen, das die Kulthandlungen ausführt, und in eine himmlische Erscheinung, die die Zeitlosigkeit der Monarchie verkörpert, aufgespaltet. Diese Verdoppelung entspricht der Trennung der königlichen Titulatur in zwei Kartuschennamen, von denen ebenfalls der eine den Menschen aus Fleisch und Blut und der andere das vergöttlichte Bild des Herrschers meint. Ganz deutlich zeigt sich diese wechselseitige Beziehung auf einem Relief von Hatschepsut in der Kapelle von Karnak, wo die Königin abwechselnd unter den Namen Hatschepsut vor ihrer göttlichen Erscheinung «Maatkare, geliebt von Amun» Weihrauch verbrennt oder als Maatkare die Statue von Hatschepsut beweihräuchert.

Gleichermaßen richtet sich die Anbetung der Privatleute an die Statuen des Herrschers und nicht an seine physische Person. Der Kult für die Kolossalstatuen des Königs am Eingang der Tempel unterscheidet sich immer von den Ritualen, die im Innern des Tempels stattfinden. Weil den Gläubigen der Zutritt in den Tempel verwehrt war, kann der übernatürliche Wesensanteil des Königs, der sich in seiner Statue verkörpert, zugunsten der Menschen bei den Göttern vermitteln. Häufig sieht man auf den Stelen bei den Kolossalstatuen den Besitzer dargestellt, der kniend die Aufmerksamkeit «des großen Gottes, die die Gebete erhört» erbittet und sein Anliegen mit der Zeichnung von vier großen Ohren noch unterstreicht. Hier ist es die Aufgabe des Königs, den Göttern die Bitten zu überbringen.

Das ist überhaupt der Sinn der Institution der Monarchie in Ägypten: Mit Hilfe seiner doppelten Natur als Mensch und als Sohn der Götter garantiert der König ein harmonisches Zusammenleben zwischen den Göttern und den Menschen. Deshalb läßt sich die Identität des Pharao nicht auf der Ebene seines Wesens erfassen; wenn wir uns der fast unendlichen Möglichkeiten seiner Eigenschaften bewußt werden, kommen wir ihm viel näher.

Anhang

Zeittafel

(mit den wichtigsten Königen)

Vorgeschichte

ca. 2 000 000–7500	Paläolithikum
ca. 7500–4500	Mesolithikum
ca. 4500–3500	Neolithikum
ca. 3500–3000	Prädynastische Zeit

Thinitenzeit (ca. 3000–2660)

ca. 3000–2800	1. Dynastie: (Menes), Narmer, Djet
ca. 2800–2660	2. Dynastie: Peribsen

Altes Reich (ca. 2660–2180)

ca. 2660–2600	3. Dynastie: Djoser
ca. 2600–2480	4. Dynastie: Snofru, Cheops, Djedefre, Chephren, Mykerinos, Schepseskaf
ca. 2480–2330	5. Dynastie: Userkaf, Sahure, Neferirkare, Niuserre, Unas
ca. 2330–2180	6. Dynastie: Teti, Pepi I., Pepi II.

Erste Zwischenzeit (ca. 2180–2040)

7. und 8. Dynastie in Memphis

9. und 10. Dynastie in Herakleopolis: Cheti, Merikare

Anfang der 11. Dynastie in Theben: Antef

Mittleres Reich (ca. 2040–1780)

ca. 2040–1990	11. Dynastie: Montuhotep
ca. 1990–1780	12. Dynastie: Amenemhat und Sesostris

Zweite Zwischenzeit (ca. 1780–1560)

13. und 14. Dynastie: Sobekhotep, Hor
15. und 16. Dynastie in Auaris: Hyksoskönige
17. Dynastie in Theben: Kamose

Neues Reich (ca. 1560–1070)

ca. 1560–1306	18. Dynastie: Ahmose, Amenophis und Thutmosis, Hatschepsut, Echnaton, Tutanchamun, Haremhab
ca. 1306–1186	19. Dynastie: Sethos I., Ramses II., Merenptah
ca. 1186–1070	20. Dynastie: Ramses III.–Ramses XI.

Dritte Zwischenzeit (ca. 1070–713)

ca. 1070–945	21. Dynastie: Könige in Tanis: Smendes, Psusennes Priesterkönige in Theben: Herihor, Pinodjem
ca. 945–722	22. Dynastie (Libysche Dynastie): Scheschonk, Osorkon
ca. 808–730	23. Dynastie: Petubastis, Osorkon III.
ca. 730	Eroberung von Pianchi
ca. 725–713	24. Dynastie in Sais: Tefnacht, Bocchoris

Spätzeit (ca. 713–332)

ca. 713–664	25. Dynastie (Äthiopenzeit): Schabaka, Taharka, Tanutamun
664–525	26. Dynastie (Saitenzeit): Psammetich, Necho, Apries, Amasis
525–404	27. Dynastie (Perserzeit): Kambyses, Darius, Xerxes
404–399	28. Dynastie
399–380	29. Dynastie
380–343	30. Dynastie: Nektanebos

Zweite Perserherrschaft (343–332)

Makedonen (332–305)

Ptolemäerzeit (305–30)

Römische Herrschaft (30 v. Chr.–395 n. Chr.)

Bibliographie

Abkürzungen

BÄBÄ	Beiträge zur ägyptischen Bauforschung und Altertumskunde, Wiesbaden.
BDE	Bibliothèque d'Etude, Institut français d'Archéologie orientale, Kairo.
BIFAO	Bulletin de l'Institut français d'Archéologie orientale, Kairo.
BSFE	Bulletin de la Société française d'Egyptologie, Paris.
CDE	Chronique d'Egypte, Bulletin périodique de la Fondation égyptologique Reine Elisabeth, Brüssel.
GM	Göttinger Miszellen, Göttingen.
JEA	The Journal of Egyptian Archaeology, London.
JNES	Journal of Near Eastern Studies, Chicago.
LÄ	Lexikon der Ägyptologie, Wiesbaden.
MÄS	Münchner ägyptologische Studien, München–Berlin.
MDAIK	Mitteilungen des Deutschen Archäologischen Instituts, Abteilung Kairo, Wiesbaden.
MIFAO	Mémoires publiés par les Membres de l'Institut français d'Archéologie orientale, Kairo.
RAMAGE	Revue d'Archéologie moderne et d'Archéologie générale, Paris.
RAPH	Recherches d'Archéologie, de Philologie et d'Histoire, Kairo.
RDE	Revue d'Egyptologie, Paris.
SAK	Studien zur altägyptischen Kultur, Hamburg.
ZÄS	Zeitschrift für ägyptische Sprache und Altertumskunde, Berlin–Leipzig.

Studien und Übersetzungen

Akoi P., *Divine Kingship and its Pariticipation in Ashanti*, in: *La regalita sacra, the Sacral Kingship, Studies in the History of Religions*. Supplements to Numen, IV, Leyden 1959, S. 135ff.

Alliot M., *Le Culte d'Horus à Edfou au temps des Ptolémées*, BDE 20, Kairo 1949, 1954.

Altenmüller H., *Dramatischer Ramesseumspapyrus*, in: *LÄ* I, Wiesbaden 1975, Col. 1132–1140.

Assmann J., *Ägyptische Hymnen und Gebete*, Zürich–München 1975.

— *Re und Amun*, Orbis Biblicus et Orientalis 51, Freiburg/Schweiz–Göttingen 1983.

Balandier G., *Le Détour*, Paris 1985.

Barguet P., *La Stèle de famine à Sehel*, BDE 24, Kairo 1953 (1).

— *La Structure du temple Ipet-Sout d'Amon à Karnak, du Moyen Empire à Aménophis II*, BIFAO 52, 1953 (2), S. 145ff.

— *Le Temple d'Amon-Rê à Karnak*. Essai d'exégèse, RAPH 21, Kairo 1962.

— *Le Livre des Portes et la transmission du pouvoir royal*, RDE 27, 1975, S. 30ff.

— *Les Textes des sarcophages égyptiens du Moyen Empire*, Paris 1986.

Barta W., *Untersuchungen zur Göttlichkeit des regierenden Königs*. Ritus und Sakralkönigtum in Altägypten nach Zeugnissen der Frühzeit und des Alten Reiches, MÄS 32, 1975.

— *Der dramatische Ramesseumspapyrus als Festrolle beim Hebsed-Ritual*, SAK 4, 1976, S. 31 ff.
— *Die Sedfest-Darstellung Osorkons II. im Tempel von Bubastis*, SAK 6, 1978, S. 25 ff.
Barucq A., Daumas F., *Hymnes et prières de l'Egypte ancienne*, Paris 1980.
von Beckerath J., *Handbuch der ägyptischen Königsnamen*, MÄS 20, 1984.
— *Bemerkungen zum Turiner Königspapyrus und zu den Dynastien der ägyptischen Geschichte*, in: Festschrift Wolfgang Helck zu seinem Geburtstag, SAK 11, 1984, S. 49 ff.
Benveniste E., *Le Vocabulaire des institutions indoeuropéens II*, Pouvoir, droit, religion, Paris 1969.
von Bissing Fr. W., *Altägyptische Lebensweisheit*, Zürich 1955.
Bonhême M. A., *Nom royal, effigie et corps du roi mort*, RAMAGE 3, 1984–1985, S. 117 ff.
— *Les Noms royaux dans l'Egypte de la Troisième Période Intermédiaire*, BDE 98, 1987.
Bottéro J., *Le Substitut royal et son sort en Mésopotamie ancienne*, Akkadika 9, September–Oktober 1978, S. 2 ff.
Breasted J. H., *Ancient Records of Egypt*, 5 Bde, Chicago 1906–1907.
Bruneau P., *Le Portrait*, RAMAGE 1, 1982, S. 71 ff.
Brunner-Traut E., *Altägyptische Märchen*, Köln 1963.
Brunner H., *Die Geburt des Gottkönigs*, Ägyptologische Abhandlungen 10, Wiesbaden 1964.
— *Altägyptische Weisheit*, Zürich–München 1988.
Černý J., *Le Culte d'Aménophis Ier chez les ouvriers de la nécropole thébaine*, BIFAO 27, 1927, S. 159 ff.
Coche-Zivie C., *Les Colonnes du «temple de l'Est» à Tanis*. Epithètes royales et noms divins, BIFAO 74, 1974, S. 93 ff.
— *Giza au deuxième millénaire*, BDE 70, 1976.
Daumas F., *Les Mammisis des temples égyptiens*, Annales de l'Université de Lyon 32, Paris 1958.
Decker W., *Die physische Leistung Pharaos*, Leipzig 1971.
Derchain P., *La Visite de Vespasien au Sérapéum d'Alexandrie* CDE 28, 1953, S. 261 ff.
— *Le Rôle du roi d'Egypte dans le maintien de l'ordre cosmique*, in: Le pouvoir et le sacré, Annales du Centre d'Etude des Religions I, Brüssel 1962, S. 61 ff.
— *Ménès, le roi ‹quelqu'un›*, RDE 18, 1966, S. 31 ff.
Derchain-Urtel M.-T., *Thronbesteigung*, in: LÄ VI, 1985, Col. 529–532.
Desroches-Noblecourt C., *Un petit monument commémoratif du roi athlète*, RDE 7, 1950, S. 37 ff.
— *Le Bestiaire ‹symbolique› du libérateur Ahmosis*, in: Studien zu Sprache und Religion Ägyptens I, zu Ehren von Wolfhart Westendorf, Göttingen 1984, S. 883 ff.
Dumézil G., *L'Idéologie tripartite des Indo-Européens*, Brüssel 1958.
Dupont F., *L'Autre corps de l'empereur-roi*, in: Corps des dieux, Le Temps de la réflexion, VII, Paris 1986, S. 231 ff.
Edwards I. E. S., *The Pyramids of Egypt*, London 1947.
Faulkner R. O., *The Ancient Egyptian Pyramid Texts*, Oxford 1969.
Gaballa G. A., Kitchen K. A., *The festival of Sokar*, Orientalia 38, 1969, S. 1 ff.
Gardiner A. H., *The Baptism of Pharaoh*, JEA 36, 1950, S. 3 ff.
Gauthier H., *Les Fêtes du dieu Min*, RAPH 2, Kairo 1931.
Germont P., *Sekhmet et la protection du monde*, Aegyptiaca Helvetica 9, Genf 1981.
Goyon J.-C., *Confirmation du pouvoir royal au Nouvel An* (Brooklyn Mus. Pap. 47.218.50), BDE 52, Kairo 1972.
— *Sur une formule des rituels de conjuration des dangers de l'année*. En marge du papyrus de Brooklyn 47.218.50, BIFAO 74, 1974, S. 75 ff.

— *Les Dieux-gardiens et la genèse des temples* (d'après les textes égyptiens de l'époque gréco-romaine). Les soixante d'Edfou et les soixante-dix-sept dieux de Pharbaetos, BDE 93, 1985.

Grimal N.-C., *La Stèle triomphale de Pi*(nkh)y au Musée du Caire JE 48862 et 47086–47089. Etudes sur la propagande royale égyptienne I, MIFAO 105, 1981.

Gwynn Griffiths J., *The Costume and Insignia of the King in the Sed-Festival*, JEA 41, 1955, S. 127ff.

Habachi L., *Features of the Deification of Ramses II*, Abhandlungen des deutschen archäologischen Instituts Kairo, Ägyptologische Reihe 5, Glückstadt 1969.

Helck W., *Untersuchungen zu Manetho und den ägyptischen Königslisten*, Untersuchungen zur Geschichte und Altertumskunde Ägytens 18, Berlin 1956.

Hornung E., *Zur geschichtlichen Rolle des Königs in der 18. Dynastie*, MDAIK 15, 1957, S. 120ff.

— *Ägyptische Unterweltsbücher*, Zürich–München 1971.

— *Der Eine und die Vielen*. Ägyptische Gottesvorstellungen, Darmstadt 1971.

— *Grundzüge der ägyptischen Geschichte*, Darmstadt 1978².

— *Meisterwerke altägyptischer Dichtung*, Zürich–München 1978.

— *Das Totenbuch der Ägypter*, Zürich–München 1979.

— *Der ägyptische Mythos von der Himmelskuh*, Orbis Biblicus et Orientalis 46, Freiburg/Schweiz–Göttingen 1982.

Hornung E., Staehelin E., *Studien zum Sedfest*, Aegyptiaca Helvetica 1, Genf 1974.

Jackson R. A., *Vivat Rex*, Histoire des sacres et des couronnements en France 1364–1825, Strasbourg 1984.

Jacobsohn H., *Die dogmatische Stellung des Königs in der Theologie der alten Ägypter*, Ägyptologische Forschungen 8, Glückstadt 1939.

Jacquet-Gordon H., *Les Noms des domaines funéraires sous l'Ancien Empire égyptien*, BDE 34, 1962.

Janssen J.-J., *Commodity Prices from the Ramessid Period*. An Economic Study of the Village of Necropolis Workmen at Thebes, Leyden 1975 (1).

— *Prolegomena to the Study of the Egypt's Economy during the New Kingdom*, SAK 3, 1975 (2), S. 127ff.

— *The Role of the Temple in the Egyptian Economy during the New Kingdom*, in: State and Temple Economy in the ancient Near Est II, Orientalia Lovaniensia Analecta 6, Louvain 1979, S. 505ff.

— *Die Struktur der pharaonischen Wirtschaft*, GM 48, 1981, S. 59ff.

Kaiser, W., *Die kleine Hebseddarstellung im Sonnenheiligtum des Neouserre*, BÄBÄ 12, zum 70. Geburtstag von Herbert Ricke, 1971, S. 87ff.

Kees H., *Die weiße Kapelle Sesostris' I. in Karnak und das Sedfest*, MDAIK 16, 1958, S. 194ff.

Lacau P., Chevrier H., *Une chapelle d'Hatchepsout à Karnak*, Kairo 1977, 1979.

Lauer J.-P., *Histoire monumentale des pyramides d'Egypte*, BDE 39, 1962.

Lalouette C., *Textes sacrés et textes profanes de l'ancienne Egypte*, Bd I, Paris 1984.

Leblanc C., *Piliers et colosses de type ‹osiriaque› dans le contexte des temples de culte royal*, BIFAO 80, 1980, S. 69ff.

— *Le Culte rendu aux colosses osiriaques durant le Nouvel Empire*, BIFAO 82, 1982, S. 295ff.

Leclant J., *Le Rôle du lait et l'allaitement d'après les Textes des Pyramides*, JNES 10, 1951, S. 123ff.

— *Recherches sur le monuments thébains de la XXVe dynastie*, BDE 36, 1965.

— *Les rites de purification dans le cérémonial royal de couronnement*, in: Proceedings of the XIth International Congress of the International Association for the History of Religions II, Guilt on Pollution and Rites of Purification, Leyden 1968, S. 48ff.

— *Espace et temps, ordre et chaos dans l'Egypte pharaonique*, Revue de synthèse 90, 1969, S. 217ff.
— *Les ‹empires›, et l'impérialisme de l'Egypte pharaonique*, in: Le concept d'Empire, Paris 1980 (1), S. 49ff.
— *La Famille libyenne au temple haut de Pépi I*, Institut français d'Archéologie orientale, Livre du Centenaire 1880–1980, MIFAO 104, I, 1980 (2), S. 49ff.
— *Un parc de chasse dans la Nubie soudanaise*, in: Le Sol, la parole et l'écrit. Mélanges en hommage à Raymond Maury. Bibliothèque d'histoire d'Outre-mer, Nouvelle série, Etudes 5–6, Paris 1981, S. 727ff.
— *Séminaire: les Textes des Pyramides, documents nouveaux de Saqqara*, Annuaire du Collège de France, 1982–1983, S. 532ff; 1985–1986, S. 600ff.
Lefebvre G., *Romans et contes égyptiens de l'époque pharaonique*, Paris 1976.
Lichtheim M., *Ancient Egyptian Literature*, 3 Bde, University of California Press, 1975–1980.
Marin L., *Le Portrait du roi*, Paris 1981.
Martin K., *Sedfest*, in: LÄ V, 1984, Col. 782–790.
Meeks D., *Les Donations aux temples de l'Egypte au premier millénaire avant J.-C.*, in: State and Temple Economy in the ancient Near East II, Orientalia Lovaniensia Analecta 6, Louvain 1979 (1), S. 606ff.
— *Une fondation memphite de Taharqa* (Stèle du Caire JE 36861), in: Hommages à Serge Sauneron I, BDE 81, 1979 (2), S. 221ff.
Meyerowitz E. L. R., *The Divine Kingship in Ghana and ancient Egypt*, London 1960.
Montet P., *Le Rituel de fondation des temples égyptiens*, Kêmi 17, 1964, S. 74ff.
Morenz S., *Ägyptische Religion*, Stuttgart 1960.
Moret A., *Le Rituel du culte divin journalier en Egypte*. Annales du Musée Guimet, Bibliothèque d'études 14, Paris 1902.
Murnane W. J., *Le Mystère de la naissance divine du roi*, Dossiers Histoire et Archéologie 101, Januar 1986, S. 54ff.
Naville, E., *The Festival-Hall of Osorkon II in the Great Temple of Bubastis (1887–1889)*, The Egypt Exploration Fund 10, London 1892.
Otto E., *Der Gebrauch des Königstitels bjtj*, ZÄS 85, 1960, S. 143ff.
— *Legitimation des Herrschers im pharaonischen Ägypten*, Saeculum 20, 1969, S. 385ff.
Posener G., *Princes et pays d'Asie et de Nubie.* Textes hiératiques sur des figurines d'envoûtement du Moyen Empire, Brüssel 1940.
— *De la divinité du pharaon*, Cahiers de la Société Asiatique 15, Paris 1960.
— *Sur l'orientation et l'ordre des points cardinaux chez les Egyptiens*, in: Nachrichten der Akademie der Wissenschaften in Göttingen I, Philologisch-Historische Klasse, Göttingen 1965, S. 69ff.
— *Littérature et politique dans l'Egypte de la XIIe dynastie*, Paris 1969.
— *Annuaire du Collège de France 1974–1975*, S. 397ff.
— *Les Quarante rouleaux de lois*, GM 25, 1977, S. 63ff.
— *Le Papyrus Vandier*, Bibliothèque générale VII, Institut français d'Archéologie orientale, Kairo 1985.
Posener G., Sauneron S., Yoyotte J., *Knaurs Lexikon der ägyptischen Kultur*, München 1960.
Posener-Krieger P., *Les Archives du temple funéraire de Neferirkarê (les papyrus d'Abousir)*. Traduction et commentaire, BDE 65, Kairo 1976.
Röder G., *Urkunden zur Religion des alten Ägypten*, Jena 1915.
— *Die ägyptische Götterwelt*, Zürich 1959.
— *Kulte und Orakel im Alten Ägypten*, Zürich 1960.
— *Zauberei und Jenseitsglauben im Alten Ägypten*, Zürich 1961.
Rössler-Köhler U., *Der König als Kind, Königsname und Maat-Opfer. Einige Überlegun-*

— gen zu unterschiedlichen Materialien, in: Studien zu Sprache und Religion Ägyptens, zu Ehren von Wolfhart Westendorf II, Göttingen 1984, S. 921 ff.
Sauneron S., *La Tradition officielle relative à la XVIIIe dynastie*, CDE 26, 1951, S. 46 ff.
— *Les songes et leur interprétation dans l'Egypte ancienne*, in: Les songes et leur interprétation, Sources orientales 2, Paris 1959, S. 17 ff.
— *Villes et légendes d'Egypte*, Kairo 1974.
Sauneron S., Yoyotte J., *Ägyptische Schöpfungsmythen*, in: Die Schöpfungsmythen, Quellen des alten Orients 1, Einsiedeln, Zürich, Köln 1964.
Schlögl H. A., *Echnaton – Tutanchamun*. Fakten und Texte, Wiesbaden 1983
— *Echnaton*, Hamburg 1986.
Schott S., *Altägyptische Liebeslieder*, Zürich 1952.
Traunecker C., *Les Rites de l'eau à Karnak d'après les textes de la rampe de Taharqa*, BIFAO 72, 1972, S. 195 ff.
Uphill E., *The Egyptian Sed-festival Rites*, JNES 24, 1965, S. 365 ff.
Valbelle D., *Les Ouvriers de la tombe, Deir el-Médineh à l'époque ramesside*, BDE 96, 1985.
Vandersleyen C., *Les Guerres d'Amosis, fondateur de la XVIIIe dynastie*, Monographies Reine Elisabeth I, Brüssel 1971.
Vandier J., *La Famine dans l'Egypte ancienne*, RAPH 7, 1936.
Vernus P., *Inscriptions de la Troisième Période Intermédiaire*, BIFAO 75, 1975, S. 1 ff.
de Witt C., *Les Génies des quatre vents au temple d'Opet*, CDE 32, 1957, S. 25 ff.
Wolf W., *Kulturgeschichte des Alten Ägypten*, Stuttgart 1977.
Yoyotte J., *La Date supposée du couronnement d'Hatchepsout*, Kêmi 18, 1968, S. 85 ff.
— *Egypte ancienne*, in: Histoire universelle I, Encyclopédie de la Pléiade, Paris 1969 (1), S. 104 ff.
— *La Pensée préphilosophique en Egypte*, in: Histoire de la philosophie I, Encyclopédie de la Pléiade, Paris 1969 (2), S. 1 ff.
— *Osorkon fils de Méhitouskhe un pharaon oublié?*, BSFE 78, März 1977, S. 39 ff.

Namenregister

Sachregister